개정판

한 권으로 마스터하는

면세점 실무

이은주 저

DUTY FREE

(주)백산출판사

머리말

「한 권으로 마스터하는 면세점 실무」는 면세점 현장 실무에 필요한 매뉴얼을 학습함으로써 실무에 응용할 수 있는 능력을 배양시키는 데 그 목표가 있다. 동시에 비즈니스 현장에서 사용되는 서비스 매너에 대한 이론도 함께 제시되어 있다. 특히 면세점뿐만 아니라, 호텔, 항공사, 여행사 등에서 만나게 되는 고객과의 관계성에서 가장 중요하다고 할 수 있는 것이 바로 서비스이다. 그런데 서비스에는 단순하게 고객을 응대한다는 논리만으로는 설명되지 못하는 부분이 존재한다. 특히 서비스 이론과 현장의 대응에는 상황에 따라 갭이 생길 수 있기 때문에 본서에서는 이를 새롭게 짚어보고 서비스의 신개념을 제시하고자 했다. 그리고 서비스 이론의 현장 실무와 직접적으로 연동될 수 있는 사례를 면세점으로 한정하여 그 매뉴얼을 간단하고 쉽게 이해하도록 〈이론편〉, 〈실무편〉, 〈활용편〉으로 나누어 이 한 권의 저서만으로도 마스터할 수 있도록 단계적으로 구성했다.

이를 구체적으로 언급하면 〈 이론편 〉에서는 서비스의 주체인 직원이 서비스의 대상인 고객에게 행하는 서비스와 매너란 과연 무엇인지, 더 나아가 효과적인 고객응대법, 고객을 대하는 자세로 어떠한 요건을 갖추어야만 되는지, 고객에게 상품뿐만 아니라 비가시적인 서비스를 만족시킬 수 있는 의사소통 방법에 대해 체계적으로 제시했다. 그 다음으로 〈실무편〉에서는 면세점 현장에 사용되는 매뉴얼을 총망라하여 짚어보고 특히 면세점에서 필요한 고객응대법을 구체적으로 수록했다. 마지막으로 〈활용편〉에서는 앞에서 살펴본 〈이론편〉과 〈실무편〉을 바탕으로 면세점 현장에서 실제로 사용되고 있는 생생한 일본어를 다루었다. 본서는 판매에 필요한 일본어를 구사하는 데 그치는 것이 아니라, 앞에서 익힌 내용을 체득하여 실제 현장에서 바로 활용하는 데 목적을 두었다. 즉 각 상황별 · 코너별로 나누어 고객을 응대할 때 필요한 일본어를 학습할 수 있도록 각 장을 설계했다.

특히 본 저자는 면세점을 비롯한 서비스현장에서 근무한 실무직 경험과 교육경력을 살려 관광계열 전공자들이 이론을 쉽게 이해하고 습득하여 현장에서 바로 적용할 수 있도록 교재를 집필했다. 또한 면세점에 취직한 이후에도 현장에서의 경험부족이나 코너 이동 등으로 발생하는 새로운 상황들을 본서에서 제시한 매뉴얼과 다양한 상품지식의 습득을 통해 잘 대처할 수 있을 것으로 기대한다.

〈개정판〉에서는 특히 고객과의 관계성에서 블랙컨슈머를 대응하는 매뉴얼에 대해 구체적으로 다루어 현장에서 바로 사용할 수 있도록 기술했고, 서비스의 주체로서 고객을 대하는 자세와 함께 감정노동자로서 행사할 수 있는 권리도 다루었다.

본서는 다음과 같은 큰 그림에서 기획되었다. 면세점에 관련된 이론과 실무에 관한 내용을 담은 『한 권으로 마스터하는 면세점 실무』와 면세점 현장에서 실제로 사용되는 중국어회화를 생생하게 그려낸 『맞춤형 면세점 실무 중국어』를 함께 활용한다면 면세점에 관련된 내용을 쉽고 간단하게 마스터할 수 있을 것이다. 개정판에서는 특히 감정노동자로서 면세점뿐만 아니라 다양한 서비스 직종에 종사하는 분들에게 도움이 되는 유용한 부분들을 발췌하여 더욱 구체적이고도 자세하게 기술했다.

마지막으로 여러 가지 어려운 상황임에도 흔쾌히 저서 간행을 추진해주신 백산출판사의 진욱상 대표님과 김호철 편집부장님, 그리고 박시내 편집자님에게도 감사의 인사를 전한다.

2022년 7월
이은주

차 례

Ⅰ. 이론편 - 면세점 서비스 매너

III. 활용편 - 면세점 실무 일본어

한 권으로
마스터하는

면세점 실무

I

이론편

– 면세점 서비스 매너

CHAPTER 1

서비스란 무엇인가?

1.1 서비스의 어원과 유래

(1) 서비스의 어원

서비스라는 용어가 처음부터 있었던 것은 아니다. 서비스의 어원은 라틴어의 노예를 의미하는 'Servus', 영어의 'Servant', 'Servitude', 'Servile', '사람에게 시중들다'라는 의미에서 찾을 수 있다.

(2) 서비스의 유래

노예가 주인에게 바치는 노동을 뜻하는 'Servitum(노역)'에서 오늘날의 Service라는 말이 유래되었다.

1.2 서비스의 개념

서비스라고 하면 대개 '값을 깎아주다', '덤을 주다' 혹은 '돈을 받지 않고 무상으로 고객에게 노력을 제공하다' 등의 의미가 연상되는데 오늘날 서비스의 현대적 개념을 살펴보면 다음과 같다.

첫째, 무료제공의 의미로 덤, 식사 후 제공되는 후식이나 주문하지 않은 서비스의 제공 등을 의미한다.

둘째, 사후관리의 의미로 애프터서비스, 물품 후 고장수리, 고객관리를 위한 정보제공이나 불편사항의 해결 등을 의미한다.

셋째, 봉사의 의미로 의료 서비스, 각종 민원 서비스 등을 의미한다.

넷째, 친절한 행위로 환대, 호텔이나 레스토랑에서 고객을 상대로 접대하는 서비스의 본질적인 의미로 오늘날 관광, 의료산업 서비스 현장에서 광범위하게 사용된다.

1.3 서비스의 구성

- **S** – Sincerity : 성의를 다하는 마음으로 행하는 응대(성의)
  Speed : 상대방의 시간을 소중하게 생각하는 신속한 응대(신속)
  Smile : 상대방이 편안함을 느낄 수 있도록 만드는 부드러운 응대(스마일)
- **E** – Energy : 상대방에게 활력을 느끼게 하는 응대(생동감과 힘이 넘치는 활기찬 서비스)
- **R** – Revolutionary : 판에 박힌 형식적인 응대가 아니라 혁신적이고 창의적인 응대(새로운 것을 신선하게 제공하는 서비스)
- **V** – Valuable : 상대방에게 가치 있는 시간, 공간을 연출하는 응대(고객에게 매우 가치 있는 현장성 서비스)
- **I** – Impress : 상대방에게 감동을 실현하는 응대(감명과 감동을 주는 서비스)
- **C** – Communication : 상대방과의 원활한 의사소통을 통한 효율적인 응대(서로 마음이 전달되는 친밀감 있는 서비스)
- **E** – Entertainment : 상대방에게 즐거움을 제공해줄 수 있는 응대(환대성을 동반한 사려와 배려 깊은 서비스)

1.4 서비스의 특성

(1) 무형성

- 서비스의 가장 기본적인 특성이라 할 수 있다.
- 고객이 구입하기 전에는 견본이나 오감을 통한 사전감지가 어렵다. 즉 서비스는 추상적이어서 제공받기 전에는 만질 수도, 맛볼 수도, 냄새를 맡을 수도, 소리를 들을 수도 없다.

(2) 동시성

- 서비스는 제품과 달리 사전에 만들어서 고객에게 제공하지 못하며 소비자가 이용하고자 할 때 제공하면서 소비된다. 즉 생산과 소비가 동시에 일어난다.
- 생산과 소비의 동시성은 서비스를 제공하는 사람의 자질에 따라 크게 달라지기 때문에 서비스 직원의 선발과 훈련이 요구된다.

(3) 이질성(비표준성)

- 서비스는 창출과 제공 과정에서 고객과 직원 등의 인적 요인과 환경요인에 따라 서비스결과의 이질성을 띠게 된다. 즉 고객 · 시간 · 환경 · 직원에 따라 서비스의 내용이나 질이 다를 수 있다. 그러므로 비표준적이며 가변적이라 할 수 있다.

(4) 소멸성(일회성)

- 서비스는 고객에게 전달되는 동시에 상품으로서의 역할을 다하며 소멸된다. 즉 재고 형태로 보존할 수가 없으며 사용되지 않으면 즉시 사라진다. 소멸되기 때문에 수송 불가능하다.

CHAPTER 2 고객이란 무엇인가?

2.1 고객의 어원

(1) 고객의 어원

영업을 하는 사람에게 대상자로 찾아오는 손(손님), 화객(華客)에서 그 의미를 찾을 수 있다.

(2) 한자 – 고객(顧客)

- 돌아볼 고(顧) : 돌보다, 생각하다, 찾아보다, 사랑하다, 보살피다
- 손님 객(客) : 사람, 상객(上客), 단골손님, 손님

2.2 고객의 개념

(1) 고객의 사전적 의미

- 고객은 단골손님, 상객, 영업상의 손님을 의미하며 일반적인 손님보다는 자주 이용하는 손님으로 더 귀중하게 생각하고 행동해야 된다는 의미를 내포한다.

  첫째, '**Guest**'이다. 초대받은 손님이라는 개념으로 초대한 사람(host)의 반대개념이다. 환대받을 손님, 귀하게 여겨야 되는 손님이라는 의미를 내포한다.

  둘째, '**Customer**'이다. 기업들에게 구매자를 단순히 끌어들이기보다는

고객을 개발하고 키워나가는 것이 더욱 필요하다는 의미에서 단골 고객의 성격이 강한 개념이다. 'Customer'는 일정기간 여러 번의 반복구매와 상호작용을 통해 형성된 사람을 의미하며 반대로 반복구매를 한 적이 없는 사람은 고객이 아니라 단순구매자로 구분된다.

셋째, '**Consumer**'이다. 최종소비자를 지칭하는 용어이다. 상품을 소비하는 대상자를 지칭한다.

2.3 고객의 니즈(needs)와 기대

(1) 고객의 니즈

- 고객만족은 고객의 관점에서 생각하는 것에서 시작되는데 그것이 바로 고객의 니즈이며 고객의 니즈에 관심을 보여야 한다.
- 고객의 요구를 정확하게 파악한다.

(2) 고객의 기대

- 고객은 기본적인 것을 원한다.

고객의 특징

- 고객은 자기중심적이다.
- 고객은 자기불만을 회사에 말하지 않는다.
- 고객은 관심을 받고 싶어 한다.
- 고객은 공평한 처리를 원한다.
- 고객은 참을성이 없다.
- 고객은 완벽한 처리(마무리)를 원한다.

고객이 떠나는 이유

- 직원, 오너, 매니저의 무관심한 태도 때문에(68%)
- 상품에 불만족인 경우(14%)
- 라이벌 회사의 영향력 때문에(9%)
- 고객 주변사람들의 영향력 때문에(5%)

2.4 고객의 구매단계

❶ 관심 → ❷ 흥미 → ❸ 연상 → ❹ 욕망 → ❺ 비교검토 → ❻ 확신 → ❼ 행동 → ❽ 고객만족

(1) 관심(Attention)

끌림 요인으로 인해 고객은 관심을 가지고 상품이나 매장을 둘러본다.

(2) 흥미(Interest)

고객은 관심이 있는 상품을 보게 되는데 색상이나 디자인, 가격 등에 관심을 보이게 된다.

(3) 연상(Remind)

고객은 상품을 보면서 상품을 실제 사용하는 장면이나 사용 후의 모습을 연상한다.

(4) 욕망(Desire)

고객은 상품의 사용에 대한 긍정적인 이미지를 연상하고 구매에 대한 욕망을 느낀다. 판매직원이 이때 상품을 설명하고 권유한다.

(5) 비교검토(Comparison)

고객은 구매욕구가 생기게 되면 일단 냉정하게 다른 상품과 비교 · 검토 단계에 들어간다.

(6) 확신(Confidence)

고객이 비교·검토한 결과 이 상품을 구매해도 괜찮다는 확신단계에 들어선다. 여기에는 상품에 대한 신뢰뿐만 아니라 만든 회사와 상품을 파는 면세점, 판매직원에 대한 신뢰까지도 포함된다.

(7) 행동(Action)

고객이 구입을 결정하는 단계이다. 상품대금을 판매직원에게 건넨다.

(8) 고객만족(Satisfaction)

고객이 마음에 드는 상품을 구입했다는 만족이다.

2.5 고객만족의 중요성

- 재방문을 유도할 수 있다.
- 고객의 재구매로 인해 수익성과 경영성과에 기여할 수 있다.
- 직원의 직무만족에 기여할 수 있다.
- 직원의 이직방지, 비용감소, 서비스품질을 유지할 수 있다.

CHAPTER 3 고객응대란 무엇인가?

3.1 고객응대의 중요성

- 고객과 나와의 인간관계에서 따뜻한 마음과 친절한 응대는 언어나 태도로 나타나 고객의 마음을 움직인다.
- 고객의 욕구를 충족시킬 수 있는 친절과 서비스를 제공한다는 자세로 그에 필요한 예절을 갖추도록 노력한다.

3.2 고객응대 요령

- 고객에 대한 말씨는 높임 말씨를 사용하고 존대어휘를 선택해서 사용한다.
- 모르는 고객에게는 고객님, 손님, 선생님이라는 호칭을 사용하고 아는 고객이라 하더라도 최대한의 존칭과 존경어를 사용한다.
- 고객에 대한 예우는 직장 상급자를 대하듯이 한다.
- 고객에게 불편함이 없도록 응대하고 최대한 편의를 제공한다.
- 고객보다 자신이 편한 자세를 취하는 것은 바람직하지 않다.
- 고객을 기다리게 하거나 의심이 나게 하는 행동을 해서는 안 된다.
- 고객에게 만족할 만한 응대를 하기 위해 고객의 얼굴과 성명 등 기본적인 사항을 숙지한다.
- 고객을 외모로 판단해서는 절대로 안 되며 미소를 띠며 응대한다.

3.3 고객응대 단계

❶ 맞이하는 단계(영접) → ❷ 업무처리 단계(서비스실행) → ❸ 결과보고 단계(고객만족) → ❹ 배웅 단계(환송)

3.4 고객응대 시 유의사항

- 직원은 주인의식을 가지고 가정에서 손님을 맞이하듯이 예의를 다한다.
- 고객과 마찰이 있을 때에는 즉시 상급자에게 보고한 후 상급자가 개입하여 고객을 조용한 곳으로 데리고 가서 문제를 해결한다.
- 고객이 무례한 요구를 할 경우에는 부드럽게 납득시킨다.
- 의심이 많은 고객에게는 응대의 차별이 없다는 것과 투명성을 자연스럽게 보여주어야 한다.
- 고객이 따지거나 불평할 경우에는 일단 긍정한 후 자세히 내용을 설명하여 설득시킨다.

3.5 유형별 고객응대법

(1) 화가 난 고객응대법

사과한다. → 경청을 통해 원인을 파악한다. → 가능한 사항에 대해서만 긍정적인 대안을 제시한다.(객관성을 유지한다)

(2) 무리한 요구를 하는 고객응대법

질문을 통한 고객의 요구를 파악한다. → 고객의 입장을 충분히 이해하고 있음을 고객에게 알린다. → 고객의 요구를 받아들이기 어려운 사유에 대해 설명한다.(고객을 무안하게 만들지 않는다)

(3) 모르는 것을 물어왔을 때의 고객응대법

다른 동료의 도움을 받거나 정보를 찾아 정확한 사실을 고객에게 공지(담당자에게 물어본 뒤 알려주겠다는 답변과 함께 소요시간 공지, 제때 답변을 못한 것에 대해 고객에게 사과하고 도와드릴 다른 일은 없는지 확인한다. 그리고 다른 담당자에게 부탁한 경우 반드시 재확인한다.

(4) 거절을 해야 하는 경우의 고객응대법

우선적으로 고객의 입장을 인정한다. → 정중하게 거절의사를 표명한다. → 대안을 제시한다.(회사의 방침과 규정만을 내세운 거절은 고객에게 무안함과 서운함을 줄 수 있다)

(5) 고객의 말이 길어질 때의 응대법

고객의 상황을 요점 정리한다. → 고객과의 대화를 정리한다.(고객에게 대화가 즐거웠음을 알려주고 다른 고객을 응대해야 하는 상황에 대해 최대한 친절하게 양해를 구한다)

(6) 어린이를 동반한 고객응대법

어린이의 특징을 파악한 칭찬과 함께 관심어린 응대를 한다.(특히 어린이를 동반한 고객으로 인해 다른 고객이 불편을 겪지 않도록 주의한다)

(7) 장애 고객응대법

어떻게 도움을 드리면 좋을지 구체적으로 질문한다.(지나친 관심은 오히려 역효과가 날 수 있으므로 주의한다)

(8) 의심이 많은 고객응대법

자신감 있고 명확하고 간결한 응대로 고객의 의심을 해결한다.(분명한 근거의 제시를 통한 고객 스스로의 확신 유도 및 책임자가 응대한다)

(9) 예민한 고객응대법

고객을 자극하지 않도록 불필요한 대화를 줄이고 고객의 요구에 대한 신속한 조치를 취한다.

(10) 무례한 고객응대법

침착하고 단호하게 전문가다운 태도로 차분하게 응대, 고객과 논쟁이 되지 않도록 단어를 신중하게 선택한다.

(11) 말이 없는 고객응대법

조용하고 친절하게 묻고 응대, 수동적이고 무반응인 고객은 적절한 질문으로 리드하면서 서비스를 제공한다.

CHAPTER 4

고객에게 만족을 줄 수 있는 불평처리 방법

4.1 고객의 불평 발생원인

- 고객의 기대에 못 미치는 서비스로 인해
- 상품에 이상이 있는 경우
- 불확실한 약속이나 다짐, 약속 불이행으로 인해
- 신뢰감을 주지 못하는 상품지식 또는 업무지식으로 인해
- 직원의 책임전가 또는 책임회피로 인해
- 고객에게 오해나 오인할 소지를 남겼을 경우
- 담당직원의 불쾌한 언동으로 인해

4.2 불평처리 요령

- 고객의 불쾌한 감정이 확대되지 않도록 신속히 응대하며 성실한 태도로 경청한다는 인상을 준다.
- 고객의 불평불만을 들을 때에는 참을성을 가지고 들으며 예의 바른 자세를 갖춘다.
- 불평사항 또는 지적 사항을 메모하는 자세를 보여준다.
- 경청하는 동안 원인을 파악 · 분석한다.

- 불평내용 중 일부가 오해, 고객의 착각 또는 부당한 것이라고 생각되어도 대화 중간에 변명하거나 고객의 잘못을 지적해서는 안 된다.
- 고객의 불평을 절대로 회피해서는 안 되며 과소평가하거나 성급하게 해결하려고 하는 듯한 인상을 주어서는 안 된다.
- 무조건 잘못을 시인하거나 반대로 잘못이 없다고 주장해서는 안 되며 고객이 요구하는 바가 무엇인지 신속하게 판단하여 가급적 고객의 뜻에 따른다.
- 고객이 불평할 때에는 다른 고객이 옆에 있다는 것을 인식하여 고객의 언성이 격해지지 않도록 최대한 노력하여 해결한다.
- 고객의 불평을 적극적으로 수용하고 가능한 한 신속히 시정내용을 고객에게 알려드려 불쾌감을 해소시킨다.
- 같은 실수 및 불평이 발생하지 않도록 개선해야 할 문제점을 기록하여 접객서비스의 자료로 사용한다.

4.3 불평처리 3단계와 9단계

(1) 불평처리 3단계

❶ 문제인식 → ❷ 동감 및 이해 → ❸ 해결방법 제시

(2) 불평처리 9단계

❶ 신속한 접수 → ❷ 진심 어린 사과(죄송합니다) → ❸ 고객 불만 경청(성의 있는 태도) → ❹ 원인 분석(업무적/심리적 원인 분석, 메모) → ❺ 고객과의 공감대 형성 → ❻ 신속한 해결방안 모색(불만 당사자가 해결하는 것이 원칙이나 원활하지 못한 경우 상사에게 객관적으로 사실을 전달하여 조치를 취함) → ❼ 임시방편이 아닌 최선의 해결대안 제시 → ❽ 거듭된 사과와 함께 미흡한 해결책에 대한 고객의 이해에 감사 → ❾ 해결책을 성실히 시행한 후 시정결과에 대한 공지로 고객만족 여부를 확인하고 불만 내용을 정보화하여 다른 고객의 불만이 발생하는 것을 방지함

4.4 고객의 불평처리 유의사항

- 고객에게 동조해가면서 긍정적으로 듣는다.
- 논의나 변명은 피한다.
- 고객의 입장에서 성의를 가지고 처리에 임한다.
- 감정적 표현과 감정의 노출은 피하고 일보 후퇴하여 냉정하게 검토한다.
- 형식적인 것이 아니라 진심으로 사과한다.
- 설명은 사실을 중심으로 명확하게 한다.
- 신속하게 처리한다.
- 적극적인 자세로 임한다.

4.5 고객의 불평처리에 있어서 효과적인 방법

(1) 사람을 바꾼다.

- 고객은 좀 더 직책이 높은 사람과 이야기할 때 자신을 인정해준다고 여기는 경우가 많으므로 상황에 따라 차이는 있지만, 신입사원에서 경력사원으로 또는 사원에서 상사로 바꾸어 불평을 처리하면 더욱 효과적이다.

(2) 장소를 바꾼다.

- 영업장에서 불평이 발생할 경우 다른 고객들이 보이지 않는 곳으로 자리를 옮겨 불평을 처리하는 것이 군중심리 측면이나 다른 고객 측면에서 역효과를 주지 않는다.
- 서서 대화하는 것보다는 앉아서 대화를 함으로써 고객의 감정을 진정시킬 수 있다.
- 영업장에서 사무실 또는 응접실로 옮겨 고객을 혼자 있게 함으로써 고객을 진정시키면서 진실한 이야기를 나눌 수 있다.

(3) 시간을 바꾼다.

- 즉흥적인 변명은 피하고 냉각기간을 갖는다.
- 고객에게 중간보고를 한다.

CHAPTER 5
블랙컨슈머 응대법

5.1 블랙컨슈머의 정의

블랙컨슈머란 악성을 뜻하는 블랙(Black)과 소비자를 뜻하는 컨슈머(Consumer)를 합성한 용어로서 상품 또는 서비스의 결함을 빌미 삼아서 기업에 과도한 보상을 요구하거나, 제품 또는 서비스로 피해를 본 것처럼 꾸며 보상을 요구하는 소비자를 의미한다. 예컨대 기업 등을 상대로 부당한 이익을 취하고자 상품 및 서비스를 이용한 후 고의로 악성민원을 제기하는 고객으로 금전적인 손해는 물론 정신적인 피해를 주기도 한다.

5.2 블랙컨슈머의 판단기준

구분	주요 판단기준
고의성	• 계획적인 것인지 의도성을 가지고 있는지에 대한 여부 • 사전에 계획한 의도 및 정황 포함
상습성	• 특정행위가 반복적으로 일어나는 특성이 있는지에 대한 여부 • 과정 및 결과로서 교환, 환불, 보상행위의 반복 여부
기만성	• 남을 속여 넘기는 성질이 의도적으로 드러났는지에 대한 여부 • 자신의 잘못을 감추고 속이려는 의도를 가졌는지에 대한 여부
억지성	• 정상적인 방법이 아닌 일을 무리하게 해내려는 특성 • 고객의 억지주장이나 생떼의 형태로 발현
과도성	• 정상적인 정도에서 벗어남 또는 지나침을 의미 • 흔히 과도한 보상이나 부당한 요구형태로 발현
비윤리성	• 고객으로서 지켜야 할 도리를 지키지 못함을 의미 • 폭언, 폭행, 성희롱, 과도한 보상요구의 형태로 발현

5.3 블랙컨슈머의 유형

유형	내용
폭언 및 인격적 모독	• 직원에게 욕설 및 협박, 폭력을 행사하는 경우 • 공포심이나 불안감을 조성하며 모욕적인 발언을 하는 경우 • 무릎을 꿇게 하거나 직원용모 및 직업에 대해 비하하는 경우
구매와 교환 · 환불의 상습적 반복	• 일정기간 동안 구매와 반품 · 환불을 무한 반복하는 경우 • 특별한 사유 없이 구매한 상품을 반품 · 환불하는 경우 • 관세법령 또는 면세점 규정에 반하는 교환 및 환불을 반복하는 경우
과도한 금전적 요구	• 피해를 복구했음에도 별도의 정신적 피해보상을 요구하는 경우 • 법규 또는 규정을 넘는 무리한 보상을 요구하는 경우 • 잘못 안내하거나 잘못된 처리로 인한 불만으로 무리한 요구를 하는 경우
기물파손 및 업무방해	• 매장 내 난동 및 기물을 파손하는 경우 • 자신의 불만을 해소하기 위해 기물파손 및 상해를 가하는 경우 • 지나친 항의 및 언행으로 인한 업무방해를 하는 경우
성희롱 및 성추행	• 성적 수치심이나 혐오감을 유발하는 발언을 하는 경우 • 응대과정에서 물리적으로 불필요한 신체접촉을 하는 경우
억지주장 및 언론유포	• 사실과 다름에도 입증 없이 일방적인 주장을 하는 경우 • 정상적인 업무처리에도 감독기관에 처벌을 요구하는 경우
고질적이고 반복적인 민원제기	• 동일한 클레임을 3회 이상 반복 제기하는 경우 • 특별한 사유 없이 상급자 및 대표와의 면담을 요청하는 경우

5.4 블랙컨슈머의 공통점

첫째, 사실관계를 확인할 수 있는 근거를 제시하지 않는다.

둘째, 기자(언론)에게 알리거나 인터넷에 올리겠다고 협박한다.

셋째, 국가기관 또는 기업의 임원진과 지인관계가 있음을 강조한다.

넷째, 사회적 파장 등을 강조하며 임의 처리를 통한 과다 보상을 요구한다.

다섯째, 정신적 피해보상까지 강요한다.

5.5 블랙컨슈머의 현장대응 원칙

현장에서 블랙컨슈머를 대응하기 위해 가장 중요한 점은 원칙을 세우고 대응하는 것이다. 블랙컨슈머에 대해 처음부터 다음과 같이 대응함으로써 피해를 최소화할 수 있다.

(1) 원칙1 : 단계별로 응대한다.

- 판단 및 경고 : 악성 클레임 해당 여부의 판단과 시정을 요구하고 비수긍할 경우 상담종료를 고지한다.
- 상담종료 안내 : 중지요청에도 해당 행위 지속 시 상담종료 안내 후 상담종료, 회원정보 속성에 '클레임' 이력고객으로 반영한다.
- 사후처리 : 해당 직원 보호를 위한 30분 휴식을 부여한다.
- 후속상담 제한 : 상담거부 안내 및 서면 클레임 접수 후 처리절차에 대해 안내한다.

(2) 원칙2 : 신속하게 대응해야 피해를 줄일 수 있다.

- 초기대응이 문제의 70% 이상을 해결할 수 있다.
- 사건 발생 시 즉각적으로 증거나 정황을 포착하면 시시비비를 정확히 가릴 수 있다.
- 신속하게 대응을 못하면 피해가 커질 수 있으므로 담당자 연락은 물론 증거자료 확보가 필요하다.

(3) 원칙3 : 전면적인 맞대응은 절대로 삼간다.

- 블랙컨슈머의 경우 일부러 과격한 언행을 일삼는 경우가 많다.
- 2차 민원 제기를 염두에 두고 도발을 하는 경우가 많다.
- 정면적인 대응보다는 존댓말을 사용하며 의사를 표현하는 것이 바람직하다.

(4) 원칙4 : 필요 이상으로 저자세 또는 굽신거리지 말아야 한다.

- 고객 불만 제기 시 가장 주의해야만 하는 것은 저자세 또는 굽신거림이다.
- 화를 내면 낼수록 원하는 것을 신속하게 얻을 수 있을 것이라는 선입견을 심어준다.
- 이러한 응대태도로 인해 문제가 오히려 힘들어지는 경우가 많다.

(5) 원칙5 : 보상 시에도 원칙을 가지고 대응한다.

- 보상정도에 대해 내부적인 절차에 따라 처리한다.
- 원칙적으로 '떼를 쓰면 통한다'는 인식을 막을 수 있다.
- 유·무형의 서비스→현물→현금 순으로 보상한다.

(6) 원칙6 : 과격한 언행에 대해서는 녹취와 증거를 확보한다.

- 적절한 조치와 해명에도 과격함을 유지할 경우 음성 녹취 또는 동영상을 촬영한다.
- 법정자료는 채택되지 못해도 참고자료는 될 수 있다.
- 분쟁사실을 악의적으로 유포했을 경우 효과적인 대응자료가 될 수 있다.

5.6 현장에서 파악 및 확보해야 할 증거자료

블랙컨슈머는 초기에 대응을 잘해야 되므로 증거자료를 확보하는 것이 가장 확실한 방법 중 하나이다.

구분	내용
파악해야 할 내용	• 고객 불만의 대상 및 경중 파악 • 고객의 주장에 근거가 되는 사실이나 정황 파악 • 고객의 요구사항 파악→보상, 교체, 환불, 사과, 수리, 회수, 판정, 교환 등
매체별 확보내용	• 비대면의 경우 녹취내용 및 대응이력 • 문자메시지, SNS, 이메일, 현장증인 확보 등 • 오프라인에서 작성된 문서의 경우 관련 내용 누락에 주의하고 원본 확보 • 오프라인의 경우 CCTV녹화 및 녹취자료 확보

5.7 협박에 효과적으로 대처하는 방법

블랙컨슈머의 수법을 간파하고 적절히 대응한다면 협박이나 주장을 무력화하고 물질적 손해를 최소화할 수 있다.

(1) 의도나 목적이 무엇인지 파악한다.

- 민원인의 주장에 근거가 되는 사실이나 정황을 파악한다.(정보, 고위층, 직원태도 등)
- 의도하는 것이 무엇인지 정확히 파악하기 위한 질문을 활용한다.(E · A · R 기법)
- 수행해야 하는 필수조치 사항으 파악한다.(민원인의 요구사항/확보해야 할 증거내용 등)

(2) 자신의 책임이나 권한을 사전에 고지한다.

- 자신의 의도대로 되지 않을 경우 무리한 요구를 하는 것이 일반적이다.
- 민원인 응대 중 자신의 권한 이외의 것을 요구 시 사전에 책임과 권한을 고지한다.
- 지속적으로 협박할 경우 개인의 의견을 피력하지 말고 논의 후 공식입장을 밝히겠다고 하고 응대를 종료한다.(관련부서나 책임자에게 관련 내용 전달)

(3) 자신이 느끼는 감정표현을 적절하게 표현한다.

- 욕 또는 화를 낼 때 객관적인 사실이나 정황에 근거하여 자신이 느끼는 감정을 전달한다.
- 감정 전달은 상대방을 자극하지 않고 자신의 감정이 어떠할지를 생각해 볼 수 있도록 한다.

(4) 블랙컨슈머의 대화 흐름이나 분위기에 이끌리지 않는다.

- 시간에 쫓기고 있는 대상은 바로 우리가 아니라 '블랙컨슈머'라는 사실을 잊지 말아야 한다.

- 블랙컨슈머에 대한 신속한 대응은 성의로 비춰지기 때문에 감정을 완화시킨다.
- 중요한 문제는 충분한 시간을 두고 원칙에 의해 해결하려는 의지가 필요하다.

(5) 원칙에 따라 단호하게 대응한다.

- 면세점 기준에 근거하여 불가하다는 판단이 섰다면 요구하는 사항이나 주장을 받아들일 수 없다는 입장을 명확히 밝힌다.
- 추가적으로 논의를 이끌어낼 수 있는 언급은 가능한 한 하지 말고 감정이 개입되지 않도록 짧고 간단하게 그리고 정보 위주로 대응한다.

5.8 블랙컨슈머 대응방법 - E · A · R기법

블랙컨슈머의 경우 장황하게 또는 침소봉대하여 끊임없이 말하려는 경향이 강하다. 공감, 경청, 존중의 응대기술을 적절히 활용함으로써 장시간 얘기하는 것을 줄일 수 있다.

(1) 먼저 상대방의 상황에 공감(Empathy)한다.

- 고객의 심정이나 화난 상황에 대해 공감하고 이해한다.
- 상대방의 상황에 대해 공감을 하게 되면 감정을 완화시킨다.

  예 "고객님, (경험한 불편한 사항)으로 인해 불편을 겪으셨군요."

(2) 경청(Attention)을 한다.

- 경청이라는 것은 부정적인 감정에 휩싸여 있는 사람에게 반응하는 기술이다.
- 경청은 상대방의 감정을 완화시키는 동시에 문제해결을 하는 데 중요한 역할을 한다.

  예 "아! 그러시군요" 또는 눈 맞춤(Eye contact)이나 메모하는 행위

(3) 주장이나 의견에 대해서는 동의하지 않는다.

- 화가 난 것에는 공감하지만 고객의 주장 또는 의견에는 동의하지 않는다.

- 동의를 하게 되면 오히려 블랙컨슈머의 주장에 힘을 실어주는 행위가 된다.
  예 "고객님~ 저라도 그랬을 겁니다"(×)
  "화가 나신 상황은 충분히 이해합니다만 사내 보상규정에 따라 환불이 어렵습니다"(○)

(4) 진정이 안 되는 사람에게는 질문을 한다.

- 역질문을 통해 흥분된 고객의 감정을 진정시킨다.
- 질문 : 문제해결을 위한 정보습득(×), 흥분된 감정완화(○)
  예 "고객님, 직원이 불친절하다고 말씀하셨는데, 좀 더 구체적으로 말씀해주시겠습니까?"

(5) 존중(Respect)한다는 자세는 지속적으로 유지한다.

- 블랙컨슈머라고 해도 존중을 받아야 할 특성을 인정함으로써 진정시킬 수 있다.
- 상대방의 상황에 대해 존중함을 의미하며 상황이 호전될 수 있다는 믿음을 심어준다.
  예 "고객님의 불편사항이 꼭 해결되었으면 합니다."

(6) E·A·R기법 활용 시 주의사항

- 악성민원을 제기하는 사람들은 거짓말에 대해 민감하게 반응하는 경향이 있다.
- 확실한 사실이 아닌 경우에는 이야기하지 않는다.
- 공감할 내용이 전혀 없으면 고객 행위 중 존중할 만한 뭔가를 찾아본다.
- 존중할 내용이 전혀 없는 경우 '좀 더 자세히 말씀해주시겠습니까?'와 같은 표현을 통해 경청한다.
- 고객을 인간적으로 인식하여 도와주려는 것이지 그 견해에 전적으로 동의하는 것이 아님을 명확히 인식해야 된다.

- 고객에게 '맞습니다' 또는 '저도 그렇게 생각합니다' 등과 같은 표현은 고객의 불만 이유에 동조하고 해당 행위가 옳다고 주장할 만한 근거가 되므로 사용하지 않는다.
- 고객을 전문적으로 응대하는 전문가로서 적당한 거리를 유지하되 과도하게 친절하거나 고객의 기대수준을 끌어올리는 등의 말이나 행동은 삼가야만 한다.

5.9 블랙컨슈머 대응방법 – B · I · F · F기법

블랙컨슈머 응대 도중 잘못된 정보에 대응하는 경우가 있다. 이때 활용할 수 있는 것은 B · I · F · F기법으로 이를 통해 흥분한 고객을 진정시키고 잘못된 정보에 대해 효과적으로 대응할 수 있게 해준다.

(1) (Brief) 말을 많이 하지 않는다.

- 말을 많이 하면 말꼬리를 잡힐 가능성이 높다.
- 문제해결 중심의 정보에 초점을 맞춘다.
- 고객이 반응 또는 자극할 만한 너무 많은 단어나 말은 자제한다.

(2) (Informative) 정보 위주로 대응한다.

- 경청이라는 것은 부정적인 감정에 휩싸여 있는 사람에게 반응하는 기술이다.
- 경청은 상대방의 감정을 완화시키는 동시에 문제해결을 하는 데 중요한 역할을 한다.

  예 "아! 그러시군요" 또는 눈 맞춤(Eye contact)이나 메모하는 행위

(3) (Friendly) 친근감을 유지한다.

- 부정적인 대응은 상대방으로 하여금 방어적인 자세를 유발한다.
- 우호적인 대응은 공감대 형성 및 상대방을 진정시키는 효과가 있다.
- 진정된 상태에서는 논리적인 사고로 대응할 수 있는 가능성을 유발한다.

(4) (Firm) 언행에 대한 확고하고 단호한 자세를 유지한다.

- 확고한 자세 유지가 적대적인 커뮤니케이션을 종결 짓는 방법이다.
- 추가 논의를 이끌어낼 수 있는 언급은 하지 않도록 주의한다.
- 대안제시 후 별도의 추가언급이나 대응을 하지 말아야 한다.

5.10 블랙컨슈머 단계별 대응절차

효과적인 응대	• E · A · R기법 활용 • 귀책사유 확인 • 파악해야 할 내용 및 매체별 확보 내용
⇩	
잘못된 정보에 대한 대응	• 잘못된 정보에 대한 객관적인 대응 • B · I · F · F기법 활용(감정적인 대응 최소화)
⇩	
현실적인 대안 및 조치	• 현실적이고 실현 가능한 대안 제시(해결방법, 조치범위) → 보상, 교환, 환불, 사과, 수리 등 • 면세점 운영규정이나 정책, 주요절차 활용 • 자체해결 불가 시 주관부서 담당자 이관조치 → 대응이력 또는 유사사례 확인
⇩	
한계선 설정 및 마무리 대응	• 한계선 설정(현실적인 결과에 대한 정보제공) • 면세점의 공식적인 입장 전달(사안별 주관부서) • 내용증명 발송 및 관련 내용에 대한 법률적 검토 (사안별 주관부서 또는 법무팀 협조)

5.11 블랙컨슈머의 협상원칙

(1) 조건은 상대방이 먼저 말하게 한다.

- 고객이 어느 정도 수준의 보상을 원하고 있는지를 먼저 말하도록 유도해야만 한다.

- 회사가 보상 수준으로 생각하고 있는 것보다 고객이 요구한 수준이 낮다고 해서 곧바로 합의에 응하는 것도 좋지 않다.

(2) 상대방이 제시한 조건을 처음에는 무조건 거절한다.

- 일단 고객이 제시한 조건에 대해 절충하지 않고 수용하면 회사(직원)가 잘못을 인정하는 것과 같기 때문에 상대방은 더 많은 것을 요구하려는 경향이 강하다.
- 고객의 요구 수준이 타당하지 않은 경우 소비자피해보상규정 등을 근거로 제시하는 것도 좋다.
- 회사의 보상이 필요할 경우 소비자피해보상규정보다도 낮은 보상을 제시하는 것은 오히려 문제가 될 가능성이 많다.
- 상식보다도 낮은 수준의 제안을 먼저 제시한다.
- 부당한 협상은 절대 순순히 합의할 수 없다는 인상을 받게 한다.

(3) 대표는 결정권자가 아니다.

- 고객이 상급자나 대표에게 불만사항을 직접 말하고자 하는 것은 실무자가 의사결정권이 없다고 생각하거나 또는 위로 올라갈수록 보상액이 더욱 커질 거라는 기대심리 때문이다.
- 실무자는 대표의 권한을 위임받아 고객과의 문제는 뭐든 해결할 수 있으며 대표는 고객과 발생한 문제에 대해 결정권이 없음을 고객에게 알려야 한다.

(4) 현금보상은 입증되어야 가능하다는 것이 원칙임을 알려야 한다.

- 고객이 손해배상을 요구하는 경우 실제 손해발생의 입증증거(진단서 및 치료비 영수증, 견적서 등)와 해당 손해가 당사의 귀책사유로 인한 것임을 증빙하는 인과관계가 모두 입증되어야 손해배상이 가능함을 반드시 고객에게 알려야 한다.
- 입증되면 당사가 배상금을 산정하여 배상할 수 있지만 입증되지 않은 경우에는 금전적 보상은 회사지침상 불가능함을 고객에게 다시 한번 전달해야만 한다.

(5) 보상처리 기준

구분	내용	처리기준
응대 미숙	• 당사 귀책으로 인한 고객비용 발생 시 (교통비, 택배비 등) • 제품 또는 수량 오류 시 • 상품 미확인 시(사은품 불량) • 계산, 안내오류 시(증정행사, 게시물 등)	2만원(최대 5만원) 사은품 지급 *지급품목 : 면세점 자체 선정
기타	• 당사의 응대미숙/시설물 등으로 인한 고객손해 (고객과실 無)	실비보상

5.12 사례별 블랙컨슈머 응대법

(1) 성의를 요구하는 사례

블랙컨슈머가 직접적으로 돈이나 서비스를 요구하게 되면 공갈죄 등이 성립할 가능성도 있다. 그러므로 성의라는 표현을 사용하는 경우가 많다. 즉 성의를 보이라는 말은 일반적으로 금품을 요구하는 것이지만 반대로 응대하는 입장에서는 진심 어린 사과 등으로 금품 이외의 것이라고 생각하는 경우가 많다. 이때 고객이 말하는 성의와 응대하는 입장에서의 성의가 같은 것인지를 미리 파악할 필요가 있다.

응대법

"고객님, 저희들로서는 진심과 정성을 다해 고객님이 만족할 수 있도록(화가 풀리시도록, 불편하신 점이 시정되도록 등) 해드리는 것이 성의라고 생각합니다. 혹시 죄송하지만 고객님께서 말씀하시는 성의가 어떤 것인지 알려주실 수 있으신지요? 어떻게 하면 성의가 전해질 수 있을까요?"

(2) 대표 또는 상급자 소환을 요구하는 사례

해당 사건에 대한 책임을 질 수 있는 직원이 응대를 하는데 고객에게 본건에 대한 처리는 상급자가 할 수 없음(본인이 책임자임)을 알리는 것이 좋다. 고객에 따라서는 만족감 내지 자존심 때문에 상급자를 찾는 경우도 있기 때문에 상황에 따라 직속 상급자가 대응하는 모습을 보이는 것도 좋다.

응대법

"태도나 매너에 대한 모든 교육 및 훈련은 본인이 담당하기 때문에 고객님의 불편사항을 제게 말씀해주시면 수렴해서 개선하도록 하겠습니다.", "고객님, 죄송합니다. 무슨 일인지 제게 말씀해주시면 제가 해결할 수 있도록 최선을 다하겠습니다."

(3) 언론사 제보 또는 관련기관 고발 협박 사례

일반적으로 고객이 악성 클레임의 내용으로 소비자원이나 공공기관에 신고하더라도 고객의 입장에서 큰 소득을 얻기는 어렵다. 다만 '인터넷에 올리겠다'라든가 '언론에 제보를 하겠다'고 말하는 경우에는 고객에게 실제로 이를 알려 회사의 영업을 방해하거나, 회사의 이미지를 훼손하는 것은 고객에게 법적 책임이 생길 수 있음을 알리는 것이 좋다.

응대법

"고객님, 매우 유감스럽군요. 인터넷에 올리시는 것을 막을 수는 없지만 확인되지 않은 내용을 유포하시면 고객님도 법적 책임을 물으셔야 하기 때문에 유의하시고 화를 푸셨으면 좋겠습니다.", "고객님이 원하신다면 소비자원이나 관련기관에 의뢰하여 객관적인 판단을 받아보시는 것도 좋을 듯합니다."

(4) 정신적 피해 보상을 요구하는 사례

손해(정신적인 피해도 포함)에는 원인이 있고 이러한 인과관계가 인정되어야 손해배상 책임이 인정된다. 우선 물리적 손해와 달리 정신적인 손해는 입증도 어려울 뿐만 아니라 해당 손해의 정도를 어떠한 기준에 따라 산정할 것인지 명확하지가 않다. 이러한 주장을 고객이 하는 경우에는 고객에게 확인할 만한 피해증거와 해당 피해금액의 산정을 요청한다.

응대법

"고객님, 저희가 보상을 해드리기 위해서는 인과관계를 확인해야만 하기 때문에 병원 진단서라든지 아니면 그 밖에 고객님께서 정신적으로 피해를 입으신 사실을 입증할 수 있는 서류를 준비해 주시겠습니까?", "고객님이 원하시는 보상은 이를 입증할 자료나 증거물을 제출해주셔야만 처리가 가능하니 관련자료를 준비하시고 보상금액을 산정하셔서 저희 쪽에 보내주시면 감사하겠습니다."

5.13 유형별 블랙컨슈머 응대법

(1) 물리적인 폭력 및 폭언을 하는 상황

1) 욕설 · 폭언 등 모욕을 주는 경우

- 화나는 상황에 대해서만 공감해주며 경청한다.
- 고객이 화를 내더라도 같이 화를 내지 않는다.(2차 민원 유발)
- 정상적인 상담이 어려울 경우 2회 경고 후 3회 차에 상담을 종료한다.

단계	응대	비고
고객진정	"고객님, 화가 많이 나셨겠지만 진정하시고 차분히 말씀해주시겠습니까?"	화가 난 상황에 대한 공감 및 경청
1차 경고	"고객님의 입장이나 상황은 충분히 이해되지만 지금 상태로는 문제해결이 어려우니 주의 부탁드립니다."	
2차 경고	"고객님, 앞서 말씀드렸다시피 고객님의 감정이 격한 상태에서는 상담진행이 어려우며 상황이 지속되면 상담이 종료될 수 있으니 다시 한번 자제를 부탁드립니다."	감정완화 및 고객 불만 파악 차원의 역질문 시도
3차 경고	"고객님, 공포심이나 불안감을 조성하는 말씀들을 반복적으로 하는 것은 위법행위로서 관련 법령에 저촉될 수 있으며 두 차례에 걸쳐 욕설 및 폭언 자제 요청을 드렸으나 고객님께서 수용하지 않아 부득이하게 도움을 드리기 어렵겠습니다."	
응대종료	(전화상담 시) "통화를 이만 종료하도록 하겠습니다." (대면 안내 시) "안내를 마치도록 하겠습니다."	
* 후속조치	• 폭언 및 협박행위에 대한 내용을 관련부서와 공유한다. • 영업담당자에게 보고하고 블랙컨슈머 관리파일에 해당 내용을 등록한다.(별도의 이력관리)	

2) 무릎을 꿇으라고 강요할 경우

- 화나는 상황에 대해서만 공감해주며 경청한다.(E · A · R기법 활용하여 흥분된 감정을 완화 시킨다)

- 어떠한 경우라도 무릎을 꿇어서는 안 되며 강요행위라는 점을 인식하고 대응한다.
- 무릎을 꿇게 되면 면세점의 잘못을 인정하게 되는 행위로 추후 대응 시 어려움을 유발한다.
- 억지주장 및 소란을 피울 경우 다른 장소로의 이동권유 및 퇴거 조치 절차를 밟는다.

단계	응대	비고
구체적인 불만사항 파악	"고객님, 저희 서비스에 불편을 느끼셨다니 정말 죄송합니다. 혹시 우리 회사의 어떤 서비스에 불편을 느끼셨다는 것인지 좀 더 구체적으로 말씀해주실 수 있겠습니까?" (역질문을 통해 구체적인 불만 파악 및 감정완화)	부메랑 기법 활용(역질문)
불편함에 대한 정중한 사과	"고객님, 본의 아니게 불편을 드려 죄송합니다." (구체적인 과실)	무조건 잘못보다는 구체적인 과실을 언급하며 사과할 것
무릎 꿇기 강요 시 명확한 거부의사 표현	"고객님, 그렇다고 무릎을 꿇으라고 강요하시면 고객님께도 죄를 묻게 되기 때문에 제가 이렇게 정중히 사과를 드리겠으니 화를 푸셨으면 좋겠습니다."	정중하고 단호한 대응
억지 또는 매장 내 소란 시	* 1차 조치 : (다른 장소로 이동 또는 추후 확인 후 연락 약속) ① "고객님, 죄송하지만 다른 고객에게 폐를 끼칠 수 있으므로 다른 장소로 이동하여 계속 말씀을 듣도록 하겠습니다." ② "말씀하신 내용을 확인한 후에 다시 연락 드리도록 하겠습니다."	1차 조치 : 연락처 및 불만 내용확보
	* 2차 조치 : 1차 조치 불응 시(영업담당자 및 안전요원 호출) "해당 행위를 멈추시지 않으면 안전요원(경찰)을 호출하도록 하겠습니다."	구두→안전요원 경찰서 등 단계적 조치
* 후속조치	• 해당 행위에 대한 내용을 관련부서와 공유한다. • 추후 민원 대비를 위한 억지 및 매장소란에 대한 증거확보 및 보관한다.(CCTV, 녹취파일) • 블랙컨슈머 관리파일에 해당 내용을 등록한다.(별도의 이력관리)	

3) 직원 폭행 또는 물건을 던지는 경우

- 화나는 상황에 대해서만 공감해주며 경청한다.
- 폭행 또는 물건을 집어 던질 경우 혼자가 아닌 동료와 함께 대응한다.
- 추후 법적조치를 위해 CCTV 또는 증인, 메모, 주변증거를 확보한다.
- 해당 행위 시 당황하지 않도록 청원경찰, 경찰서 연락처 확보 및 휴대전화에 등록한다.

단계	응대	비고
고객을 진정시킴	"고객님, 화나신 것은 충분히 이해합니다만 마음을 가라앉히시고 차분히 말씀해주시기 바랍니다."	감정완화를 위한 E·A·R 기법 활용
단호한 어조로 해당 행위 중지 요청	"고객님이 하신 행위는 해당 직원에게 모욕감이나 공포심을 유발하는 위법행위이며 이는 관련 법령에 저촉됩니다. 더 이상은 업무에 지장을 주니 돌아가시기 바랍니다."	보안팀 호출
경찰서 또는 파출소 신고	"저희 요청에도 돌아가지 않아 부득이하게 경찰의 도움을 요청했습니다."(경찰서 및 파출소 신고)	사전에 확보한 경찰서, 파출소에 도움 요청
폭력 및 물건 투척 징후 보일 시 도움 요청	주변 동료에게 도움을 요청한다. 역할분담을 한다.(본인이 대응 시 동료는 증거확보 및 신고 등)	사전에 주변에 도움을 요청
후속대비	쫓아낸 고객이 재방문을 통해 추가상황이 발생할 수 있으므로 이에 대한 추가 대비가 필요하다.	
* 후속조치	• 폭행 및 폭력행위에 대한 내용을 관련부서와 공유한다. • 피해를 당한 직원에 대해서는 업무 배제 및 휴식시간을 제공한다.(직원보호) • 관련부서는 해당 고객 모니터링 및 법률적인 제재를 검토한다.(대한법률구조공단, 132번) • 블랙컨슈머 관리파일에 해당 내용을 등록한다.(별도의 이력관리)	

4) 기물파손 및 폭력행위를 행사하는 경우

- 해당 행위는 곧 범죄이므로 단계적인 경고와 함께 이에 대한 명확한 의사를 전달한다.
- 기물파손 또는 폭력행위를 할 경우 혼자가 아닌 동료와 함께 대응한다.(역할분담)
- 추후 법적조치를 위해 녹취, CCTV 또는 증인, 메모, 주변증거를 확보한다.
- 해당 행위 시 당황하지 않도록 청원경찰, 경찰서 연락처 확보 및 휴대전화에 등록한다.

단계	응대	비고
고객을 진정시킴	"고객님, 화나신 것은 충분히 이해합니다만 마음을 가라앉히시고 차분히 말씀해주시기 바랍니다."	고객을 진정시킴
격리 유도 및 단계별 조치	"고객님의 이러한 행위로 업무에 지장을 받고 있으니 돌아가 주십시오. 고객님이 하신 행위는 위법행위이며 이는 관련 법령에 저촉됩니다."(해당 순서대로 안내) ① "현재 고객님으로 인해 정상적인 업무가 이루어지고 있지 않습니다." ② "업무에 지장을 받고 있으니 돌아가 주십시오." ③ "돌아가지 않는다면 경찰에 신고하겠습니다."	해당 행위 중지 요청 보안팀 호출
신고 조치	"저희 요청에도 돌아가지 않아 부득이하게 경찰의 도움을 요청했습니다."	사전에 확보한 경찰서, 파출소에 도움 요청
역할분담에 따른 대응	주변 동료에게 도움을 요청한다. 역할분담을 한다.(본인이 대응 시 동료는 증거확보 및 신고 등)	폭력 및 물건 투척 징후 보일 시 도움 요청
후속 상황 대비	재방문을 통해 추가상황이 발생할 수 있으므로 이에 대한 추가 대비가 필요하다.	후속대비
* 후속조치	• 추가 행위에 대해 대비한다.(추가발생 시 증거자료 및 내용증명 발송 등) • 관련부서는 해당 고객 모니터링 및 법률적인 제재를 검토한다.(대한법률구조공단, 132번) • 블랙컨슈머 관리파일에 해당 내용을 등록한다.(별도의 이력관리)	

5) 매장에서 소란을 피우며 업무방해를 하는 경우

- 화나는 상황에 대해서만 공감해주며 경청한다.
- 장소이동 또는 추후 연락 약속을 통해 퇴거를 유도한다.
- 즉각적인 대응보다는 단계적인 조치를 취한다.(구두→안전요원→경찰서)
- 정당한 요구는 수용하되 부당한 요구는 단호하게 '수용하지 않는다'는 메시지를 전달한다.

단계	응대	비고
고객을 진정시킴	"고객님, 화나신 것은 충분히 이해합니다만 마음을 가라앉히시고 차분히 말씀해주시면 도움 드릴 방법을 찾아보겠습니다."	감정완화를 위한 E·A·R 기법 활용
해당 행위에 대한 처리안내	"고객님이 요구하신 사항에 대해서는 동일한 처리방법과 답변밖에는 드릴 말이 없음을 알려드립니다."	
장소이동 또는 추후 연락으로 퇴거유도	* 1차 조치 : (다른 장소로 이동 또는 추후 확인 후 연락 약속) "고객님, 계속 이 자리에 계시면 영업이 어렵습니다." ① "고객님, 죄송하지만 다른 고객에게 폐를 끼칠 수 있으므로 다른 장소로 이동하여 계속 말씀을 듣도록 하겠습니다." ② "말씀하신 내용을 확인한 후 다시 연락 드리도록 하겠습니다."	연락처 및 주요 불만내용 확보 정리 및 기록하는 과정에서 감정완화
단호한 어조로 해당 행위 중지요청	"누차 말씀드렸음에도 고객님이 하신 행위로 인해 저희 매장 업무에 방해를 받고 있습니다. 더 이상은 업무에 지장을 주는 행위를 멈추시고 돌아가주시기 바랍니다."	보안팀 호출
해당 행위 지속 시 안전요원, 경찰서 신고	"저희 요청에도 돌아가시지 않아 부득이하게 외부의 도움을 요청했습니다."(안전요원, 경찰서 및 파출소 신고)	비상연락처 확보 및 단계적인 조치
후속대비	해당 고객에 의해 추가상황이 발생할 수 있으므로 이에 대한 추가 대비가 필요하다.	
* 후속조치	• 추가 행위에 대해 대비한다.(추가발생 시 증거자료 및 내용증명 발송 등) • 해당 고객 모니터링 및 법률적인 제재를 검토한다.(대한법률구조공단, 132번) • 블랙컨슈머 관리파일에 해당 내용을 등록한다.(별도의 이력관리)	

6) 성적으로 희롱하는 경우(대면–매장 내)

- 해당 행위는 불쾌함을 유발하는 행위이며 즉각 중지할 것을 명확하게 전달한다.
- 지속적인 성희롱 시 해당 고객과 동성인 직원 또는 다른 직원이 응대하도록 한다.
- 객관적인 증거자료를 확보한다.(CCTV 녹화, 핸드폰 녹음)
- 거부의사 표시를 직접 표현하기 어려우면 업무 담당자 교체 요청 후 해당 자리를 피한다.

단계	응대	비고
명확한 거부 의사표시 및 자제요청	"고객님, 업무에 관한 얘기를 해주시기 바라며 그 이외에 불필요한 행위나 대화는 자제하여 주시기 바랍니다."	감정완화를 위한 E·A·R 기법 활용
해당 행위에 대한 명확한 입장표명	"고객님의 행동(불필요한 신체접촉, 언어구사 등)으로 인해 불쾌하며 정상적인 업무수행이 어렵습니다."	방해되는 행위 및 불편사항을 명확히 밝힐 것
해당 행위가 위법행위임을 안내	"고객님의 행위는 성적 수치심과 혐오감을 일으키는 행위로 관련 법률에 명백히 저촉되는 행위입니다."	추가 증거 자료 확보
지속 시 주변에 도움 요청 및 증거자료 확보	"죄송하지만 해당 업무는 다른 직원이 응대할 수 있도록 안내해드리도록 하겠습니다."	타 직원 응대 및 증거자료 확보
후속대비	해당 고객에 의해 추가상황이 발생할 수 있으므로 이에 대한 추가 대비가 필요하다.	증거자료 확보
* 후속조치	• 성희롱을 당한 직원을 보호한다. • 성희롱의 판단기준은 직원이 상대 고객의 언행으로 인해 성적 수치심을 느끼는 것이다. • 관련부서는 해당 고객 모니터링 및 법률적인 제재를 검토한다(대한법률구조공단, 132번) • 블랙컨슈머 관리파일에 해당 내용을 등록한다.(별도의 이력관리)	

7) 성적으로 희롱하는 경우(비대면-전화)

- 해당 행위는 불쾌함을 유발하는 행위이며 즉각 중지할 것을 명확하게 전달한다.
- 객관적인 증거자료를 확보한다.(녹음 및 기타 문자메시지, 메일 등)
- 해당 행위는 위법한 행위이며 지속할 경우 법적조치를 취할 수 있음을 안내한다.

단계	응대	비고
해당 행위 자제요청	"고객님, 업무에 관한 얘기를 해주시기 바라며 그 이외에 불필요한 행위나 대화는 자제하여 주시기 바랍니다."	명확한 거부 의사표시 및 자제요청
명확한 입장표명	"고객님의 행동(업무와 관련 없는 성적 표현)으로 인해 성적 수치심은 물론 혐오감을 일으킬 정도로 매우 불쾌합니다. 계속하실 경우 통화를 종료하도록 하겠습니다."	해당 행위에 대한 명확한 입장표명
통화종료	"제가 분명히 안내 말씀과 함께 거부의사를 표현했음에도 법률에 명백히 저촉되는 행위를 계속하셔서 전화를 종료하도록 하겠습니다."	해당 행위가 위법행위임을 안내 후 종료
* 후속조치	• 성희롱을 당한 직원을 보호한다. • 해당 고객에 의해 추가상황이 발생할 수 있으므로 추가적으로 대비가 필요하다.(증거자료 확보) • 성희롱의 판단기준은 직원이 상대 고객의 언행으로 인해 성적 수치심을 느끼는 것이다. • 관련부서는 해당 고객 모니터링 및 법률적인 제재를 검토한다.(대한법률구조공단, 132번)	

(2) 억지주장 및 잘못된 정보로 압박하는 경우

1) 면세점 또는 직원의 과실이 어느 정도 인정되는 경우

- 직원의 과실이 인정되는 사내규정에 의해 처리될 것임을 명확하게 밝힌다.

- 규정 이외의 과실 및 보상요구 시 개인적인 의견을 피력하지 않고 관련부서와 협의한 후에 대응한다.
- 비용 발생 시 내부에서 규정하고 있는 권한 내에서 〈 선 처리 〉하고 담당자에게 〈 후 보고 〉한다.

단계	응대	비고
사과	"고객님, 본의 아니게 불편을 드려 죄송합니다." (구체적인 과실)	과실에 대한 정중한 사과
관련보상 안내	"고객님, 해당 과실로 인해 발생한 피해에 대해서는(과실에 대한 보상규정) 보상을 해드리도록 하겠습니다."	규정에 입각한 보상안내
문제해결을 위한 권한 안내	"고객님께서 말씀하신 사항에 대해서는 제가 권한 위임을 받아서 고객 불만사항을 적극적으로 해결하고 있습니다."	상급자 면담 요구 시
내부논의 후 입장안내	"다만, 말씀하신 사항은 제가 판단할 문제가 아니어서 지금 당장 답변 드리기 어렵습니다. 상급부서 보고와 내부논의 후 답변을 드릴 수 있도록 연락처를 알려주시기 바랍니다."	무리한 요구 시 관련부서와 논의 후 답변하겠다고 하며 마무리
격리 유도 및 단계별 조치	*1차 조치: (다른 장소로 이동 또는 추후 확인 후 연락 약속) "고객님, 계속 이 자리에 계시면 업무수행이 어렵습니다." ① "고객님, 죄송하지만 다른 고객에게 폐를 끼칠 수 있으므로 다른 장소로 이동하여 계속 말씀을 듣도록 하겠습니다." ② "말씀하신 내용 확인 후 다시 연락 드리도록 하겠습니다." *2차 조치: 1차 조치 불응 시(담당자 및 철도경찰, 112 호출) "해당 행위를 멈추시지 않으면 철도경찰(경찰)을 호출하도록 하겠습니다."	무리한 요구 시 관련부서와 논의 후 답변하겠다고 하며 마무리
* 후속조치	• 연락처 확인 후 관련부서와 논의 후 공식적인 입장 및 내용을 전달한다. • 해당 고객에 의해 추가상황이 발생할 수 있으므로 추가 대비가 필요하다.(증거자료 확보) • 관련부서는 해당 고객 모니터링 및 법률적인 제재를 검토한다.(대한법률구조공단, 132번) • 블랙컨슈머 관리파일에 해당 내용을 등록한다.(별도의 이력관리)	

2) 억지주장 및 사과문을 작성하라고 요구하는 경우

- 억지주장에 대해서는 역질문을 통해 구체적인 주장의 근거 및 사유를 파악한다.(감정완화)
- 사과문 작성 요구 시 즉각 작성하지 말고 내부 검토 후 작성하겠다고 일단 미룬다.
- 개인적인 의견이나 주장은 가급적 피력하지 않는다.(담당부서에서 공식적인 입장검토)
- 관련내용은 해당 부서와 공유하고 사내 VOC에 등록한다.

단계	응대	비고
불만 내용 파악	"고객님, 저희 서비스에 불편을 느끼셨다니 정말 죄송합니다. 혹시 저희 회사의 어떤 서비스에 불편을 느끼셨다는 것인지 좀 더 구체적으로 말씀해주실 수 있겠습니까?"	구체적인 불만사항 파악
수용불가 안내	"고객님, 객관적인 사실이나 증거가 확보되지 않은 상태에서는 고객님의 요구를 수용하기 어렵습니다."	억지주장의 경우 '사실'관계에 주목하며 응대
동일한 응대 유지	"고객님, 객관적인 사실이나 증거가 확보되지 않은 사항에 대해서는 동일한 말씀을 드릴 수밖에 없음을 양해바랍니다."	지속적으로 억지주장 시
사과문 작성 요구 시	"고객님, 사과문은 저 혼자의 판단으로 작성하기는 어렵습니다. 지금으로서는 사과만 드릴 수밖에 없습니다. 사과문 작성 관련해서는 내부 검토 후 조치하도록 하겠습니다."	사과문 작성 요구 시 내부 협의 후 답변 안내
억지 또는 매장 내 소란 시	*1차 조치: (다른 장소로 이동 또는 추후 확인 후 연락 약속) ① "고객님, 죄송하지만 다른 고객에게 폐를 끼칠 수 있으므로 다른 장소로 이동해 계속 말씀을 듣도록 하겠습니다." ② "말씀하신 내용 확인 후 다시 연락 드리도록 하겠습니다."	1차 조치 : 연락처 및 불만내용 확보
	*2차 조치: 1차 조치 불응 시(영업담당자 및 안전요원 호출) "해당 행위를 멈추시지 않으면 안전요원(경찰)을 호출하도록 하겠습니다."	구두→안전요원, 경찰 등 단계적 조치

* 후속조치	• 해당 행위에 대한 내용을 관련부서와 공유한다. • 사과문 발송을 하게 될 경우 내부 법무팀이나 전문가에게 검토 후 발송한다. • 추후 민원 대비를 위한 억지 및 매장 소란에 대한 증거확보 및 보관한다.(CCTV, 녹취파일) • 블랙컨슈머 관리파일에 해당 내용을 등록한다.(별도의 이력관리)

3) 방송 · 언론 제보 또는 인터넷(SNS) 유포 협박 시

- 사전에 해당하는 건에 대해 법률적인 자문 및 관련부서의 대응지침을 인지한다.
- 현장대응 시 즉각적인 대응보다는 담당부서와 내용공유 및 확인절차를 거친다.
- 지속적으로 주장 및 의견피력 시 적극적인 대응보다는 '유감'이라는 입장만 표명한다.
- 미확인 정보공유 및 제보는 정보통신법상 '명예훼손죄' 또는 '모욕죄'에 해당된다.

단계	응대	비고
고객진정	"고객님, 화가 나신 것은 이해합니다만 마음을 가라앉히시고 차분히 말씀해주시면 도움 드릴 방법을 찾아보겠습니다."	고객을 진정시킴
관련부서 전달안내	"고객님, 화가 나신 것은 이해합니다만 마음을 가라앉히시고 차분히 말씀해주시면 도움 드릴 방법을 찾아보겠습니다."	고객주장 및 의견 내용 확인
유감표명	"최선을 다했지만 고객님이 이렇게 언론 제보 또는 인터넷에 공유하겠다고 하시니 매우 유감입니다."	지속적으로 제보 및 공유 협박 시
법적 대응 시사	"다만 사실이 아닌 사항을 인터넷에 유포하거나 왜곡된 제보 내용은 추후 법적 대응할 수 있음을 알려드립니다."	왜곡된 제보 시 법적 대응 안내
* 후속조치	• 언론제보 및 인터넷 공유 협박에 대한 내용을 관련부서와 공유한다. • 관련부서는 해당 고객 모니터링 및 법률적인 제재를 검토한다.(대한법률구조공단, 132번) • 블랙컨슈머 관리파일에 해당 내용을 등록한다.(별도의 이력관리)	

4) 기업이 아닌 개인적으로 압박해오는 경우

- 원하는 요구사항 및 주장에 대해 구체적으로 파악한다.
- 개인적인 의견이나 주장은 가급적 피력하지 않는다.(주관부서에서 공식적인 입장검토)
- 고객의 요구사항 및 주장을 면밀히 파악 후 주관부서로 전달한다.(내부지침에 의거하여 처리)
- 해당 고객의 의도에 속거나 대화의 흐름 및 분위기에 이끌리지 말아야 한다.

<table>
<tr><th>단계</th><th>응대</th><th>비고</th></tr>
<tr><td>불만내용 파악</td><td>"고객님, 저희 면세점의 어떤 서비스에 불편을 느끼셨다는 것인지 좀 더 구체적으로 말씀해 주실 수 있겠습니까?"(역질문을 통해 구체적인 불만 파악 및 감정완화)</td><td>구체적인 불만사항 파악</td></tr>
<tr><td rowspan="2">내부검토
1차 안내</td><td>(비대면 전화) "저 개인적인 의견은 가지고 있습니다만 윗분(또는 관련부서)과 상의해서 관련부서의 입장에서 답변을 드릴 테니 일단 전화를 끊고 다시 전화를 드려도 괜찮으시겠습니까?"</td><td rowspan="2">개인적으로 압박하며 문제해결 요구 시 의견 피력 금지</td></tr>
<tr><td>(대면-매장) "저 개인적인 의견은 가지고 있습니다만 윗분(또는 관련부서)과 상의해서 관련부서의 입장에서 답변을 드리도록 하겠습니다."(추후 연락 약속 및 연락처 확보)</td></tr>
<tr><td>내부검토
2차 안내</td><td>"고객님 방금 말씀을 드린 대로 저 혼자 판단할 수 있는 문제가 아닙니다. 따라서 관련부서와 논의 후 별도로 연락을 드리도록 하겠습니다."</td><td>지속적으로 압박 시 동일한 응대 유지</td></tr>
<tr><td>* 후속조치</td><td colspan="2">• 해당 고객의 요구사항이나 동기는 물론 응대 이력 관련 자료를 해당부서와 공유한다.
• 블랙컨슈머 관리파일에 해당 내용을 등록한다.(별도의 이력관리)</td></tr>
</table>

(3) 피해보상을 요구하는 상황

1) 규정 이외의 보상을 요구하는 경우

- 보상과 관련하여 감정적인 자극(욕설, 모욕, 분풀이 등)에 대해 감정적인 대응은 절대 금물이다.
- 규정 이외의 보상에 대해서는 2차 민원 예방을 위해 애매모호한 표현보다는 명확한 입장을 표명한다.
- 규정 이외의 보상에 대해서는 가능할 것 같다는 뉘앙스나 태도를 보이지 않는다.
- 지속적인 압박 및 주장에도 동일한 태도 및 응대를 유지한다.

단계	응대	비고
사과	"(과실내용으로 인해) 고객님이 불편한 경험을 하시게 된 부분에 대해 진심으로 사과드립니다."	과실에 대한 사과
보상안내	"면세점의 책임 사유로 인해 불편을 겪으셨다면 저희 면세점 보상 정책(또는 소비자 분쟁해결 기준)에 의거하여 정해진 보상을 해드리고 있습니다."	과실에 대한 보상안내
수용불가 안내	"지금 고객님이 요구하시는 내용은 저희 업무 규정상 처리가 어렵습니다. 고객님의 심정은 충분히 이해합니다만 상황이 그러하므로 양해하여 주시기 바랍니다."	보상불만에 따른 심정적 이해 및 규정상의 어려움 안내
보상규정 안내 및 사과	"심정은 이해하지만 정해진 규정에 입각한 보상이기 때문에 그 이외의 보상은 어렵습니다. 고객님이 원하시는 대로 처리해드리지 못해 죄송합니다."	동일한 응대 태도 유지
* 후속조치	• 해당 행위에 대한 내용을 관련부서 공유 및 이관한다. • 연락처 확인 후 관련부서와 논의 후 공식적인 입장 및 내용을 전달한다. • 해당 고객에 의해 추가상황이 발생할 수 있으므로 추가 대비가 필요하다.(증거자료 확보) • 블랙컨슈머 관리파일에 해당 내용을 등록한다.(별도의 이력관리)	

2) 과도한 보상을 요구하는 경우

- 사전에 과실로 인해 불편드린 사항에 대한 구체적인 사과는 필수이다.
- 보상규정 안내 및 손해액에 대한 구체적인 근거자료 및 산출내역을 요구한다.
- 과도한 보상요구에 대해서는 저지세 및 보상 가능의 뉘앙스로 응대하지 않는다.
- 지속적으로 보상요구 시 주관부서 또는 영업팀 자문 및 이관한다.

단계	응대	비고
사과	"(구체적인 과실 내용으로 인해) 고객님이 불쾌한 경험 및 손해가 발생하게 된 부분에 대해 진심으로 사과 드립니다."	과실에 대한 사과
보상안내	"하지만 면세점의 과실이 있다고 하더라도 고객님이 요구하시는 내용은 면세점 업무 규정상 수용하기 어렵습니다. 면세점은 보상절차나 기준이 명확하고 내·외부 감사가 엄격하여 예외적인 처리가 허용되지 않습니다."	과도한 보상요구 수용불가 안내
수용불가 안내	"고객님이 주장하시는 손해액을 분명히 특정하여 그 액수와 산출내역 및 근거자료를 송부하여 주시기 바랍니다. 불편하시더라도 관련 자료를 보내주시면 관계부서에서 민원사항을 보고하여 내부규정에 입각하여 검토한 후 답변드릴 수 있도록 하겠습니다."	과도한 보상 및 지속적인 요구 시 근거자료 제시 요구
보상규정 안내 및 사과	"저희 면세점에서 결정한 사항에 대해 수용이 어려우시다면 소송 및 분쟁조정을 통해 처리하는 방법 이외에는 더 이상 도와드리기 어렵습니다."	수용하지 않을 경우 소송 및 분쟁조정 절차 안내
*후속조치	• 해당 행위에 대한 내용을 관련부서에 공유 및 이관한다. • 연락처 확인 후 관련부서와 논의 후 공식적인 입장 및 내용을 전달한다. • 해당 고객에 의해 추가상황이 발생할 수 있으므로 추가 대비가 필요하다.(증거자료 확보) • 블랙컨슈머 관리파일에 해당 내용을 등록한다.(별도의 이력관리)	

3) 보상요구 시 '성의'를 보이라고 하는 경우

- 해당 고객이 의도하는 '성의'의 구체적인 의미가 무엇인지 파악한다.
- '성의'라는 의도가 명확하지 않을 경우 보상이 불가함을 인지하고 응대한다.
- '성의'의 의미를 밝히지 못하는 이유는 해당 행위가 범죄행위임을 인지하고 있는 것이다.

단계	응대	비고
불만사항 파악	"고객님, 저희 면세점에서 제공하는 서비스(또는 상품)에 대한 불만에 대해 구체적으로 말씀해주시겠습니까?"	불만사항에 대한 파악
사과 및 보상불가 안내	"(구체적인 과실 내용으로 인해)고객님이 불편하셨다면 그 부분에 대해서는 진심으로 사과 드립니다. 그러나 해당 사안에 대해서는 보상이 어렵다는 점을 분명히 안내드립니다."	불명확한 사안에 대해서는 보상불가 안내
'성의'에 대한 안내	"고객님, 저희들은 고객만족을 위해 최선을 다해 노력하고 있으며 진심과 정성을 다해 고객님이 만족하실 수 있게 해드리는 것이 '성의'라고 생각하고 있습니다."	성의에 대한 기준 안내
고객 의도 파악	"혹시 죄송하지만 고객님께서 말씀하시는 '성의'란 무엇인지 알려주실 수 있으신가요?"	해당 고객의 '성의'에 대한 의미파악
* 후속조치	• 고객에 의해 추가상황이 발생할 수 있으므로 추가 대비가 필요하다.(증거자료 확보) • 블랙컨슈머 관리파일에 해당 내용을 등록한다.(별도의 이력관리)	

4) 정신적인 피해보상 요구 및 억지 주장하는 경우

- 원인과 결과가 성립하는지 여부를 파악한다.
- 인과관계를 증명할 수 있는 객관적인 증명서류를 준비해달라고 요청한다.
- 정신적인 피해보상 기준이 명확하지 않고 입증하기 힘들다는 점을 인지하고 응대한다.

- 억지주장 및 소란을 피울 경우 다른 장소로 이동권유 및 퇴거조치 절차를 밟는다.
- 영업사고에 따른 보상요구는 '영업 사고처리 세칙'에 따라 처리한다.

<table>
<tr><th>단계</th><th>응대</th><th>비고</th></tr>
<tr><td>불만사항 파악</td><td>"어떤 점이 불편하셨는지 좀 더 구체적으로 말씀해주시겠습니까?"(역질문을 통해 구체적인 불만 파악)</td><td>구체적인 불만사항 파악</td></tr>
<tr><td>사과</td><td>"고객님, 본의 아니게 불편을 드려 죄송합니다."(구체적인 과실)</td><td>불편함에 대한 정중한 사과</td></tr>
<tr><td>정신적인 피해보상에 대한 규정안내</td><td>"정신적인 피해보상을 요구하셨는데 인과관계가 명확해야 보상을 해드릴 수 있습니다."</td><td>수용불가 안내</td></tr>
<tr><td>정신적인 피해보상을 위한 객관적인 서류준비 안내</td><td>"인과관계를 확인하기 위해 병원진단서나 그 밖에 정신적인 피해를 입었다는 사실을 증명할 수 있는 서류 등을 준비해주시겠습니까?"</td><td>입증할 만한 자료 증거제출 요청-진단서, 기타</td></tr>
<tr><td rowspan="2">억지 또는 매장 내 소란 시</td><td>* 1차 조치 : (다른 장소로 이동 또는 추후 확인 후 연락 약속)</td><td>1차 조치 : 연락처 및 불만내용 확보</td></tr>
<tr><td>* 2차 조치 : 1차 조치 불응 시(영업담당자 및 안전요원 호출)</td><td>구두→안전요원, 경찰 등 단계적 조치</td></tr>
<tr><td>* 후속조치</td><td colspan="2">• 해당 행위에 대한 내용을 관련부서(법무팀)와 공유한다.
• 정신적인 피해보상과 관련해서는 동일한 대응자세 및 태도를 유지한다.
• 추후 민원 대비를 위한 억지 및 매장 소란에 대한 증거자료 확보 및 보관한다.(CCTV, 녹취파일)
• 관리파일에 해당 내용을 등록한다.(별도의 이력관리)</td></tr>
</table>

5) 부당한 상품교환/환불을 요구하는 경우

- 관세법령에 따라 상품의 교환 · 환불이 이루어짐을 안내한다.(보세판매장 운영에 관한 고시)

- 면세점 교환 · 환불은 해당 기간 안에 요청 시 가능함을 안내한다.
- 업무방해의 징조가 보일 경우 다른 장소로 이동권유 또는 퇴거조치를 취한다.(추후 확인 후 연락 약속)
- 규정 외 처리가 불가함을 안내하고 역할을 분담하여 조직적으로 대응한다.(녹취 등 증거확보)

<table>
<tr><th>단계</th><th>응대</th><th>비고</th></tr>
<tr><td>반품에 대한 규정안내</td><td>고객님이 구입하신 상품이 $600 이상인 경우
“해외에서 직접 국제우편을 통해 발송하거나 입국 시 세관에 해당 물품을 유치하는 경우에만 반품이 가능합니다. 또한 반품신청 가능일은 상품인도 후 15일 이내이며 미사용인 경우에 한합니다.”</td><td rowspan="3">상품의 반품 또는 교환·환불의 경우 관세법령에 따라 처리됨을 안내(보세판매장 운영에 관한 고시)</td></tr>
<tr><td>교환·환불에 대한 규정안내</td><td>①“고객에게 책임이 있는 사유로 상품이 멸실 또는 훼손되거나 가치가 감소한 경우에는 교환 또는 환불이 불가능합니다.”
②“상품이 표시 · 광고된 내용과 다르거나 불량일 경우 상품 수령일로부터 3개월 이내 또는 그 사실을 안 날 또는 알 수 있었던 날로부터 30일 이내에 환불할 수 있습니다.”</td></tr>
<tr><td>면세점 상품은 주문완료 후 변경불가 안내</td><td>“면세점에서 판매되는 모든 상품은 상품에 고유번호가 부여되어 있으며 세관에 신고하여 판매되는 상품으로 주문완료 후에는 상품 · 색상 · 사이즈 변경이 불가합니다.”</td></tr>
<tr><td rowspan="2">억지 또는 매장 내 소란 시</td><td>* 1차 조치 : (다른 장소로 이동 또는 추후 확인 후 연락 약속)–“고객님, 계속 이 자리에 계시면 영업이 어렵습니다.”
① “고객님, 죄송하지만 다른 고객에게 폐를 끼칠 수 있으므로 다른 장소로 이동하여 계속 말씀을 듣도록 하겠습니다.”
② “말씀하신 내용 확인 후 다시 연락 드리도록 하겠습니다.”</td><td>1차 조치 : 연락처 및 불만 내용 확보</td></tr>
<tr><td>* 2차 조치 : 1차 조치 불응 시(영업담당자 및 안전요원 호출)</td><td>구두→안전요원, 경찰 등 단계적 조치</td></tr>
</table>

* 후속조치	• 해당 행위에 대한 내용을 관련부서와 공유한다. • 해당 고객에 의해 추가상황이 발생할 수 있으므로 추가 대비가 필요하다.(증거자료 확보) • 관련부서는 해당 고객 모니터링 및 해당 행위에 대해 대응한다.(내용증명 발송 등) • 블랙컨슈머 관리파일에 해당 내용을 등록한다.(별도의 이력관리)

(4) 고질적 또는 동일한 행위를 반복하는 상황

1) 상급자 또는 관련 부서장과의 면담을 요구하는 경우

- 먼저 화를 누그러뜨리는 것이 급선무이므로 E · A · R기법을 활용한다.
- 해당 불만이 실무 담당자 선에서 해결될 수 있음을 안내한다.
- 사전에 담당자의 책임과 권한은 물론 업무범위에 대해 명확하게 설명한다.
- 담당자가 책임을 지고 대응하며 이와 같은 불만에 대해서는 조직적인 대응이 필요하다.

단계	응대	비고
불만사항 파악	"고객님, 죄송합니다. 어떤 일이신지 저에게 말씀해주시면 해결할 수 있도록 하겠습니다. 불편사항에 대해 구체적으로 말씀해주시겠습니까?"(역질문 활용)	격앙된 감정 누그러뜨리기
규정에 따른 처리안내	"고객님, 죄송하지만 해당 문제와 관련하여 상급자는 잘 알지 못할 뿐만 아니라 문제해결의 담당자는 저이므로 관련규정에 따라 업무를 처리하도록 하겠습니다."	문제해결 주체는 담당자에게 있음을 고지
민원신청서 작성유도	"고객님, 고객지원실(별도로 마련된 공간)에서 고객님의 말씀을 마저 듣도록 하겠습니다." -민원신청서 작성유도(문제해결을 위한 절차라고 안내) -관련내용을 적으면서 흥분을 가라앉게 하는 효과가 있음(증거확보) "불편사항에 대해서는 충분히 내부검토를 거쳐 개선될 수 있도록 할 것이며 처리결과에 대해서는 별도로 안내드리도록 하겠습니다."	별도의 격리된 공간으로 이동 및 민원신청서 작성 안내

사과 및 동일한 조치안내	"고객님의 민원내용을 충분히 이해하고 문제해결을 위해 최선을 다했음에도 불구하고 충분히 도움을 드리지 못한 점 사과드립니다. 그러나 해당 민원에 대해 상급자와 면담을 한다고 해도 동일한 답변만 드릴 수밖에 없습니다."	사과와 함께 향후 동일한 조치가 취해질 수 있음을 안내
* 후속조치	• 상황에 따라 인정에의 욕구가 강한 고객의 경우 상급자와의 면담을 허용한다.(해결용이) • 해당 고객에 의해 추가상황이 발생할 수 있으므로 추가 대비가 필요하다.(증거자료 확보) • 블랙컨슈머 관리파일에 해당 내용을 등록한다.(별도의 이력관리)	

2) 직원을 해고하라고 하는 경우

- 직원에 대한 해고는 사내규정에 의한 것이므로 단호하게 대처한다.
- 해고해서는 안 되고 사내규정에 의해 처리될 것임을 시사하는 선에서 마무리한다.
- 지속적인 직원해고 요구 및 폭행 · 협박행위는 위법행위라는 사실을 인식하고 대응한다.
- 개선을 위한 교육 및 훈련 시행사진 및 자료요청 시 불가함을 안내한다.

단계	응대	비고
사과 및 재발방지 안내	"고객님, 불편을 드려 죄송합니다. 저희 면세점 내부적으로 직원교육을 철저히 하여 이와 같은 일들이 다시는 발생하지 않도록 하겠습니다."	사과 및 재발방지 약속
규정 및 처리 안내	"해당 직원에 대한 징계나 처벌은 저희 면세점에서 마련한 규정에 입각하여 처리될 사안입니다."	내부규정에 입각해 처리될 사안임을 안내
위법 안내	"고객님께서 불편한 사항을 겪었다는 점은 책임자로서 사과드리지만 해당 직원을 징계하라거나 퇴사를 요구하는 것은 위법에 해당되는 사항입니다."	해당 행위가 위법임을 안내
규정에 따른 처리 재안내	"고객님에게 불편을 드린 점은 죄송하지만 해당 사안은 저희 면세점에서 마련된 규정에 입각해서 처리될 것임을 다시 한번 말씀 드립니다."	동일한 조치 요청 시

응대종료	"고객님, 직원해고와 관련된 민원업무는 종료하도록 하겠습니다."	응대 종료 안내
* 후속조치	• 상급자와의 미팅을 통해 '인정에의 욕구'가 충족될 수 있으므로 이 점도 고려한다. • 해당 고객에 의해 추가상황이 발생할 수 있으므로 추가 대비가 필요하다.(증거자료 확보) • 블랙컨슈머 관리파일에 해당 내용을 등록한다.(별도의 이력관리)	

3) 동영상 또는 녹음을 하겠다고 압박하는 경우

- 동영상 또는 녹음의 목적 및 의도가 무엇인지 파악한다.
- 고객의 녹취, 녹화에 대해 동일한 대응을 하겠다고 고지한다.
- 영상물이나 녹음파일 위변조 시 위법행위임을 안내한다.
- 영상 및 녹음 시 역할분담을 통해 주변동료가 대화에 참여한다.(CCTV확보)

단계	응대	비고
녹화 및 녹음 안내고지	"동영상 및 녹음을 하겠다는 것은 막을 수 없습니다만 저희 쪽에서도 만일의 상황을 대비하고자 고객님과 동일하게 녹화 및 녹음을 진행하도록 하겠습니다."(매장 내 CCTV가 녹화 중임을 안내할 것)	동일한 행위를 하겠다는 고지 및 안내
법률상 책임고지	"고객님이 해당 영상물이나 녹음 파일을 수정하거나 위변조할 경우 법률상 책임을 물을 수 있음을 알려 드립니다."	해당 동영상 및 녹음 내용문 위변조 행위에 대한 위법 안내
법적조치 가능성 안내	"또한 해당 영상물이나 녹음파일을 인터넷에 유포하거나 제보내용과 다르게 왜곡될 경우 법적 대응을 할 수 있음을 알려 드립니다."	왜곡된 제보 시 법적대응 안내
* 후속조치	• 해당 행위에 대한 내용을 관련부서와 공유 및 이관한다.(법무팀) • 연락처 확인 후 관련부서와 논의 후 공식적인 입장 및 내용을 전달한다. • 해당 고객에 의해 추가상황이 발생할 수 있으므로 추가 대비가 필요하다.(증거자료 확보) • 블랙컨슈머 관리파일에 해당 내용을 등록한다.(별도의 이력관리)	

CHAPTER 6

고객을 대하는 자세

6.1 첫인상과 표정

(1) 첫인상

1) 첫인상의 의미

- 첫인상은 모든 인간관계에서 소통의 시작이다.
- 체형, 복장, 말투, 걸음걸이, 앉아있는 자세, 웃는 태도, 손짓, 몸짓 등 모두가 첫인상의 단서가 된다.
- 첫인상은 처음 만나는 사람에게 보여지는 정보를 짧은 시간(3초) 안에 상대방에게 각인시키고 그에 대한 평가와 결론을 내리는 것을 말한다.

2) 첫인상의 중요성

- 호감과 비호감은 우리 뇌에서 아주 순간적으로 결정되기 때문에 첫인상이 나쁘면 상대방의 기억 속에 좋지 않은 이미지로 각인되어 오랫동안 회복하는 데 어려울 뿐만 아니라, 회복되기까지 많은 시간과 노력이 필요하다.
- 첫인상이 좋으면 호감을 살 수 있고 지속적인 인간관계도 원활하게 이루어지지만, 첫인상이 좋지 않으면 더 이상 만남의 기회조차 제공받지 못하거나 인간관계에서도 큰 어려움을 느낄 수 있다.
- 얼굴의 생김새는 타고 나지만 첫인상은 처음부터 타고 나는 것이 아니라 개인의 노력으로 얼마든지 바꿀 수 있다.

(2) 표정

1) 표정의 의미

- 마음 속 감정이나 정서 따위의 심리상태가 얼굴에 나타나는 것을 표정이라 하며 외형의 모습이 어떠한 의미를 나타낼 때에도 이를 표정이라 한다.

2) 표정의 중요성

- 상대방의 마음을 읽을 수 있다. 즉 의사소통의 수단은 언어이지만 표정을 통해서도 말하고자 하는 의도를 읽어낼 수 있다.
- 표정이 밝은 사람은 아량이 넓고 설득력을 지니고 있어서 원만한 유대관계를 유지하여 매사 성공으로 이끌 수 있다.

① 첫인상이 결정된다.

② 호의적인 태도가 형성된다.

③ 밝은 표정은 인간관계의 기본이다.

④ 상대방의 표정은 곧 나의 책임이다.

3) 얼굴표정

❶ 부드러운 얼굴표정

- 얼굴 전체를 부드럽고 온화하게 한다.
- 얼굴의 근육을 긴장시키거나 찡그리지 않는다.
- 턱을 자연스럽고 반듯하게 한다.
- 조작된 억지표정을 짓지 않는다.
- 상황에 맞는 표정을 짓는다.
- 갑작스럽게 표정을 바꾸지 않는다.

❷ 부드럽지 못한 얼굴표정

- 무표정
- 미간(눈썹)에 주름을 세우는 얼굴표정
- 입술을 옆으로 다문 표정

- 코웃음 치는 것 같은 표정

4) 눈 표정

- 눈은 '마음의 창'이라고 한다. 즉 맑고 밝은 생각을 할 때 표정도 맑고 밝아진다.
- 고객을 위 · 아래로 훑어보는 것은 고객에게 불쾌감을 준다.
- 눈을 곱게 뜨고 시선을 단정하게 한다.
- 얼굴색으로 마음을 보이고 눈빛으로 말을 한다.

6.2 미소

- 상황에 어울리는 미소를 짓는다.
- 가볍고 자연스러운 미소를 연출해야 한다.
- 가식적이거나 형식적인 미소가 아니라 진심에서 우러나오는 미소가 바람직하다.

(1) 미소의 중요성

- 고객에게 편안한 기분이 들도록 해준다.
- 자기 자신에 대한 호감을 갖도록 해준다.
- 좋은 이미지 속에서 인간관계를 맺게 해준다.
- 궁극적으로 자기 자신도 즐거워진다.

6.3 용모와 복장

- 용모란 얼굴을 의미하는 용(容)을 중심으로 겉으로 나타나는 전체적인 이미지를 의미한다.
- 옷을 제대로 입는다는 것은 Time(시간), Place(장소), Occasion(경우나 상황), 즉 자신이 있어야 하는 곳의 자리와 위치, 상황 등에 맞는 옷차림을

말한다.

- 자신에 대한 존중뿐만 아니라 상대방에 대한 존경까지도 나타낸다.
- 첫인상을 결정하고 생활태도와 일에 임하는 마음가짐을 드러낸다.
- 회사와 직장의 문화를 표현하며 일에 대한 열의까지도 나타낸다.

우리가 갖춰야 할 용모와 복장이란?

① 내게 잘 어울려야 하고
② 때와 장소에 맞게 입으며
③ 남들이 보았을 때 거부감이 들지 않는 옷차림을 말한다.

(1) 용모와 복장의 중요성

- 고객에게 자신의 첫인상을 심어준다.
- 고객에게 회사와 해당 업무부서의 첫인상을 심어준다.
- 고객에게 신뢰감을 준다.
- 고객의 기분을 상쾌하게 만드는 데 영향을 줄 수 있다.
- 조직집단 내의 전체적인 분위기에 영향을 미친다.
- 자신의 기분을 전환시킬 수 있다.

(2) 용모와 복장의 기본원칙

- 청결해야 한다.
- 말쑥해야 한다.
- 경쾌해야 한다.
- 조화가 이루어져야 한다.
- 품위가 있어야 한다.
- 때와 장소에 어울리는 것이어야 한다.
- 기업이미지와 적합한 것이어야 한다.

(3) 단정한 용모와 복장의 효과

- 자신감을 갖게 되고 긍정적으로 자신의 일을 시작할 수 있다.
- 첫인상을 좌우한다.
- 고객에게 신뢰감을 준다.
- 직장의 분위기 및 이미지를 좌우한다.
- 일의 성과에도 영향을 미친다.
- 기분을 전환시킨다.

(4) 헤어와 메이크업(Make-up)

1) 여성 헤어

- 앞머리는 눈을 가리지 않도록 하고 옆머리는 귀를 보이게 해서 깔끔한 인상을 준다.
- 화려한 머리장식은 피한다.
- 너무 밝은 색이나 튀는 색상의 염색은 피한다.
- 머리가 흘러내리지 않도록 헤어제품으로 고정시킨다.

2) 여성 메이크업

- 과하게 진한 화장도 좋지 않지만 화장기가 없는 얼굴도 성의 없어 보인다.
- 잡티를 가리기 위한 두꺼운 화장보다는 자연스럽게 보이도록 잡티만 커버하면서 연출한다. 다만 화장품코너 직원의 경우는 예외이다.
- 의상과도 어울릴 수 있는 메이크업을 선택한다.
- 얼굴과 목 경계가 분리되어 보이지 않도록 주의한다.
- 아이라인이 번지지 않고 깔끔해야 한다.

3) 남성 헤어

- 앞머리는 이마를 가리지 않도록 한다.
- 옆머리는 귀를 덮지 않도록 한다.

- 뒷머리가 셔츠 깃에 닿지 않도록 한다.
- 헤어제품을 사용하여 단정한 머리 모양을 만든다.
- 머리가 지나치게 길거나 유행을 따르는 머리, 지나치게 튀는 염색이나 헤어스타일은 피한다.

4) 남성 메이크업

- 스킨 : 면도에 의한 미세한 상처를 진정시킬 수 있고 살균작용과 수렴작용을 한다.
- 로션 : 피부에 영양과 보습을 주어 매끈한 피부를 유지한다.
- 크림 : 피부에 영양과 탄력을 준다.
- 자외선 차단제 : 자외선은 피부를 거칠게 하거나 기미나 주근깨 등 잡티를 만드는 원인이 된다.
- 눈썹이 너무 지저분하거나 밑으로 처져 있다면 다듬어준다.
- 입술은 립밤이나 립글로스로 촉촉해 보이도록 한다.

(5) 비즈니스를 위한 여성 코디네이션

1) 여성의 복장

❶ 슈트

- 재킷
  - 무늬가 없는 검정, 네이비, 회색, 베이지 등의 단색 계열이 좋다.
  - 품이 너무 작지 않은 것을 선택, 어깨가 좁거나 처진 경우에는 어깨패드를 사용한다.
- 스커트
  - 스커트의 길이는 무릎 밑이나 위에 맞추는 것이 적당하다.
  - 키가 작다면 무릎 위에 맞추고, 키가 크다면 무릎을 덮는 정도가 적당하다.
  - 스커트를 입었을 때 주름이 생긴다면 사이즈가 작다는 의미이므로 사이즈를 좀 더 여유 있는 것으로 착용한다.

2) 남성의 복장

- 슈트의 재킷은 어깨와 겨드랑이에 주름이 생기지 않고 말끔하게 떨어져야 한다.
- 재킷의 품은 주먹 한 개가 들어갈 정도가 적당하다.
- 재킷의 기장은 손을 내렸을 때 옷자락이 잡힐 정도가 적당하다.
- 셔츠는 맨 윗 단추를 채워서 손가락이 2~3개 정도 들어가면 적당한 목둘레이다.
- 셔츠의 소매 끝이 재킷의 소매길이보다 1~1.5cm 정도 길게 한다.
- 셔츠에 무늬가 있으면 타이는 단순하게, 셔츠가 단색이면 타이는 패턴이 들어간 것이 좋다.
- 바지의 밑단에 단을 올린 턴 업(카브라)은 바지의 앞부분을 살짝 덮는 정도가 좋지만 키가 작아 보이게 하므로 키가 작다면 없는 것이 좋다.
- 구두에 맞추는 것이 좋으며 앞으로는 발등이 살짝 덮이는 정도가 좋다.
- 걸을 때 양말이 보이지 않을 정도가 좋다.

(6) 액세서리 활용법

1) 가방

- 의상과 전체적인 조화를 이루는 것이 좋으며 몸의 크기와 비례해서 선택하는 것이 좋다.
- 서류가 들어갈 수 있는 크기 이상은 되어야 하며 구두와 색상을 동일하게 맞추면 무난한 코디네이션이 될 수 있다.

2) 구두

- 입고 있는 하의의 색상과 맞추거나 어둡게 신는 것이 일반적이다.
- 구두 굽이 한 방향으로만 닳아 있지 않은지 확인하고 늘 청결하게 관리한다.
- 한 개의 구두만 계속 신기보다는 두 켤레를 준비해서 번갈아 신는 것이 구두의 변형과 냄새도 방지할 수 있다.

3) 타이

- 타이는 유일하게 컬러를 사용할 수 있는 아이템으로 얼굴을 돋보이게 해주며 다양한 색상과 패턴으로 포인트 역할을 한다.
- 타이의 길이
  - 넥타이 끝이 바지 벨트 비클의 중간까지 오도록 매는 것이 좋다.
  - 자동 타이가 있어 편리하지만 길이 조절이 원활하지 않으므로 일반 타이로 자신이 원하는 길이를 확인하면서 매는 것이 좋다.

4) 양말과 스타킹

- 양말은 구두나 바지와 동일한 색상으로 맞추는 것이 좋으며 정장용 양말은 목이 긴 양말로 앉았을 때 살이 보이지 않는 것이 예의이다.
- 스타킹의 기본색상으로는 살색, 커피색, 블랙이 있다.
- 구두와 스타킹의 색을 맞추면 다리가 길어 보이고 단정한 느낌이 든다.
- 큰 무늬의 스타킹은 다리가 굵어 보이고 지나치게 튀거나 색상이 들어간 스타킹은 자제한다.

5) 시계와 주얼리

- 시계
  - 자신의 체격과 비례해서 선택한다.
  - 가죽 밴드는 검은색과 갈색이 일반적이며 가을, 겨울에 착용한다.
  - 메탈 밴드 중 실버는 젊고 시원한 느낌을 주며 골드는 따뜻하면서 고급스럽게 보인다.
- 주얼리
  - 모양이나 장식이 심플하면서도 크기가 너무 크지 않는 것이 좋다.
  - 얼굴이 큰 사람은 귀걸이의 크기가 조금 큰 것으로, 얼굴이 작은 사람은 작은 것으로 선택하는 것이 좋다.
  - 얼굴형이 각진 사람은 둥근형, 얼굴이 둥근 사람은 각진형이 좋다.

6.4 인사

사람이라면 누구나 마땅히 해야 할 일, 사람을 존중하는 일

(1) 인사의 의의

- 마음에서 우러나오는 만남의 시작이며 마음가짐의 외적 표현이다.
- 인간관계의 시작이며 끝이다.
- 서비스맨의 척도이며 기본이다.
- 상대방에 대한 존경심의 표현이며 친절하겠다는 약속의 표현이다.
- 상대방에게 줄 수 있는 첫 번째 감동이다.
- 직장인에게는 애사심의 발로이며 상사에게는 존경심의 표현이고 동료 간에는 우애의 상징이며 고객에 대한 서비스정신의 표현이다.
- 자신의 인격과 교양을 표현하는 것이다.

(2) 인사의 중요성

- 마음의 문을 여는 열쇠이다.
- 자신의 인격을 표현하는 최초의 행동이다.
- 일상생활의 기본이자 척도이다.
- 상대방의 인격을 존중하는 경의의 표시이다.
- 정성스러운 마음으로 하는 친절과 협조의 표시이다.
- 응답보다는 자기가 하는 데 의의가 있다.
- 인사를 통해 즐겁고 명랑한 사회생활과 원만한 대인관계를 유지해준다.

(3) 인사의 종류 및 방법

인사는 상황과 상대방에 따라 방법이 다르며 인사의 종류에는 목례, 보통례, 정중례 등이 있다.

1) 목례(눈인사)

기본적인 예의를 표현하는 가벼운 인사로서 15도 정도 허리를 굽히며 시선은 3m 정도의 앞을 바라본다.

- 하루에 두 번 이상 마주치는 상사에게 두 번째부터 하는 인사
- 동료나 후배, 하급자를 만났을 때 하는 가벼운 인사
- 계단, 복도나 엘리베이터와 같은 협소한 장소에서 하는 인사
- 친절에 대해 가볍게 감사의 뜻을 표할 때 하는 인사
- 보행 중 또는 업무 중인 사람에게 말을 걸 때 하는 인사

2) 보통례(보통 인사)

상대방에 대한 정식 인사로서 상체를 30도 정도 숙이며 시선은 2m 정도의 앞을 바라본다.

- 고객을 맞이하거나 배웅하는 경우에 하는 인사
- 출퇴근 시 상사에게 하는 인사
- 윗사람에게 하는 인사

3) 정중례(정중한 인사)

가장 공손한 인사로서 상체를 45도 정도 숙이며 시선은 1m 정도의 앞을 바라본다.

- 의식행사 또는 지체가 아주 높은 사람에게 하는 인사로 상체를 서서히 일으켜 상대방에게 경의를 표하는 인사
- 정중하게 감사의 표시를 하거나 사죄를 할 때 하는 인사
- 국빈, 국가원수, 집안 어른에게 하는 인사
- 결혼식 등 관혼상제에서 하는 인사

(4) 인사예절

- 인사는 아랫사람이 먼저 하는 것이 원칙이다.
- 인사를 받으면 반드시 답례를 한다.
- 인사할 때는 바른 태도와 함께 마음에 존경심과 애정을 담아 정성껏 한다.
- 엘리베이터나 복도 등에서 마주치면 먼저 인사로 예의를 표한다.

- 거리를 지나갈 때에는 망설이지 말고 먼저 인사한다.
- 인사를 할 때는 상대방을 바라보고 밝은 얼굴로 인사한다.
- 인사할 때는 인사말을 생략하지 않는다.
- 멀리서도 인사를 한다.
- 바쁜 상황에서는 가벼운 인사(=목례)를 한다.

(5) 인사할 때의 바른 자세

- 표정 : 밝은 표정으로 입의 양쪽 꼬리를 올라가게 한다.
- 시선 : 자연스럽고 부드럽게 상대방의 눈을 바라보고 눈동자는 항상 중앙에 위치하도록 하며 상대방의 눈높이와 맞춘다.
- 고개와 어깨 : 상체를 30도 정도 숙이고 2~3초 정도 유지한 후 고개를 든다.
- 다리 : 양쪽 다리를 가지런히 모은다.
- 엉덩이 : 지나치게 뒤로 빼지 않는다.
- 등과 허리 : 등과 목의 선이 일직선이 되게 허리를 굽히고 상대방의 속도에 맞춰 천천히 편다.
- 손 : 가볍게 쥐고 바지 옆에 있는 재봉선에 댄다. 여성의 경우 손을 앞으로 모으되 오른손을 왼손 등에 얹는다. 남성은 그와 반대로 왼손을 오른손 등에 얹는다.
- 발 : 뒤꿈치를 붙이고 앞 끝을 15~30도 정도 벌린 상태로 바로 선다.
- 음성 : 적당한 크기와 속도로 자연스럽게 말한다.

(6) 상황에 따른 인사말

- 자주 방문하는 고객 : '어서오십시오.', '그동안 안녕하셨습니까?'
- 머뭇거리는 고객 : '안녕하십니까?', '무엇을 도와드릴까요?'
- 고객에게 사과할 때 : '고객님, 대단히 죄송합니다.'
- 고객에게 대답할 때 : '네, 그렇습니다.', '네 고객님, 잘 알겠습니다.'
- 고객에게 반복해서 물을 때 : '죄송합니다만, 다시 한번 말씀해주시겠습니까?'

- 거절할 때 : '죄송합니다. 다음에 도와드리겠습니다.'
- 무엇인가 안내할 때 : '고객님, 이쪽으로 오시겠습니까? 이쪽에서 제가 도와드리겠습니다.'
- 출근할 때 : '안녕하십니까?'
- 먼저 퇴근할 때 : '먼저 퇴근하겠습니다.', '먼저 실례하겠습니다.', '내일 뵙겠습니다.'
- 지나가다가 부딪혔을 때 : '죄송합니다.', '실례했습니다.'

(7) 바른 자세

1) 선 자세

- 무릎은 힘을 주어 붙인다.
- 발뒤꿈치는 붙이고 앞발은 약 30도 정도 벌리고 여성은 'Ħ'자로 만든다.
- 배는 힘을 주어 앞으로 내밀지 않도록 한다.
- 등줄기는 꼿꼿하게 편다.
- 가슴을 쭉 펴고 턱은 당긴다.
- 시선은 정면을 향한다.
- 부드러운 표정으로 미소를 짓는다.

2) 앉은 자세

- 한쪽 발을 뒤로 당겨 균형 있게 앉는다.
- 어깨너머로 의자를 보고 의자 깊숙이 앉는다.
- 두 다리를 자신의 어깨너비 만큼 벌리고 양손은 무릎 위에 놓는다.
- 턱은 당기고 시선은 정면, 상대방의 눈을 바라본다.
- 표정은 부드럽게 미소를 짓는다.
- 여성의 경우 스커트가 올라가지 않도록 스커트의 뒷자락을 한 손으로 잡고 앉는다.
- 여성은 다른 한 발을 당겨 나란히 붙여 비스듬히 내놓는다.

3) 걷는 자세

- 어깨와 등을 곧게 펴고 시선은 정면을 향한다.
- 무릎은 곧게 펴고 배를 당기며 몸의 중심을 허리에 둔다.
- 턱은 당기고 시선은 자연스럽게 앞을 본다.
- 팔은 자연스럽게 흔들고 무릎은 스치듯이 걷는다.
- 발 앞 끝이 먼저 바닥에 닿도록 하며 걷는 방향이 직선이 되도록 한다.
- 발소리가 나지 않도록 체중은 발 앞에 싣는다.
- 발을 끌어당겨 옮기기에 적당한 속도로 걷는다.
- 한 줄의 선 위를 걷는 것처럼 걷는다.

CHAPTER 7

의사소통과 호감가는 대화법 및 경청법

7.1 의사소통의 개념과 중요성

- 의사소통이란 언어, 몸짓, 화상 등의 물질적 기호를 매개수단으로 하는 정신적, 심리적인 전달교류로서 어원은 '나누다'를 의미하는 'Communicare'로 어떤 사실을 타인에게 전하고 알리는 전달의 뜻을 담고 있다. 개인의 의견, 정보, 지식, 가치관, 기호, 감정 등이 음성, 문자, 몸짓 등의 다양한 방법으로 전달되고 교환하는 쌍방교류가 일어나면서 송신자와 수신자 사이에 공감대를 형성하는 과정이다.
- '서로 상호교환을 하다', '서로의 생각을 나누다'라는 의미에서 대화라고 할 수 있다. 대화란 서로 마주 대하며 주고받는 말인 만큼 상대방을 존중하고 배려하는 마음을 토대로 이루어져야 진실한 이야기를 나눌 수 있다.
- 대화를 통해 그 사람의 됨됨이와 인간성을 판단하게 되고 상대방을 어떻게 대할 것인지 결정하게 된다.
- 의사소통은 인간관계를 이어주는 다리 역할을 하며 소통 없이는 인간의 삶은 존립할 수가 없다.
- 조직 내 업무의 성과 또한 상사와 조직원의 인간관계와 의사소통에 의해 크게 좌우된다고 할 수 있다.
- 의사소통은 나의 감정이나 생각 등 지금의 상태나 상황을 알리기 위한

수단이자 내가 알고 있는 지식과 정보, 또한 알고 싶어 하는 지식과 정보 교환의 목적도 가지고 있다.

- 현대사회는 의사소통을 얼마나 잘하느냐에 따라 인간관계의 성패가 좌우된다고 해도 과언이 아니다.

7.2 대화의 기술

- 말은 침착하고 조용하고 간결하게 한다.
- 말을 하기보다는 듣기를 잘해야 한다.
- 말에는 적당한 유머가 필요하다.
- 상대방의 눈을 바라보고 말한다.
- 혼자 아는 척해서는 안 된다.
- 남의 비밀이 되는 것, 싫어하는 것은 화제로 삼지 않는다.
- 남의 말을 중간에 끊거나 가로채서는 안 된다.
- 말하는 자세를 바르게 한다.
- 말은 풍부한 화제와 화술이 필요하지만 거짓과 과장은 금물이다.
- 외국어나 어려운 말은 삼가야 한다.

7.3 바람직한 대화법

(1) 쿠션언어의 사용

- 쿠션이라는 것은 푹신푹신하게 만든다는 의미로 대화에 있어서도 완충 작용을 해주는 표현을 '쿠션언어'라고 한다.
- 상대방이 원하는 것을 들어주지 못하거나 상대방에게 부탁을 해야 할 경우에는 다음과 같은 표현을 사용하면 기분이 언짢아지는 것을 최소화할 수 있다. 예를 들어 '실례합니다만', '죄송합니다만', '바쁘시겠지만', '괜찮으시다면', '양해해주신다면', '불편하시겠지만', '번거로우시겠지만' 등이

이에 속한다.

(2) 부정형보다는 긍정형으로

- 고객의 요구나 문의사항에 대해서도 '안 됩니다', '없습니다', '못합니다'와 같은 무조건 부정적인 반응을 보이는 것보다는 최대한 완곡한 표현으로 긍정적인 말을 사용하여 상대방을 설득하는 것이 좋다.

(3) 명령형보다는 청유형으로

- 내가 상대방에게 시키는 명령형이 아니라 상대방이 스스로 결정해서 따라올 수 있도록 의뢰형으로 표현해야 한다. 예를 들어 '~해주시기 바랍니다', '~해주시겠습니까'가 이에 해당된다.
- 의뢰형의 말을 할 때는 '~니다', '~니까'로 끝나는 높임말을 사용해야 보다 정중하게 상대방의 마음을 움직일 수 있다.

(4) 나 전달법(I-message)

- '나 전달법(I-message)'이란 '나'를 주어로 하여 상대방의 행동에 대한 자신의 생각이나 감정을 표현하는 대화 방식이다. 문제가 되는 상대방의 행동과 상황을 평가나 비판의 의미를 담지 않으면서 구체적이고 객관적으로 말하는 방법으로 자신이 상대방의 행동을 수용할 수 없다고 느낄 때 특별히 활용할 수 있는 기술이다.

(5) 경어와 겸양어를 바르게 사용

1) 경어

- 정확한 경어를 사용해야만 활발한 의사소통이 이루어지며 말하는 이의 인격을 판단하는 수단으로서도 중요하다.
- 경어는 주로 상대방을 자기보다 높은 위치에 두고 경의를 나타내는 경우에 사용한다.
- 말하는 이가 상대방을 존경하는 의미에서 상대방의 동작을 높임말로 표현할 때에도 사용한다.

2) 겸양어(~아/어/해드리다)

- 자기를 낮은 위치에 두고 상대방을 높여 경의를 나타내는 경우에 사용한다. 예를 들어 '설명해드리겠습니다', '모셔다드리겠습니다', '처리해드리겠습니다', '교환/환불해드리겠습니다'가 이에 속한다.

7.4 바람직한 경청법

(1) 중간중간에 맞장구를 사용

1) 맞장구의 종류

- 동의한다는 맞장구 : 상대방의 의견에 동의한다는 의미의 맞장구로서 '예, 그렇고 말고요', '지당하신 말씀입니다' 등이 이에 해당된다.
- 재촉하는 맞장구 : 상대방의 감정을 부추기거나 결론이 궁금할 때 사용되는 맞장구로서 '그래서 어떻게 되었습니까?', '말씀하신 내용은 잘 알겠습니다만' 등이 이에 해당된다.
- 공감하는 맞장구 : '네~그러셨군요!', '정말 속상하셨겠어요', '얼마나 불안하셨어요?'와 같이 상대방의 입장을 배려하고 충분히 공감한다는 표현이다.
- 정리하는 맞장구 : 이야기를 일단락 마무리할 때라고 생각될 경우 또는 지금까지의 이야기를 잘 이해했는지 확인하는 과정이 필요하다고 생각될 때 주로 사용하는 맞장구로서 '이를테면 이런 거 아닙니까?', '~에 대해 궁금하다는 말씀이시지요?' 등이 이에 속한다.
- 몸으로 하는 맞장구 : 상대방의 이야기를 귀로만 듣는 것이 아니라 마음과 몸으로 들어야 하고 소리만 듣는 것이 아니라, 상대방의 기분까지도 듣는다는 표현으로 고개를 끄떡인다거나 눈으로 표현한다거나 고개를 갸우뚱한다거나 손으로 가리키는 등 몸으로 하는 맞장구를 말한다.

- 다음 대화를 유도하는 맞장구 : 대화에 몰두하는 듯한 인상을 주는 맞장구로서 '그래서요?', '그리고 어떻게 되었는데요?' 등이 이에 포함된다.
- 놀람을 나타내는 맞장구 : 상대방의 이야기에 흥미를 느끼고 감동받았다는 느낌을 전달하고자 할 때 사용되는 표현으로 '설마요!', '오, 그렇군요!'

2) 맞장구치는 방식

- 단순법 : '네' 또는 '그렇습니다' 등 단순한 말로 맞장구를 치는 방식으로 고개를 끄덕이는 방법도 있지만 가능한 한 어휘를 사용하는 것이 더욱 좋다.
- 중복법 : '아아', '네네' 등 같은 낱말을 중복시켜서 맞장구를 치는 방식으로 대화의 탄력을 주는 데에는 효과가 있지만 자칫 잘못하면 경솔해 보일 수도 있다.
- 반복법 : 상대방이 '오늘 날씨가 참 좋군요!'라고 말하면 '네, 정말 좋네요'라고 응답하는 방식으로 상대방의 말을 반복해서 맞장구를 치는 방식이다.

(2) 온몸으로 듣기

- 눈 : 상대방을 정면으로 바라보고 경청을 하면서 중간중간에 시선을 마주친다.
- 몸 : 상대방을 향해 조금 앞으로 내밀듯이 앉는다.
- 입 : 대화 중간중간에 맞장구를 치면서 필요할 때에는 질문을 하며 모르면 물어보고 내용을 확인하기 위해 가끔 복창을 한다.
- 마음 : 이야기하는 상대방을 편하게 해주고 흥미와 성의를 가지고 상대방이 말하고자 하는 의도가 느껴질 때까지 인내심을 가지고 듣는다.

CHAPTER 8 매너

8.1 매너 · 에티켓 · 예절의 개념 이해

(1) 매너의 개념

- 사람마다 가지고 있는 독특한 습관이나 행동 방식을 의미한다.
- 상대방에 대한 경의를 표하는 것이 배려이며 상대방을 인식한 행동으로서 서비스의 기본이다.
- 예의범절이 구체적인 행위로 표출된다.

(2) 에티켓의 개념

- 사람들이 살아가면서 법적인 구속력은 갖지 않지만 사회생활을 좀 더 부드럽게 하고 쾌적한 기분으로 생활하기 위해 지켜야 할 규범적 성격을 의미한다.
- 예의범절이나 법도에 해당된다.

(3) 예절의 개념

- 예절이란 예의와 범절이 합성된 말로 공동생활에서 마찰을 없애고 불편함을 덜기 위한 마음가짐이며 약속이라 할 수 있다.
- 내 마음이 겉으로 드러나는 인간관계의 형식이다.
- 불변적인 것이 아니라 유기적이다. 즉 시대에 따라 예절의 개념도 달라진다는 의미이다.
- 항상 상대방을 배려하고, 존중하고, 위하는 마음을 바탕으로 표출된다.

(4) 매너와 에티켓 차이점

매너	에티켓
방식(way)	형식(form)
문화나 관습을 초월	문화나 관습의 차이를 인정
개인의 특성(사람마다 개인이 가진 습관 또는 마음가짐에서 나오는 몸가짐. 인간의 행동방식)	사회적 약속(인간관계를 원활하게 하기 위한 규범으로서 타인에 대한 마음의 형식화. 마음가짐의 행동기준)
'좋다/나쁘다'로 구분	'지킨다/지키지 않는다'로 구분
예 1. 화장실에서 상대방을 배려해서 조심스럽게 노크하는 행위를 말함 2. 경우와 상황에 따라 인사하는 방법이 다름(아침, 점심, 저녁인사와 각도의 차이) 3. 인사를 공손히 함	예 1. 화장실에서 노크를 하는 행동 그 자체를 말함 2. 사람을 만나면 인사하는 행위 3. 어른을 만나면 인사를 함

8.2 전화매너

직장에서 올바른 전화응대는 업무능력의 향상과 직결되는 요소로, '업무의 기본'이라 할 수 있다. 또한 전화는 업무뿐만 아니라 업무를 위한 인간관계도 전화를 통해 이루어진다고 해도 과언이 아닐 정도로 전화가 차지하는 비중이 큰 만큼 친절하고 예의 바른 전화응대가 필요하다.

(1) 전화의 특성

- 무형성 : 상대방의 얼굴이 보이지 않는다.
- 동시성 : 생산과 동시에 소비된다. 즉 송신자에 의해 메시지가 생산됨과 동시에 수신자에 의해 소비된다는 의미이다.
- 인간주체 : 사람에 의존한다. 즉 같은 커뮤니케이션을 하더라도 사람에 따라 매너의 질도 다르고 같은 사람이라 하더라도 상황에 따라 매너가 달라진다.
- 청각적 : 들리는 것은 음성뿐이다.

- 일방적 : 상대방의 입장을 잘 알 수 없기 때문에 일방적으로 이루어지기 쉽다.
- 유료 : 시간과 비용이 발생한다.

(2) 전화응대 매너

전화응대의 3원칙 — **신속**하게, **정확**하게, **친절**하게

- 용건만 간단히 말하며 상대방의 말을 잘 듣고 말을 도중에 끊지 않는다.
- 사적인 전화는 삼간다.
- 통화 중 부득이하게 다른 말을 할 경우에는 수화기를 막고 이야기한다.
- 다른 부서 또는 다른 코너로 통화연결 시 상대방을 오래 기다리게 하지 않는다.
- 전화기 주변은 항상 정리정돈한다.
- 메모하면서 듣는다.
- '전문용어 및 업계용어'는 함부로 사용하지 않는다.
- '요조체'보다는 '다까체'를 주로 사용한다.

(3) 전화 받을 때의 요령

- 메모지와 필기구를 항시 준비한다.
- 전화는 왼손으로 받고 오른손으로 메모한다.
- 신속하게 받는다.
- 인사말과 소속, 이름을 정확히 밝힌다.
- 전화를 건 상대방이 누구인지 확인한다.
- 확인하면서 메모하며 듣는다.
- 끝맺음 인사 후에 끊는다.
- 끝인사 후 고객이 먼저 수화기를 내려놓은 후에 내려놓는다.

(4) 휴대전화 매너

- 공공장소나 직장에서는 소리설정을 진동모드로 전환한다.

- 사람들이 있는 곳에서는 최대한 목소리의 크기를 낮추고 짧게 통화한다.
- 상대방에게 통화가 가능한지를 먼저 확인한다.
- 휴대폰이 울리면 받는 쪽에서 자신의 이름을 대면서 받는다.("네, ○○○ 입니다")
- 전화가 잘못 걸려 왔을 때에도 "전화가 잘못 걸렸습니다"라고 친절하게 말한다.
- 전화를 잘못 걸었을 경우에는 "죄송합니다. 전화를 잘못 걸었습니다"라고 사과의 뜻을 전한다.
- 통화가 끝나면 전화를 건 사람이 먼저 끊는 것이 원칙이나 상대방이 상사나 어른이라면 상대방이 먼저 끊을 때까지 기다린다.

8.3 소개매너

(1) 올바른 소개 방법

- 남성을 여성에게 소개한다.
- 미혼자를 기혼자에게 소개한다.
- 사회적 지위가 낮은 사람을 높은 사람에게 소개한다.
- 소개를 부탁한 사람을 고객에게 소개한다.
- 연소자를 연장자에게 소개한다.
- 직원을 고객에게 소개한다.

(2) 자신을 타인에게 소개할 때

- 자기소개는 간결하게 장소, 상황, 모임의 성격에 맞게 한다.
- 지나친 유머는 가벼워 보이므로 적절히 사용한다.
- 자신의 직함 등은 언급하기보다 명함을 통해 알리는 것이 좋다.
- 자신을 지나치게 낮추는 것도 반대로 과장하는 것도 이미지를 나쁘게 한다.

(3) 타인을 소개할 때

- 동성끼리 소개받을 때에는 모두 일어난다.
- 이성 간에는 남성을 여성에게 먼저 소개하지만 남성의 지위가 월등하면 여성을 남성에게 먼저 소개할 수 있다.
- 성직자, 연장자, 자신보다 지위가 높은 사람을 소개받을 때에는 남녀 관계없이 일어서는 것이 원칙이나 환자나 노령인 사람은 예외이다.
- 파티를 주최한 주인인 경우 손님으로 초대받아서 온 상대방이 남성이라도 일어나는 것이 예의이다.

8.4 악수매너

(1) 올바른 악수 방법

- 악수를 할 때에는 반드시 오른손을 사용한다.
- 짐이 있는 경우에는 미리 왼손으로 짐을 옮기거나 밑에 내려놓는다.
- 15도 정도 허리를 숙이는 것이 더 자연스럽다.
- 손은 가볍게 흔들되 어깨보다 높게 올리지 않는다.
- 지나치게 힘주지 말고 너무 많이 흔들지 않는다.
- 상사 또는 연장자와 악수할 때 연소자는 허리를 약간 굽혀서 예를 표한다.
- 시선은 상대방과 눈을 맞춘 다음, 악수한 손에 시선을 주었다가 다시 상대방과 눈맞춤으로 끝낼 수 있도록 한다.
- 손에 너무 힘을 주거나 너무 힘을 빼는 경우 상대방의 기분을 상하게 할 수 있으므로 적당하게 힘을 주며 손가락은 깊이 깍지를 끼어 악수하는 것이 좋다.
- 너무 오랫동안 손을 쥐고 있는 것도 좋지 않다.

(2) 악수를 청하는 순서

먼저 악수를 청하는 사람	기다리는 사람
여성	남성
지위가 높은 사람	지위가 낮은 사람
선배	후배
연장자	연소자
기혼자	미혼자

8.5 명함매너

- 앉아서 명함을 교환하는 경우에는 명함을 교환한 후 명함을 테이블 위에 놓았다가 상담이나 대화가 끝난 후에 지갑에 넣는다. 서서 명함을 교환하는 경우에는 그 자리에서 직함을 확인하고 넣는다.
- 자신의 명함은 여유 있게 준비해서 늘 명함케이스에 넣어 깨끗이 보관한다.
- 다른 사람의 명함도 회사별, 업종별로 명함케이스나 명함철에 정리, 보관한다.
- 서양인은 비즈니스가 아니면 첫 대면에서 명함을 교환하지 않고 필요한 경우에는 헤어질 즈음 교환하는 경우가 많다.
- 명함을 동시에 주고받을 때에는 오른손으로 주고 왼 손바닥으로 받아 오른 손바닥으로 받쳐 들고 인사하며 상대방이 명함을 먼저 꺼냈다면 일단 명함을 받은 후 명함지갑에 넣고 자신의 명함을 꺼내 오른손으로 건넨다.
- 명함을 준비하지 못했을 경우 먼저 사과를 하고 필요에 따라 메모장에 이름과 전화번호를 적어서 건넨다.

(1) 올바른 명함 전달 매너

- 명함을 전달할 때에는 밝은 표정으로 건넨다.
- 자신의 소속과 이름을 밝히면서 건넨다.
- 명함은 아랫사람이 윗사람에게 자신을 소개한다는 의미로 먼저 건넨다.

- 명함은 방문한 사람이 먼저 건넨다.
- 명함을 받으면 자신의 명함도 주는 것이 예의이다.
- 명함을 받으면 상대의 이름이나 소속을 확인한 후 적당한 인사말을 한다.

(2) 명함을 줄 때

- 정면에서, 일어서서 전달한다.
- 아랫사람이 윗사람에게 또는 남성이 여성에게 먼저 전달한다.
- 상대방의 허리선과 가슴선 정도의 위치에서 전달한다.
- 상대방이 명함을 받을 때 내 이름을 정면으로 볼 수 있도록 전달한다.

(3) 명함을 받을 때

- 두 손으로 건네고 두 손으로 받는다.
- 반드시 이름과 직함을 확인한다.
- 모르는 한자나 외국어일 경우 그 자리에서 물어본다.
- 명함을 들고 있을 때에는 허리선 아래로 내리지 않는다.
- 받은 명함을 책상이나 탁자 위에 방치하거나 바로 명함 케이스에 넣지 않고 조금 있다가 넣는 것이 예의이다.

(4) 명함 교환 시 주의사항

- 상대방의 명함을 받자마자 확인 없이 주머니나 가방에 넣지 않는다.
- 앉아 있는 경우 탁자 위에 명함을 놓은 상태에서 상대방에게 밀어서 주지 않는다.
- 받은 명함을 계속 만지작거리거나 명함 위에 글을 쓰지 않는다.
- 받은 명함을 그대로 두고 가지 않는다.
- 자신의 명함을 찾지 못해 상대방을 기다리게 하지 않는다.
- 오른손으로 악수하면서 왼손으로 명함을 내밀지 않는다.
- 상대방의 명함을 받고 자신의 명함이 없어서 얼버무리거나 안절부절하지 않는다.

8.6 직장매너

(1) 근무매너

1) 출근 시 매너

- 상사보다 일찍 출근하여 자신의 자리나 주변이 잘 정리정돈 되어 있는지 근무환경을 살핀다.
- 하루일과를 정리하고 우선순위를 계획하여 실행한다.
- 상사가 출근하면 자리에서 일어나 밝은 표정으로 인사한다.
- 출근이 불가피하거나 예기치 않게 지각했을 경우에는 미리 연락을 취하고 상사에게 먼저 사유를 보고한다.
- 결근 시 자신이 해야 하는 업무를 상사에게 보고하고 동료들의 협조를 얻어 신속히 조치를 취함으로써 일에 방해가 되지 않도록 한다.

2) 근무 중 매너

- 모든 사람들에게 밝고 예의바르게 대한다.
- 근무 중 개인적인 잡담이나 전화는 삼간다.
- 공동물품은 사용 후 제자리에 놓아두어 다른 사람이 사용하기에 불편함이 없도록 한다.
- 휴식시간이나 중식시간을 명확히 해서 업무에 방해가 되지 않고 생산성을 높이도록 한다.
- 외출 시에는 반드시 상사에게 보고하고 허가를 받는다.
- 외근 시에는 용무, 행선지, 시간 등을 상사에게 보고하고 예정 일정을 체크한다.

3) 퇴근 시 매너

- 그날 해야 할 일들이 다 마무리가 되었는지 확인하고 그날 처리해야 할 일이 있을 시에는 야근을 해서라도 끝마친다.
- 가장 늦게 퇴근하는 사람은 전등이나 컴퓨터 혹은 시설물의 전원이

꺼져 있는지 확인하고 퇴근하도록 한다.

- 다른 사람보다 먼저 퇴근할 경우 '먼저 가겠습니다', '먼저 가보겠습니다'라고 인사를 분명히 하고 퇴근한다.
- 상사보다 먼저 퇴근할 때에는 '더 이상 용무는 없습니까, 없다면 먼저 퇴근해도 괜찮겠습니까'라고 정중하게 물어본 후 퇴근한다.

(2) 직장생활과 인간관계

1) 직장 내의 바람직한 인간관계

- 상대방에게 관용을 베푸는 마음으로 대한다.
- 완전한 인격체로 대한다.
- 자신보다는 상대방의 입장에서 이해한다.
- 상대방의 단점보다는 장점을 보려고 노력한다.
- 자신의 감정을 이성적으로 잘 조절하면서 대한다.
- 부하직원이나 상사의 이야기를 진지하게 들어준다.
- 겸손한 마음으로 상대방을 존중한다.
- 주어진 업무에 대해 약속을 지키고 신뢰감을 준다.
- 어려움과 업무에 힘든 부분을 처리하는 사람을 도와준다.
- 개인적인 목적이나 욕심보다는 조직을 먼저 생각한다.

2) 직장 내의 바람직하지 못한 인간관계

- 기존세력을 과시하는 경향이 있는 경우
- 주어진 업무를 처리함에 있어 책임회피의 언행이 많은 경우
- 부하직원의 제안과 의견을 무시하는 경우
- 부하직원이라고 무시하고 상사라고 무조건 헐뜯는 경우
- 협동심이나 팀워크를 그르치는 언동을 하는 경우
- 업무에 임하는 자세가 소극적이고 비협조적인 경우
- 타인에 대한 비난과 중상모략이 빈번하게 행해지는 경우
- 전체보다는 개인의 이해득실을 우선적으로 생각하는 경향이 많은 경우

- 무책임한 말을 일삼고 무관심한 경우
- 등 뒤에서 불평만 토로하는 경우
- 상사에 대한 비판을 일삼는 경우
- 업무를 같이 해도 마음이 편하지 않고 마음이 통하지도 않는 경우
- 상사에게 질책을 당한 후 부하에게 또 다른 책망과 질책을 하는 경우

8.7 호칭매너

(1) 상급자에 대한 호칭

- 상사에게는 성과 직위 다음에 '님'을 붙인다.
- 다른 부서의 상급자는 부서명, 직급, '님'을 함께 붙인다.

(2) 하급자와 동급자에 대한 호칭

- 하급자나 동급자에게는 성과 직위 또는 직급명을 부른다.
- 초면이나 선임자에게는 '님'을 붙인다.
- 직책이 없는 경우에는 이름에 '○○씨'를 붙여서 부르는 것이 좋다.

(3) 동료 간의 호칭

- 동급자 혹은 동료 사이에는 성과 직위 또는 직명을 부르도록 한다.

(4) 혼돈하기 쉬운 호칭

- 사무실 명칭에는 존칭을 쓰지 않는다.
- 문서상에서는 상사라도 존칭을 생략한다.
- 당사자가 있는 자리에서 지시사항을 전달할 때에는 '님'을 붙인다.

8.8 방문매너

(1) 방문 전

아침 9시 이후에 방문하고, 식사시간 전후 등은 피하고 약속시간에 늦지 않도록 여유 있게 출발하며 늦을 시에는 미리 전화로 연락한다.

(2) 방문할 때

약속시간 5~10분 전에 도착하고 본인의 회사와 방문 대상자, 용건 등을 간략하게 말하며 방문 시 정장을 입고 외투를 입었을 경우에는 외투를 벗고 실내에 들어가 안내해주는 자리에 앉아서 기다린다.

(3) 미팅할 때

- 담당자가 입실하면 일어서서 인사하고 명함을 교환한다.
- 방문한 목적에 대해 정확하고 신속하게 전달하고 대화의 중요한 내용이나 여러 사항에는 반드시 메모한다. 미팅을 마친 후에는 '바쁘신데 시간 내주셔서 감사합니다.'라고 인사한다.

8.9 음주매너

(1) 윗사람에게 술을 따를 때

- 무릎을 꿇고 술을 따르거나 테이블에서는 일어선 자세로 술을 따른다.
- 잔을 올릴 때 왼손바닥으로 오른손 손목을 가볍게 받쳐 든 다음에 술을 따른다.
- 자신이 마신 술잔을 권할 때에는 입술이 닿았던 부분을 깨끗이 닦은 후에 술을 따른다.

(2) 술을 마실 때

- 윗사람이 술을 들기 전에는 마시지 않는다.
- 나이가 많은 사람 앞에서는 얼굴을 돌려서 마시고 술잔을 부딪칠 때에는 윗사람보다 술잔을 낮게 한다.

8.10 경조사매너

(1) 결혼

- 식장에의 참석 여부와 상관없이 축의금이나 선물을 보내는 것이 예의이다.
- 결혼식 10분 전에는 도착한다.
- 의상은 밝고 화사한 옷으로 입되 흰색은 피하고 남성의 경우 정장에 밝은색 타이로 화사하게 연출한다.
- 축의금 봉투의 앞쪽에는 축하 문구를 쓰고 뒤쪽 아래에는 보내는 사람의 이름을 적는다.
- 선물을 할 경우 사전에 필요한 것을 물어보고 선물하는 것이 좋다.
- 식장 내에서 신랑, 신부에 대한 험담을 하지 않는다.

(2) 돌잔치

- 생후 1년 동안 아이가 무사히 첫 생일을 맞이한 것을 기념하고 장차 건강하게 잘 자라기를 바라는 의미에서의 잔치이다.
- 초대받은 사람은 아이의 돌을 축하하는 인사말을 하고 아이의 옷이나 반지, 축하금 등을 선물하는 것이 좋다.

(3) 문상

- 문상을 갈 때에는 검정색 옷이 예의지만 그렇지 못할 경우 본인이 가지고 있는 옷 중에서 가장 어두운색의 옷을 입고 가도록 한다.

- 여성의 경우 너무 달라붙는 의상이나 짙은 화장, 액세서리는 피하도록 한다.
- 남녀 모두 양말이나 스타킹을 갖추어 맨발로 절하지 않도록 하고 상제들의 피곤함을 생각해서 너무 이른 시간이나 너무 늦은 시간에는 피하도록 한다.
- 장례식장에 들어가기 전에 휴대폰의 전원을 끄거나 진동으로 바꿔놓는다.
- 조의금은 문상을 마친 후 호상소에서 접수하거나 부의함에 넣는다. 상주에게 직접 주는 것은 결례이다.
- 조문객이 여러 명일 경우 조문객 중 대표만 분향하도록 한다.
- 상주에게 낮은 목소리로 짧게 위로의 말을 하되 고인과 관련된 질문을 많이 하는 것은 좋지 않다.

CHAPTER 9

감정노동의 이해

9.1 감정노동의 정의

감정노동이란 말투나 표정, 몸짓 등 드러나는 감정표현을 직무의 한 부분으로 연기하기 위해 자신의 감정을 억누르고 통제하는 일이 수반되는 노동을 의미한다. 제3차 산업인 서비스업의 증가로 인해 '서비스 사회화'가 급속도로 진행되면서 '감정의 상품화'가 심화되고 있으며 감정노동의 부작용 또한 날로 심각해지고 있다. 한국노동사회연구소에 따르면 국내 감정노동자의 수는 740만 명으로 임금노동자 중 41.8%를 차지하고 있다.

9.2 감정노동 직업군의 분류

최근에는 요양보호사나 보육교사 등 돌봄 서비스를 수행하는 업무, 공공서비스나 민원처리를 하는 업무까지 광범위하고 다양한 직업군에서 감정노동을 수행하는 것으로 나타난다.

유형	해당 직업
대면	백화점 · 마트판매원, 호텔직원, 음식점 종사원, 철도 종사원, 택시 및 버스기사, 항공 승무원, 골프장 경기보조원, 금융기관 종사원 등
비대면	콜센터 상담사 등
돌봄 서비스	요양보호사, 간호사, 보육교사, 특수교사 등
공공, 민원	구청(민원실) · 주민센터 직원, 공단 직원, 사회복지사, 일선경찰 등

9.3 감정노동과 스트레스

현장에서 감정노동을 제대로 관리하지 않으면 다양한 문제가 발생하게 된다. 무엇보다 감정노동으로 인한 스트레스 관리가 가장 중요한데 실제 현장에서는 관리가 제대로 되지 않아 업무수행이 어렵거나 번아웃(Burn-out)으로 인해 정신적, 신체적 장애가 발생되기도 한다.

정신적 건강문제 야기	• 스마일 마스크 증후군이나 적응장애 유발 • 감정적 상처로 인한 자살충동 • 자기비하 및 자아존중감 저하 • 화병(신체증상을 동반한 우울증)이나 직무 소진 발생
신체적 건강문제 야기	• 심장 및 혈압에 직·간접적인 영향 • 직무수행 중 잦은 피로감 유발 • 근골격계 질환 유발
불규칙적이고 나쁜 생활습관 형성	• 음주, 흡연 및 약물 과다 복용 • 폭식 및 불규칙적인 식사 • 수면 불균형
업무관련 재해 발생	• 고객의 비이성적인 행동으로 인한 적응장애 발생 • 지속적인 폭언과 괴롭힘으로 인한 자살→산업재해 인정 • 전화 상담으로 인한 우울증 미예방으로 손해배상 판결 • 성희롱 및 폭언을 통한 정신적 스트레스로 산업재해 인정
기업이미지 하락, 이직률 증가 및 생산성 저하	• 서비스 질의 저하로 인한 기업이미지 감소 • 기업이미지 하락은 결국 불매운동 또는 매출감소로 이어짐 • 감정노동으로 인한 이직률 및 주요성과 지표의 하락 • 업무몰입도 및 직무만족도 하락→ 근태율 및 업무효율성 저하

9.4 감정노동이 건강에 미치는 영향

스트레스는 조직 내 상호작용하는 과정에서 조직의 목표와 개인의 욕구 사이에 불균형이 생길 때 발생하며 직무요건이 근로자의 능력이나 자원, 니즈와 일치하지 않을 때 생기는 유해한 신체적·정서적 반응으로 과도한 감정노동 수행요구 또한 고통과 직무 스트레스, 과도한 긴장과 정신적 스트레스를 유발한다.

9.5 감정노동자가 행사할 수 있는 권리

실수할 수 있을 권리	• 누구나 실수를 하며 실수를 스스로 인정하고 받아들이는 태도가 중요함 • 실수할 수 있는 권리를 인정하지 않으면 죄책감에 빠지기 쉽고 업무수행이 곤란해짐
사과 또는 구구절절이 설명하지 않을 권리	• 억지주장과 막말, 욕설에 단순한 사과는 문제해결이 아닌 불합리한 행동을 합리화함 • 어떤 행위나 상황을 구구절절이 변명하거나 설명하는 것은 꼬투리를 잡힐 구실을 제공함
'NO'라고 할 수 있는 권리	• 'NO'라고 말하는 것은 잘못이 아니며 대립이 아닌 문제해결을 위한 관계나 상황 재설정에 해당함 • 해결할 수 없는 문제는 고민하지 않고 처리할 수 없는 권한에서 벗어나는 일이므로 단호하게 'NO'라고 말할 수 있어야 함
스스로 상처입지 않을 권리	• 폭력과 상처를 입힐 수는 있으나 그것을 극복하거나 피하려는 의지는 우리 자신의 영역임 • 상처를 입었다면 감정 배제 후 일어난 사실에만 집중하고 상처받을 만한 것인지 생각함 • 상처를 받았다는 사실을 고객에게 알리는 것만으로도 상처주려는 의도 상쇄함
보호받을 권리	• 부당한 고객의 행동으로부터 보호받을 수 있도록 요청할 수 있는 권리

9.6 감정노동의 주도권 확보하기

감정노동을 수행하면서 중요한 점은 자신이 주도권을 확보하는 것이다. 어떤 고객이 말도 안 되는 억지주장이나 욕설을 퍼부어 감정이 상처를 입었다면, 이때 자신이 화를 낼 것인지 또는 분노할 것인지 아니면 평정을 유지할 것인지를 결정하는 주체는 바로 '나' 자신이다.

상처 받더라도 자신만의 기준 세우기	• 시간과 에너지를 쏟아 부을 가치 있는 고객인가? • 기준 세우기 → 고객과 상황으로부터 주도권 확보
감정의 결정과 선택의 주체는 '자신'임을 인식하기	• 감정을 선택하고 관리하는 주체 → 자신 • 감정노동 수행과정에서 감정을 선택할 수 있는 권리 • 감정노동을 수동적이 아닌 스스로가 주도권을 가지고 움직일 것
감정적으로 대응하지 말고 재고하기	• 감정적 대응은 주도권을 상대방에게 넘겨주는 것 • 상대방은 원하는 것을 얻기 위해 우리의 감정을 흔든다는 것을 명심할 것
자신에게 주어진 선택과 결정 인정하기	• 주어진 권한과 책임질 수 있는 범위 내에서 이루어지는 업무에만 집중할 것 • 스스로 결정한 선택과 결정을 존중할 것

9.7 감정관리 기법

감정노동으로부터 자신을 보호하기 위해서는 감정관리 방법을 습득하고 활용해야만 한다.

부정적인 생각 멈추기	• 연속적으로 이어지는 부정적인 생각을 차단함 • 힘든 상황이라면 '힘이 드는구나'라고 생각하고 거기서 멈춤 • 의식이나 생각이 더 이상 가지를 치지 않도록 의식적인 훈련이 필요함
역지사지 태도 유지	• "그러한 상황이라면 나라도 그랬을 거야."
일과 분리하기	• "업무로 인해 발생한 문제지 나로 인해 발생한 것은 아니잖아."
셀프 격려 및 지지	• "이렇게 어려운 일을 극복해내다니 난 정말 대단해." • "다른 사람들이라면 아마 절대 견뎌내지 못했을 거야." • "앞으로 어떤 일이 있더라도 잘 견뎌낼 수 있을 거야."
감정표출 및 제거	• 수다, 산책 등 기분전환을 함 • 글을 쓰거나 낙서를 하면서 감정을 표출하거나 감정을 청소함
감정노동에 대한 주도권 확보하기	• '나는 이 사람이 ~하는 것을 허락하겠다.' • '나는 현 상황을 있는 그대로 내버려두겠다.' → 더 이상 희생양이 되지 않음
자신의 감정을 객관화하기	• 억압발산이 아닌 제3자의 관점에서 자신의 감정을 객관화함 • 감정일기나 글을 통해 자신의 감정을 기록 → 감정의 객관화 가능 • 부정적 생각이 들면 속 또는 입으로 '멈춰(Stop)!'라고 외침

한 권으로
마스터하는
면세점
실무

Ⅱ

실무편

– 면세점 매뉴얼

CHAPTER 1 면세점

1.1 보세판매장이란?

외국으로 반출하는 것을 조건으로 외국물품을 판매할 수 있는 보세구역을 말한다.

1.2 면세점(DUTY FREE SHOP)의 정의

면세점이란 외국으로 반출하거나 관세의 면제를 받을 수 있는 자가 사용할 것을 조건으로 해외로 출국하는 내·외국인에게 관세(TARIFF) 및 내국세(TAX) 등 과세가 면제된 상품을 판매하는 보세판매장을 말한다.

1.3 면세 혜택

일반적으로 소비자가 구입하는 물건에는 부가가치세, 개별소비세 등이 포함된다. 그러나 관광진흥, 외화획득 및 쇼핑편의 제고를 위해 면세점은 '관세', '부가가치세', '개별소비세', '주세', '담배소비세'의 면세 혜택을 제공하고 있다. 면세 혜택은 구매한 면세품을 국내로 반입하지 않고 해외로 반출하는 조건으로 부여되는 것으로, 한국으로 다시 반입하는 경우 구입한 물품에 대해 과세가 발생할 수 있다. 그러므로 밀반입 시에는 관세법에 의해 처벌될 수 있다. 다만 입국장 면세점의 구매 물품은 해외로 반출되지 않지만, 도입

취지(여행객의 물품 휴대 편의성 향상 및 해외소비의 국내 전환)에 따라 예외적으로 면세 혜택을 적용한다.

1.4 면세점의 역사

한국에 처음부터 면세점이 있었던 것은 아니다. 1979년 국제관광공사가 외국인 관광객의 쇼핑 편의를 도모하기 위해 시내면세점 2개를 처음 설립한 것이 그 시초가 되었다. 그 후 외국인 관광객 유치를 통한 외화획득과 관광 진흥을 목적으로 1986년 아시안게임과 1988년 서울 올림픽게임의 개최를 계기로 면세점이 34개로 증가되었다. 그중 29개가 시내면세점에 자리를 잡게 되었다. 그러나 1990년대 경제위기로 외국인 관광객의 감소로 인해 1999년에는 20개로 대폭 감소되었다. 즉 시내면세점의 경우 29개에서 11개로 줄어들었다. 그러나 2010년 한류열풍으로 인해 중소·중견기업의 특허권 확대로 40개로 증가되었다. 2016년에는 47개의 면세점이 특허권을 보유하게 되었고 2018년에는 18조에 달하는 매출을 달성했다. 마침내 2019년 말에 57개로 늘어난 면세점은 2019년에 24조를 돌파하며 면세점 산업은 지속적으로 성장해왔다. 그러나 2020년 1월 면세점 매출은 2조 247억 원이었으나 2021년 11월에는 1조 7,629억 원에 그치고 말았다. 그와 같은 배경에는 코로나19 팬데믹이 전 세계에 불어 닥쳐 면세점업계에도 큰 타격을 입게 된 것을 예로 들 수 있다. 그뿐만 아니라 2021년 7월에는 서울 반포 센트럴시티의 신세계면세점 강남점이 문을 연 지 3년 만에 폐점했다. 그리고 하나투어의 자회사인 SM 면세점은 경영 악화로 특허권을 자진 반납하고 2020년 4월 서울 인사동의 면세점을 닫았다. 그리하여 2019년 12월에는 57개였던 국내 면세점이 2021년 말에는 48개로 줄어들었다. 그러나 면세산업은 포스트 코로나 이후 도래할 새로운 환경변화에 적극 대응해나갈 수 있을 것이다.

1.5 면세점의 종류와 소재지- 2021년 기준

면세점은 설치장소와 목적에 따라 시내면세점, 출국장면세점, 입국장면세점, 지정면세점, 외교관면세점으로 구분된다. 본서에서는 그중 시내면세점과 출국장면세점을 중심으로 다루고자 한다.

1. 시내면세점	시내에 설치되어 출국하는 내·외국인에게 물품을 판매하는 면세점이며 출국 전 면세점에서 직접 물건을 보며 여유롭게 쇼핑할 수 있다는 장점이 있다.
2. 출국장면세점	공항·항만 출국장에 설치되어 출국하는 내·외국인에게 물품을 판매하는 면세점이며 출국 시 공항에서 물품을 바로 수령할 수 있다는 이점이 있다.
3. 입국장면세점	한국은 2019년 5월 31일 인천국제공항에 처음으로 설치되었다. 공항 입국장에 설치되어 있어 입국 시에도 이용할 수 있는 면세점으로 주류·화장품·향수 등의 제한적 품목을 취급(담배 제외)하고 있으며 여행객의 물품 휴대 편의성을 제공한다.
4. 지정면세점	'제주특별자치도 여행객에 대한 면세점 특례규정'에 따라 출국이 아닌 국내 다른 지역으로 출도하는 내·외국인만 이용 가능한 면세점이다.
5. 외교관면세점	한국에 주재하는 대사관, 영사관, 공사관 직원 및 가족 등에게 외국물품을 판매하는 면세점이다.

(1) 시내면세점

서울	신라면세점(장충동점), 롯데면세점(명동본점, 코엑스점, 월드타워점, 부산점, 제주점), 동화면세점(광화문점), HDC신라면세점(용산점), 신세계면세점(명동점), 현대백화점면세점(동대문점, 무역센터점)
부산	롯데면세점, 신세계면세점
제주	롯데면세점, 신라면세점
대구	그랜드면세점

(2) 출국장면세점

<table>
<tr><td rowspan="7">출국장면세점</td><td rowspan="2">인천공항</td><td>T1</td><td>신세계면세점, 현대백화점면세점,
경복궁면세점, 그랜드면세점, 판판면세점</td></tr>
<tr><td>T2*</td><td>롯데면세점, 신라면세점, 신세계면세점,
경복궁면세점, 시티면세점, 판판면세점</td></tr>
<tr><td colspan="2">김포공항</td><td>롯데면세점, 신라면세점</td></tr>
<tr><td colspan="2">김해공항</td><td>롯데면세점</td></tr>
<tr><td colspan="2">대구공항</td><td>그랜드면세점</td></tr>
<tr><td colspan="2">제주공항</td><td>JDC면세점, 신라면세점</td></tr>
<tr><td colspan="2">제주항</td><td>JDC면세점</td></tr>
</table>

* T1은 Terminal 1을, T2는 Terminal 2를 의미한다.

1.6 면세점 이용방법

1. 시내면세점

항공권 결제 → 여권 및 탑승권(사본 가능) 준비 → 시내면세점 쇼핑 → 교환권 수령 → 공항도착 → 화물탁송 → 탑승검색 → 면세품 인도 → 탑승

※ 출국날짜 기준으로 60일 이전부터 구매가능

2. 출국장면세점

항공권 결제 → 공항도착 → 화물탁송 → 탑승검색 → 면세품 쇼핑 → 면세품 인도 → 탑승

3. 입국장면세점

공항도착(귀국) → 수화물 수취 → 면세점 쇼핑 → 면세품 인도 → 입국심사 → 세관신고 및 휴대품 검사 → 입국

1.7 면세점의 개점 및 폐점시간

(1) 시내면세점의 영업시간(오전 9시~오후 21시)

❶ 직원의 근무시간 및 스케줄

- A조 : 9시~18시
- B조 : 10시 30분~19시 30분
- C조 : 11시~20시
- D조 : 12시~21시

(2) 출국장면세점 중 인천공항의 영업시간

❶ 직원의 근무시간 및 스케줄

인천공항 T1	인천공항 T2
• A조 : 6시 20분~15시 10분 • B조 : 9시 30분~18시 30분 • C조 : 12시 30분~21시 30분	• A조 : 6시 30분~15시 30분 • B조 : 9시~18시 • C조 : 12시 30분~21시 30분

* 면세점마다 개 · 폐점시간 및 직원의 근무시간과 스케줄은 차이가 있을 수 있다.
* 출국장면세점의 경우 직원들의 스케줄에 맞게 셔틀버스를 운행하고 있다.

CHAPTER 2 여권

2.1 여권의 정의

- 해외여행을 하는 사람이면 누구나 소지해야만 하는 가장 기초적인 신분증
- 여권 소지자의 소속 국가가 자국민임을 확인해주는 증명서
- 해외여행에 아무런 문제가 없음을 증명해주는 공식적인 문서

2.2 여권의 종류

PM(Multiple)	일반복수여권(5년 · 10년)	대한민국 국적을 보유한 모든 국민이 발급받을 수 있는 여권
PS (Single)	일반단수여권 (1년 안에 1회만 사용가능)	
PO (Official)	관용여권	여행목적과 신분에 따라 외무부장관이 발급에 필요하다고 판단되는 자에게 발급하는 여권
PD (Diplomatic)	외교관여권	외교업무 및 국제통상을 목적으로 국외를 여행하는 공무원을 위해 발급되는 여권으로 외교관 이외에 배우자, 자녀 등 기타 기능직 공무원을 제외한 재외공관에 근무하는 현역 군인에게도 발급되는 여권
PT (Trevel Certificate)	여행증명서(출국지에서 여권을 분실했을 경우 재외공관에서 임시로 발급받는 신분증명서)	출국하는 무국적자나 여권분실 등 긴급하거나 부득이한 경우 외교통상부장관이 여권을 대신하여 발급해주는 증명서
PR (Resident)	교포여권	외교부장관에게 해외이주 신고를 한 해외이주자의 거주목적의 여권

2.3 여권구분의 중요성

구분	국적	비고(구분)
PM	KOR (한국인)	• 여권 TYPE난에 PM으로 표기되어 있음 • PERMANENT RESIDENT CARD 소지자 • 여권 VISA증에 임시영주권을 취득한 경우 • 영주허가증이 있는 경우도 포함
PR	RST (교포)	• 여권 TYPE난에 PR로 표기되어 있음 • 영주할 목적으로 외국에 거주하고 있는 경우

* 면세점의 경우 PM인지 PR인지 여권의 구분은 필수적이다.

2.4 여권입력 시 유의사항

1. 이름 입력 시	• 성은 띄우고 이름은 붙여서 입력 (영문 스펠링이 많은 경우 입력할 수 있는 데까지 입력)
2. 여권 유효기간	• 가급적 잔여 유효기간이 6개월 이상 시에만 판매가능 (각 국가별 여권 잔여기간 조건 상이함—적정 유효기간 6개월)
3. 구여권 · 신여권 보유 시	• 구여권의 유효기간이 남아 있어도 반드시 신여권으로만 판매가능
4. 특수문자	• 러시아 또는 중국여권 입력 시 특수문자 제외 (예 : 67N01234→N 빼고 입력)
5. 여권훼손 시	• VOID처리된 구멍 뚫린 여권으로 판매 불가 • 신원 정보면에 얼룩 및 낙서 있는 경우 판매 불가 • 사증란이 절취 또는 접힘 등 훼손된 경우 판매 불가

CHAPTER 3

화폐수납의 종류

원(₩)

달러($)

100
AL 95011898 B
ONE HUNDRED DOLLARS

50
FEDERAL RESERVE NOTE
THE UNITED STATES OF AMERICA
EE 00000000 T
FIFTY DOLLARS

20
FEDERAL RESERVE NOTE
THE UNITED STATES OF AMERICA
EE 00000000 D
TWENTY DOLLARS

10
FEDERAL RESERVE NOTE
THE UNITED STATES OF AMERICA
BZ 00000000 A
TEN DOLLARS

5
FEDERAL RESERVE NOTE
THE UNITED STATES OF AMERICA
BZ 00000000 A
FIVE DOLLARS

2
F 29135177 B
UNITED STATES OF AMERICA
TWO DOLLARS

FEDERAL RESERVE NOTE
THE UNITED STATES OF AMERICA
A 22286217 L
ONE DOLLAR

엔(¥)

10000
日本銀行券
壱万円

5000
A 000281 A
日本銀行券
五千円

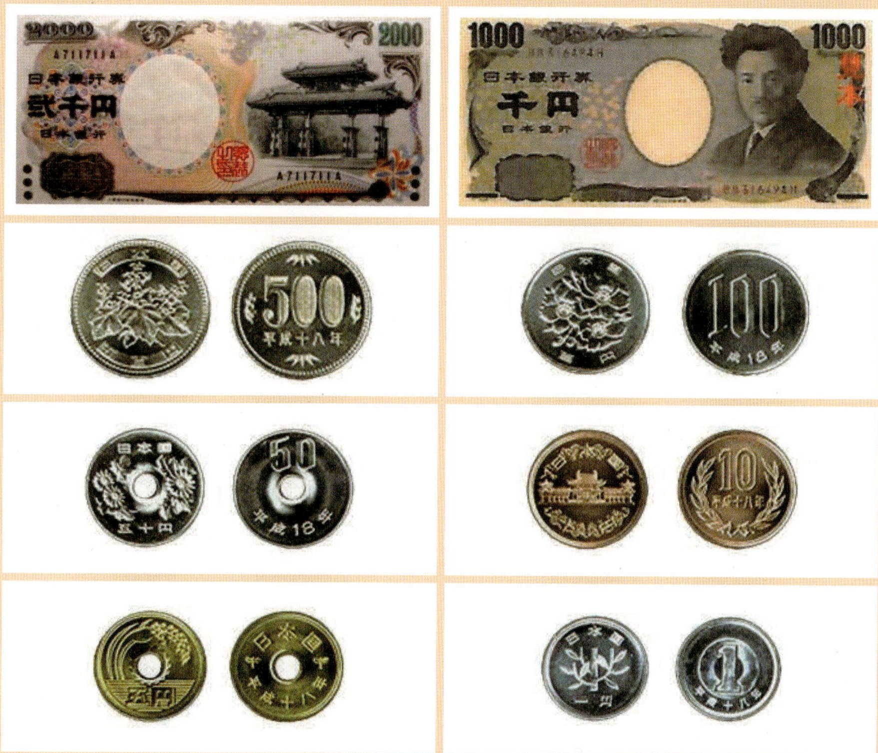

위안(元)

유로(€) —출국장면세점인 인천공항과 김포공항에서만 사용가능

여행자수표(T/C) — 달러와 엔 2종류

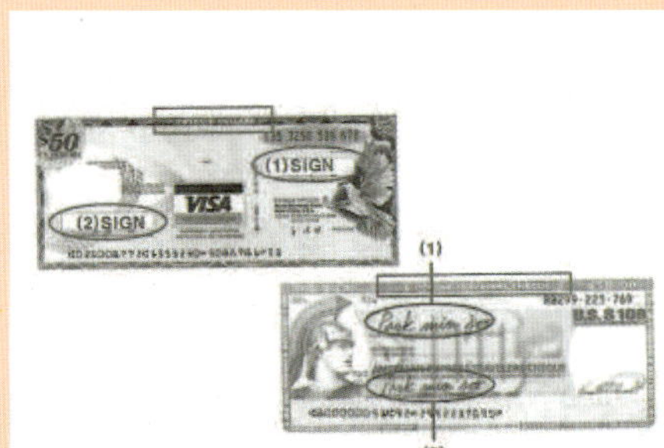

※ 일본 T/C : JAPANESE YEN TRAVERLERS CHEQUE

★ 사인(Sign)하는 곳이 두 군데로 하나는 은행에서 하고 다른 하나는 현장에서 사용할 때 사인을 한다. 본인인지를 확인하고 고객의 사인이 같은지를 반드시 확인한 후 수령한다.

기타

- 수표 : 수표조회를 한 후 뒷면에 교환권번호, 여권번호 기재
- 상품권 : 백화점 상품권, 국민관광상품권, 기타 상품권
- 바우처 : 현대 레드카드, 퍼플카드
- 신용카드 : 일반 신용카드, 체크카드, 기프트카드
- 호텔 멤버십 카드 : 프리빌리지 카드
- 금액할인권 : 당점 행사 사은권은 구매 시 즉시 할인 적용 가능
- 앱카드 : 엘페이, 삼성페이 등
- 전자화폐 : 알리페이, 위챗페이
- 선불카드 등

금액할인권

알아두기

★ 중국 위안화 위폐 구별법

마오쩌둥 은화
중앙부분을 밝은 빛에 비춰 보면 진폐는 마오쩌둥 초상의 은화가 뚜렷하게 나타남
위폐는 다소 검고 진하게 나타남

마오쩌둥 초상화
진폐는 초상화의 인쇄상태가 정교하고 선명함
위폐는 붉은 잉크의 번짐현상이 있고 다소 진하고 거칢

색변환 잉크
액면 숫자는 보는 방향에 따라 색상이 변하도록 되어 있으나 위폐는 단일색 또는 색상 변화가 거의 없음

맹인용 점자
손으로 만져볼 경우 진폐는 우툴두툴한 요판인쇄 느낌이 나지만 위폐는 평판인쇄되어 느낌이 없음

★ 실제 POS와 POS 내부의 모습

CHAPTER 4 교환 및 환불

4.1 교환처리

인도 전	본인의 여권과 전자티켓, 교환권을 지참하고 매장을 방문하여 취소 후 재구매
인도 후	환불하고자 하는 물품가격의 총액이 $600 초과인 경우 • 입국 시 구매자가 직접 휴대하여 입국, 입국 시 세관에 반드시 휴대품 신고 및 유치
	환불하고자 하는 물품가격의 총액이 $600 이하인 경우 • 입국 후 본인이 직접 휴대한 후 매장에 방문하여 교환 요청

* 모든 교환상품은 해당 판매장에서만 재반입 절차를 취해야만 한다. 교환해주는 물품은 판매절차에 의거하여 처리한 후 인도장에서 인도된다. 현장인도는 절대 불가하다.

4.2 환불처리

(1) 환불 가능한 경우

구분	상품 이동상태	처리	선환불
인도 전	상품이 매장에 있는 경우	즉시 환불 또는 교환 가능	가능
	보세이동(보세실), 보세이동(통합물류센터)	선환불 처리가능 (상품을 매장으로 가져와서 환불 Key)	
	인도장 반입	선환불 처리가능 (단, 선환불 시 반드시 인도장에 전화하여 확인 후 처리)	

<table>
<tr><th>구분</th><th>상품 이동상태</th><th>처리</th><th>선환불</th></tr>
<tr><td rowspan="3">인도 후</td><td>$600 이하
($600까지 가능)
출국 후 매장 방문</td><td>선환불 처리가능(단, 선환불 시 타 브랜드를 포함한 반품 총액이 $600가 넘지 않도록 고객에게 반드시 확인/반품신청 받은 브랜드만 신경 쓰면 안 됨)
* 환불신청 → 선환불 → 재반입 신고완료 → 환불 Key</td><td>가능</td></tr>
<tr><td>인터넷구매, 출국 후 매장방문</td><td>환불신청 → 인터넷팀에서 처리</td><td rowspan="2">불가능</td></tr>
<tr><td>$600 초과
($600 이하도 신청가능)
상품 세관유치</td><td>환불신청(유치증 첨부) → 재반입 신고 완료 → 상품 확인 → 환불 Key</td></tr>
</table>

(2) 인도 후 반품

<table>
<tr><td rowspan="2">물품총액 기준 $600 이상 ($601 부터/$600 이하도 가능)</td><td>국제우편반품</td><td>국제우편을 통해 교환 또는 환불을 요청하는 경우</td><td>* 통물담당자가 서류를 작성하여 일괄처리</td></tr>
<tr><td>공항유치반품</td><td>구매자 본인이 입국 시 세관에 자진신고 후 재반입 물품을 유치하는 경우</td><td>* 필요서류 – 유치서 1부, 본인 여권사본 1부, 통관반송 위임장 1부(당사), 재발행영수증 2부
* 보세지원실 유치담당자에게 신청</td></tr>
</table>

* 자진신고 불이행 또는 세금 납부한 물품은 유치반품 불가함.

앞의 내용을 그림으로 정리하면 다음과 같다.

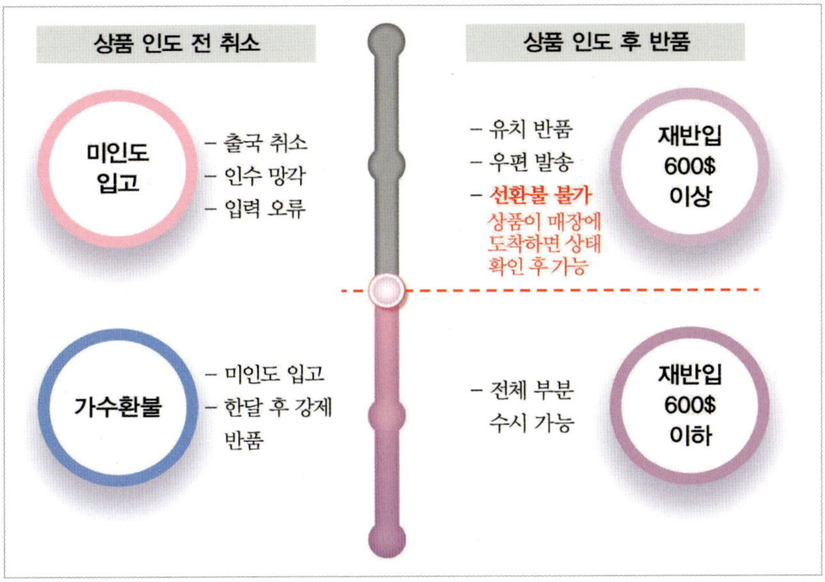

(3) 환불처리 방법

1) 판매취소 : 선환불 가능

- 구매한 상품을 인도장에서 받지 않은 상태(보세실, 인도장, 통합물류에 있는 상태)에서 구입한 것을 취소하는 경우
  ① 단순고객변심
  ② 미인도 : 날짜변경, 판매가능시간의 오류, 자연재해 등
- 상품을 인도하기 전에 취소하는 경우
- 출국취소
- 인수망각
- 입력오류

손님이 상품을 받기를 원하는 경우

- 우편발송 : 인도장에 주소를 남기고 출국을 하면 EMS로 상품을 발송함
  → 금액이 적혀 있기 때문에 우체국에서 세금을 부과하고 찾아가면 됨
- 재보세 : 출국 일정에 맞춰 재보세하여 인도장으로 보낸 후 수령함

손님이 상품을 받기를 원하지 않는 경우

- 판매취소 후 환불 처리해줌

2) 반품 : 선환불 불가능(상품이 매장에 도착하면 반드시 상품을 확인할 것)

- 상품을 사서 인도장에서 받은 후 그 자리에서 취소하거나 상품을 외국에 반출했다가 다시 반입시켜 취소하는 경우(상품을 인도한 후 반품처리)

❶ 재반입

- $600 이하의 상품인 경우 현장에서 반품이 가능
- 예를 들어 상품에 문제가 있을 경우

❷ 유치반품

- 내국인의 경우 인도장에 맡기거나 1층 세관 옆에 위치한 유치과에 맡김

❸ 우편반품

- $600 이상의 상품인 경우
- 외국인의 경우 EMS로 보내줌

❹ 교환

- 내용물이 깨진 경우 인도장에 맡겨두고 출국하면 인도장에서 해당 면세점으로 반입시킨 후 새 상품을 손님에게 EMS로 보내줌

A/S 처리문제

- 원래 면세상품은 A/S가 안 됨
- 보증서를 가지고 자신의 나라에서 수리를 받아야 한다는 규정이 있음

CHAPTER 5

재고관리 및 상품진열 방법

5.1 재고관리

- 수입품 : 인도장에서 수령 가능, 샘플 및 테스터를 필요한 만큼만 매장에 진열
- 토산품 : 현장인도 가능, 매장에 진열
- 매장직원이 재고조사 및 재고관리 → 매장직원은 철저한 재고관리를 요함
- 세관의 정기적인 재고조사 실시

5.2 상품진열 방법

진열방법	구분방법	해당 상품의 종류
점진열	베스트 세일즈 상품으로 수량이 많이 판매되고 가격이 비싸지 않은 상품을 통합물류센터에서 패킹작업을 한 후 인도장으로 보냄	COS*&PFM**
점보충	의류나 핸드백의 경우 고객이 직접 스크래치나 박음질이 잘 되었는지를 확인해야 되므로 매장에서 직접 패킹작업을 한 후 인도장으로 보냄	BAG&WEAR 등의 패션상품
직반출	고가의 상품인 경우 매장에 전량을 보관하여 고객이 직접 확인 후 패킹작업을 통해 인도장으로 보냄	L/V***, JEW&WATCH 등 전량 매장에 진열하는 상품

* CCS란 COSMETIC, 즉 화장품을 의미한다.
** PEM이란 PERFUME, 즉 향수를 뜻한다.
*** L/V란 LOUISVUITTON, 즉 루이비통을 말한다.

CHAPTER 6 상품포장 방법 및 상품수령 방법

6.1 상품포장 방법

	내국인	교포 및 외국인
수입품	• 내용물과 개수를 확인할 수 있고 상품의 파손을 줄이기 위해 에어캡으로 싸서 투명 비닐봉투에 넣은 후 인도장으로 보냄 • 세관이 확인하는 경우도 있음 → 세관확인 표시를 함	
토산품	불투명한 비닐봉투에 넣어 인도장에서 수령함	• 한국에서 소비하라는 의미에서 현장 인도함 • 투명·불투명 비닐로 포장가능, 손님이 원하는 것으로 포장 가능함
인터넷 판매상품	내용물과 개수를 확인할 수 있고 상품의 케이스 등 내용물이 깨지거나 찌그러지지 않도록 에어캡으로 싸서 투명 비닐봉투에 넣은 후 인도장에서 수령함	

6.2 상품수령 방법

	내국인	교포 및 외국인
수입품	인도장에서 수령	
토산품	인도장에서 수령	현장인도 또는 인도장에서 수령(선택가능)
인터넷 판매상품	인도장에서 수령	

CHAPTER 7

상품판매 및 상품판매 시 주의사항

7.1 상품판매 처리 방법

- 고객에게 단체고객인지 아니면 개인으로 방문했는지를 묻는다. 단체인 경우 안내데스크에서 받은 쇼핑카드에 기재된 번호를 입력한다.
- 고객에게서 여권 및 탑승권을 받아서 고객명, 여권번호, 국적, 출국일자, 편명, 출국장(출국포트)을 입력한다. 고객에게 맞는지 다시 한번 확인한다.
- 고객이 연락받을 수 있는 핸드폰 번호를 물어본 후 입력한다.
- 고객이 구매한 상품의 바코드를 찍은 후 구매수량을 반드시 확인한다.
- 고객에게 당점 VIP카드를 소지했는지 물어본 후 소지했으면 각 면세점의 할인율에 맞게 할인해준다.
- 지불은 현금인지 아니면 카드인지를 물어보고 현금인 경우 오늘 환율로 합계가 얼마인지 명확히 안내해준다.

교환권 입력 방법

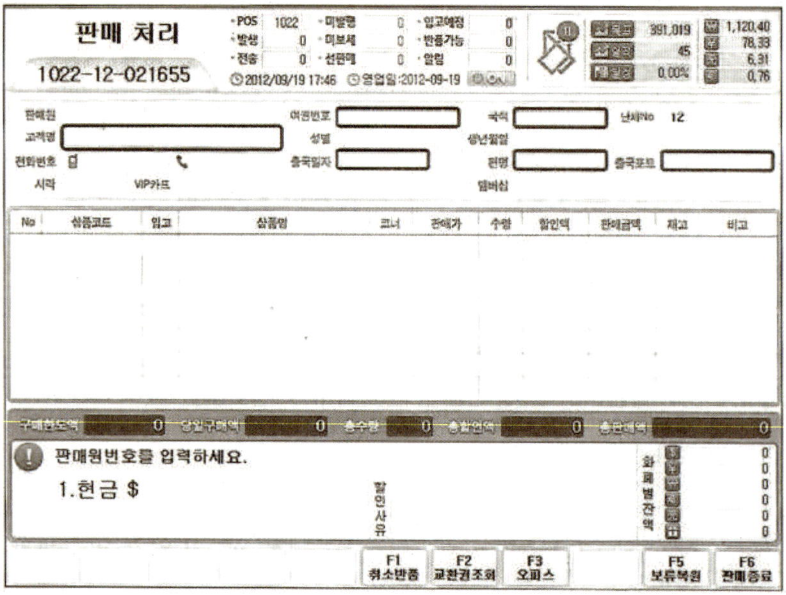

단체번호 입력 방법

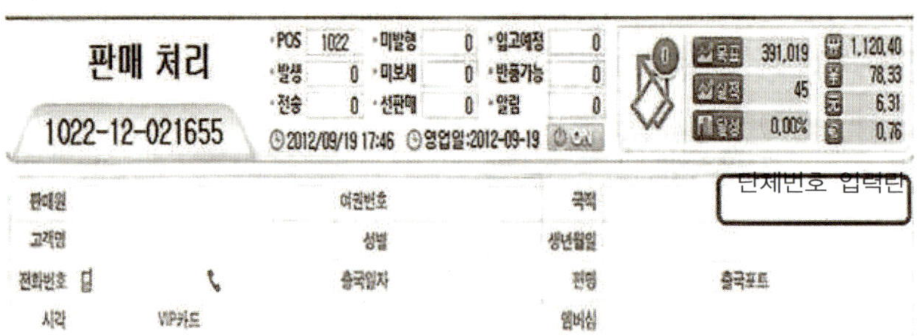

* 단체인 경우 안내데스크에서 단체번호가 적힌 쇼핑카드를 배부받는데 쇼핑카드를 보고 교환권을 작성할 때 쇼핑카트에 기재된 번호를 반드시 입력해야만 한다.

상품권 결제 방법

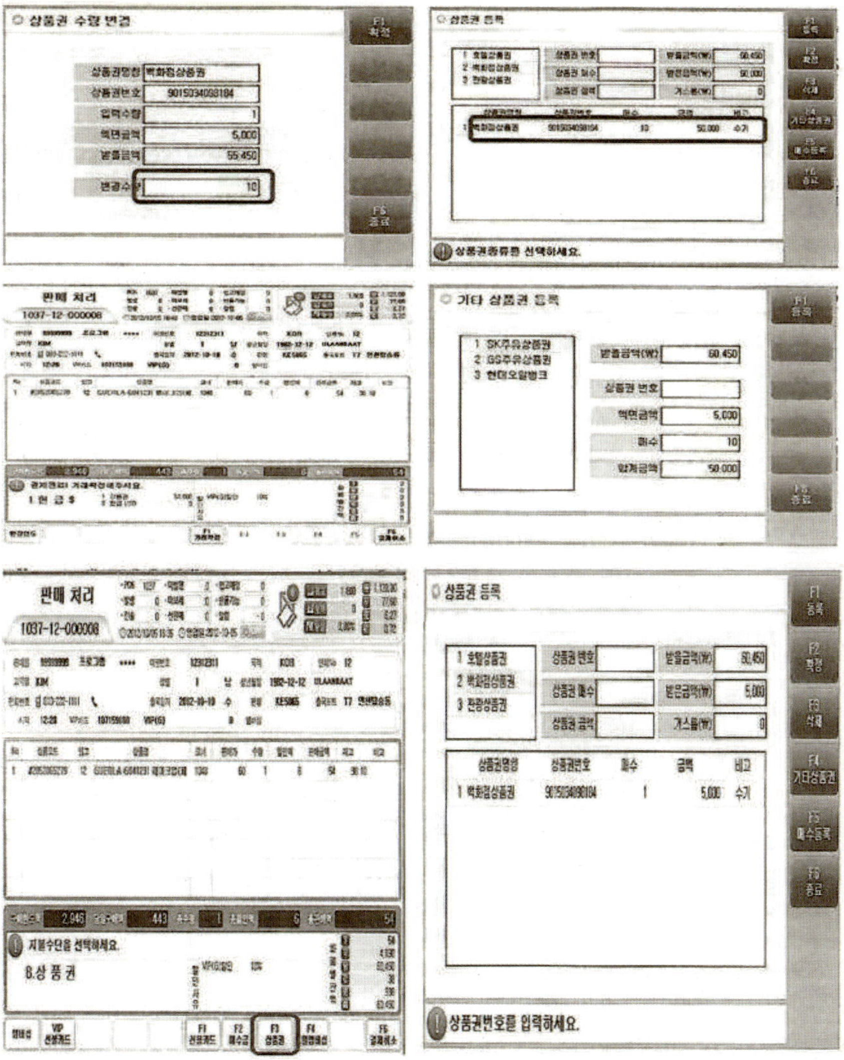

■ **기프트카드 결제 시 유의사항**

취소 또는 반품 시 기프트카드를 반드시 소지해야만 재사용이 가능하므로 결제 시 금액을 전부 사용했다 하더라도 버리지 말고 소지해야 됨을 고객에게 안내한다.

신용카드 결제 방법

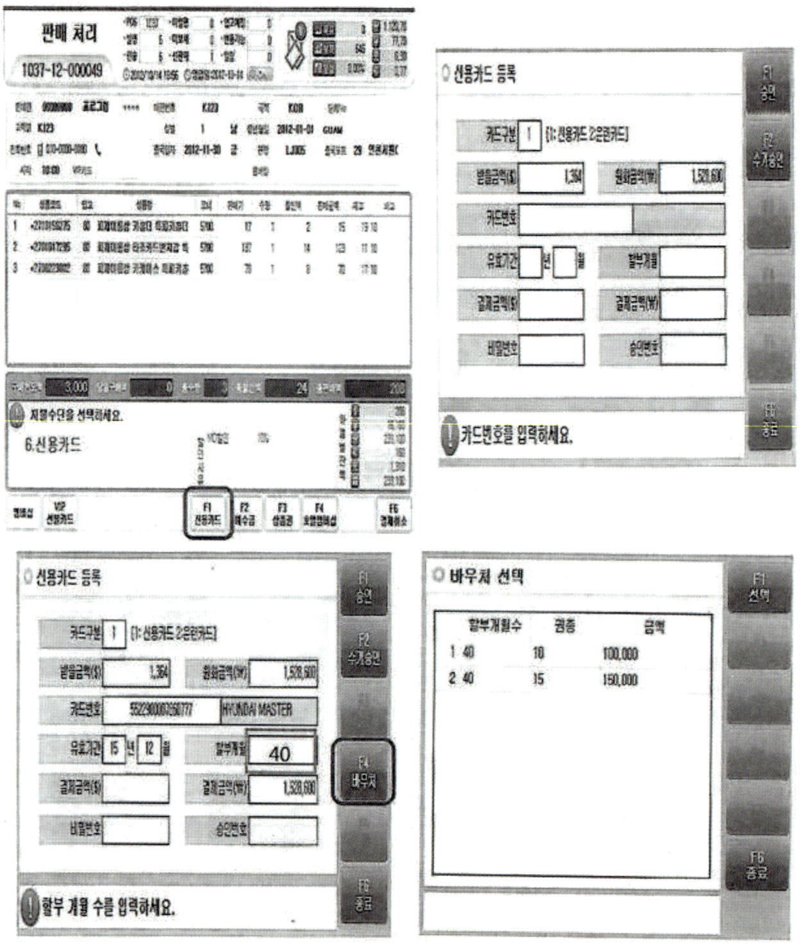

▪ 신용카드 수납 시 유의사항

① 출국자 본인카드만 수납 가능

② 카드 뒷면에 서명이 안 되어 있는 경우 : 고객 서명 유도(개인, 법인카드)

③ 신용카드 전화 승인 시 원화를 정확하게 말할 것

④ 반드시 고객 서명을 받아야 됨

■ 체크카드 수납 시 유의사항

① 취소(반품) 시 5~7일 후에 통장으로 입금됨

② 추가 할인 없음

③ 당일 취소 시 해당 카드사에 승인 취소할 것

✓ 명세표의 예

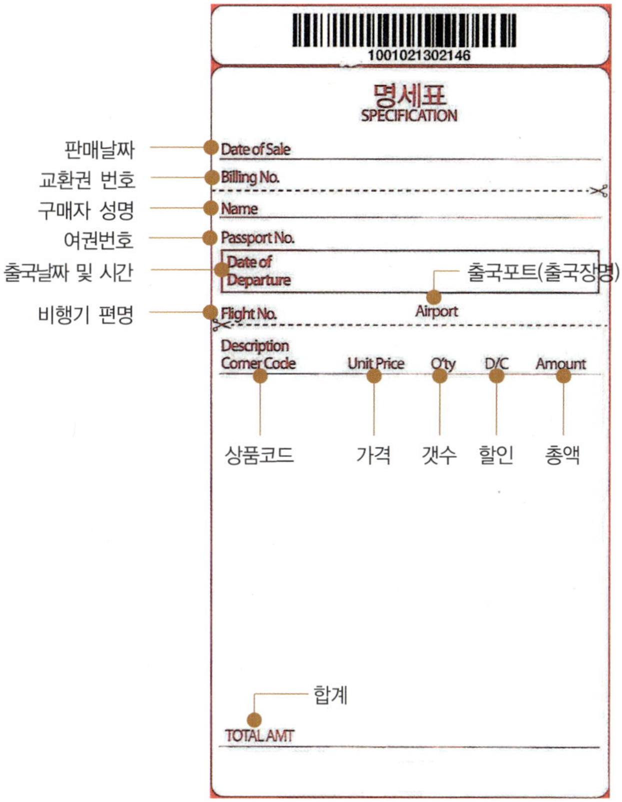

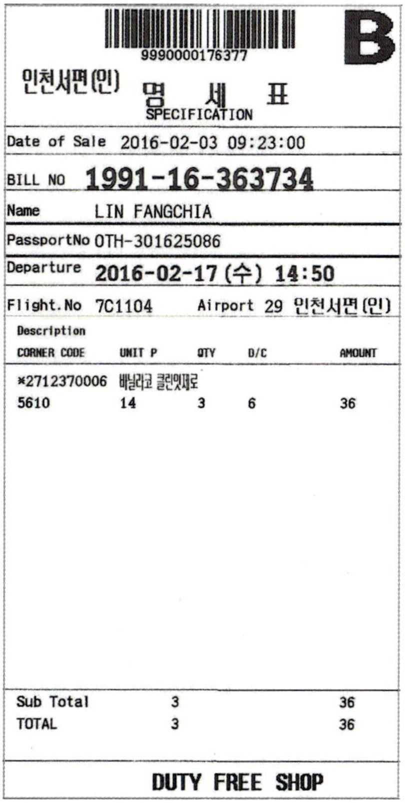
9990000176377 B

인천서편(인) 명 세 표 SPECIFICATION

Date of Sale 2016-02-03 09:23:00

BILL NO 1991-16-363734

Name LIN FANGCHIA

PassportNo 0TH-301625086

Departure 2016-02-17 (수) 14:50

Flight.No 7C1104 Airport 29 인천서편(인)

Description CORNER CODE	UNIT P	QTY	D/C	AMOUNT
*2712370006 바닐라코 클린잇제로 5610	14	3	6	36

	QTY	AMOUNT
Sub Total	3	36
TOTAL	3	36

DUTY FREE SHOP

✓ 교환권의 예

7.2 상품판매 시 주의사항

- 판매완료 후 여권번호, 성명, 생년월일 등 반드시 재확인한 후 입력한다.
- 구 · 신여권 중 구여권의 유효기간이 남아 있더라도 반드시 신여권으로만 판매가 가능하다.
- 상품 인도 시 구매자 본인이 여권, 탑승권, 교환권을 지참해야만 상품을 인수할 수 있음을 반드시 안내해야만 한다.
- 한 품목당 $2,000 이상의 상품은 여권, 탑승권, 교환권을 지참하여 인도장 직원이 세관원에게 확인시킨다.(예 : WATCH, JEW*, BAG)

* JEW는 JEWELRY, 즉 보석을 가리킨다.

• 판매된 상품은 색상, SIZE, 재질, 불량여부 등을 사전에 체크한 후 고객에게 반드시 확인시킨다.

알아두기

★ 액체류 기내반입 제한

- 시행일 : 2007년 3월 1일부터
- 대상 : 국제선 항공기 이용 모든 고객
- 해당 물품 : 액체류 및 젤류(COS, PFM, 주류, 홍삼엑기스, 김치 등)

★ 미주노선 및 호주행 고객

- 직항 : 판매가능, 게이트에서 인도가능
- 경유 : 판매 불가(고체만 가능)

알아두기

• 고객은 인도장에서 상품을 수령하여 확인한 후 액체류 및 젤류의 상품은 인도장 직원에게 아래와 같은 스텝봉투를 받아서 넣은 후 출국해야만 한다.

* 스텝(STEP)봉투

스텝봉투는 절대로 뜯으면 안 됩니다.
스텝봉투는 투명색이던 접착 부분을
뜯는 즉시 DO NOT OPEN이라는
빨간색 문구가 새겨져 있어 바로 알 수 있습니다.
스텝봉투를 뜯으시면 해당 액체류를
압수당할 수 있으니 주의하세요.

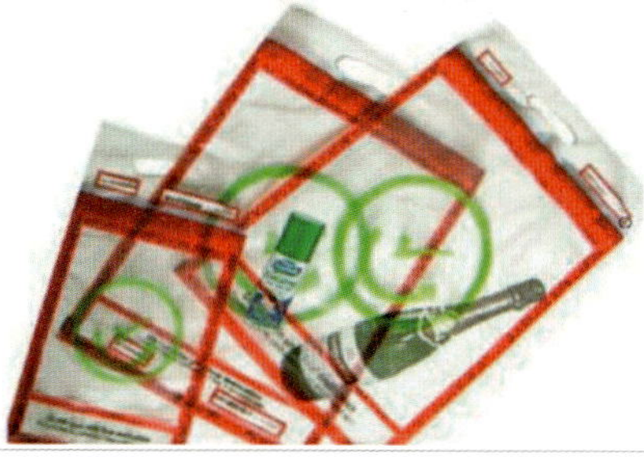

CHAPTER 8 면세점 이용안내

8.1 상품수령 및 상품인도 안내

구입한 상품은 면세품으로서 직접 가지고 갈 수 없으며 한국의 출국공항 인도장으로 운송하기 때문에 출국수속을 마친 후 탑승 전에 공항 인도장에서 직원에게 여권과 교환권, 탑승권을 보여준 후에 상품과 교환할 수 있다.

8.2 항공티켓 및 여권지참 안내

출국하는 본인이 여권을 소지한 후 출국정보(출국날짜, 시간, 공항, 편명)를 반드시 알아야만 쇼핑이 가능하다.

8.3 면세점 이용가능 고객안내

구분	내용
판매대상	출국예정 내/외국인, 교포 및 장기체류 외국인
판매조건	출국하는 본인의 여권과 전자티켓 지참(예약내용 확인자료)

*면세품 구매대행은 관세법 위반사항임.

8.4 면세품의 구매한도액과 반입한도액 안내

	수입품 1인당 구매한도액	토산품 1인당 구매한도액
내국인	한도액 없음	한도액 없음
교포 및 외국인	한도액 없음	한도액 없음

	면세품 반입한도액(수입품과 토산품을 합산한 금액)
내국인, 교포 및 외국인	$600(해외/입국장면세점 구매액 포함, 술담배 · 향수 미포함)

* 입국 시 면세구입물품과 해외구입물품 총액이 1인당 $600 이하는 신고하지 않아도 되지만 $600를 초과할 경우에는 세관신고 시 세금을 자진 납부해야만 하며 미신고 시 과태료 범칙금을 추가 부담해야만 한다.
* 기본 면세범위($600)와 관계없이 면제가 되는 품목은 주류 1L 이하로서 미화 $400 이하 1병, 담배(궐련) 200개비, 향수 60ml 1병까지이다.
* 면세 구입물품은 원칙적으로 국내반입이 제한된다. 단 입국장면세점에서 구매한 물품은 제외된다.

8.5 면세품 구입 시 유의사항 안내

(1) 면세한도액을 초과한 상품을 가지고 국내로 반입하는 경우

- 세관에 자진신고를 해야 한다.
- 자진신고를 하지 않을 경우 40%의 가산세를 부과하거나 관세법에 따라 처벌을 받을 수 있다.

(2) 면세점에서 상품을 교환 또는 환불받고자 하는 경우

- 해외에서 국제우편을 통해 교환 또는 환불을 요청할 수 있다.
- 교환 또는 환불 대상상품을 여행자가 직접 가지고 입국할 경우 세관에 자진신고해야만 한다.
- 교환된 면세상품은 출국 시 출국하는 공항 인도장에서 받을 수 있다.

(3) 면세범위 초과상품의 예상세액

- $1,000 이하의 상품인 경우는 20%를 부과해야 한다.
- $1,000 이상의 가방은 20%, 화장품은 20%(향수는 35%), 의류는 25%(모피는 30%), 위스키는 156%, 와인은 68%의 세금을 부과해야만 한다.

8.6 면세품 판매 시 유의사항 안내

<table>
<tr><td>1. 여권 및 전자티켓 확인</td><td>1) 출국본인 실명확인 및 여권사진 대조
2) 여권번호, 국적, 여권타입 확인 : 여권상의 개인정보 오류입력 없도록 주의
3) 여권 만료일 확인 : 구 · 신여권 중 구여권의 유효기간이 남아 있는 경우에도 반드시 신여권으로만 판매가능
4) 출국정보 확인 : 출국일자 및 시간, 편명, 출국포트</td></tr>
<tr><td>2. 고객정보 재확인</td><td>여권번호, 생년월일, 국적, 출국일, 편명 등 재확인
• 보세판매장 운영고시 준수
• 구매자가 신용카드 결제 시 「여신전문금융법」 제1조에 따라 본인명의 여부를 확인한다.
• 관세청 업무지침사항 준수</td></tr>
<tr><td>3. 구매한도 및 상품 인도장 안내</td><td>1) 내외국인 구매한도 안내 및 확인
2) 반입 시 세관규정 안내 및 확인
3) 상품 인도장 안내 및 인도 시 절차 안내</td></tr>
<tr><td>4. 휴대반입 제한품목 및 인도 안내</td><td>
<table>
<tr><th rowspan="2">노선</th><th colspan="3">휴대가능 여부</th></tr>
<tr><th>직항</th><th colspan="2">경유</th></tr>
<tr><td rowspan="2">호주</td><td rowspan="2">○
(Gate 인도)</td><td>호주 경유, 제3국 도착</td><td>Gate 인도</td></tr>
<tr><td>제3국 경유, 호주 도착</td><td>×</td></tr>
<tr><td rowspan="2">미국</td><td rowspan="2">○</td><td>미국 경유, 제3국 도착</td><td>○
(단 불투명, 금속용기 판매불가)</td></tr>
<tr><td>제3국 경유, 미국 도착</td><td>×</td></tr>
<tr><td>기타</td><td>×</td><td colspan="2">주류반입 금지국(카타르, 중국 우루무치)</td></tr>
</table>
1) 휴대반입 제한품목 안내
① 품목 : 화장품, 주류, 홍삼 엑기스, 김치 등의 액체류
② 노선 : 미국 경유, 호주 직항, 기타
2) 인도방법 안내(호주노선)
① 직항 : Gate에서 인도
② 경유 : 판매 불가(고체만 가능)</td></tr>
</table>

8.7 물품인도장 안내

		GATE	항공사명	인도장
인천공항	T1	29번 게이트 맞은편 4층	아시아나항공	서편
		121번 게이트 옆	외항사	탑승동
		119번 게이트 뒤쪽	MU, CZ	서편 탑승동
	T2	252번 게이트 건너편 4층	대한항공	
기타		3층 34번 게이트 옆	김포공항	
		2층 출입국관리 옆	김해공항	
		2층 출입국관리 뒤편	제주공항	
		2층 출입국관리 뒤편	대구공항	

※ 물품인도장은 상황에 따라 변경될 수 있다.
※ 인도장이 혼잡할 수 있으므로 탑승 1시간 전에 인도장에 도착해야만 된다.

알아두기

- 인천공항 T1 취항 항공사 : 아시아나항공(OZ), 제주항공(7C), 진에어(LJ), 티웨이항공(TW), 이스타항공(ZE), 에어서울(RS), 중국동방항공(MU), 중국남방항공(CZ), 중국국제항공(CA), 캐세이퍼시픽(CX), 기타 외항사

- 인천공항 T2 취항 항공사 : 대한항공(KE), 델타항공(DL), 에어프랑스(AF), KLM네덜란드항공(KL), 중화항공(CI), 가루다인도네시아(GA), 샤먼항공(MF), 아에로멕시코(AM), 아에로플로트(SU), 알리탈리아(AZ), 체코항공(OK)

알아두기

터미널 간 이동방법

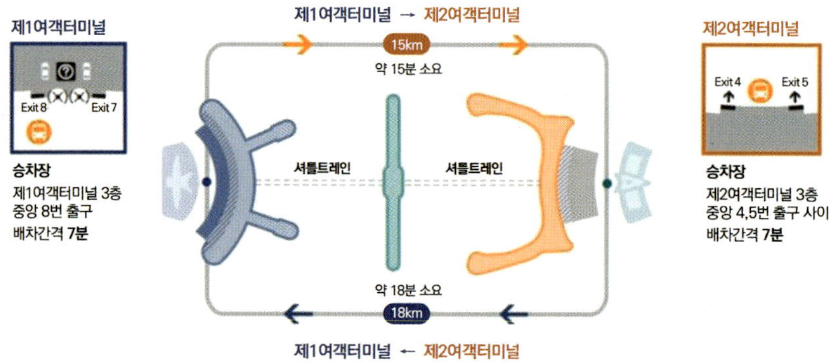

제1여객터미널(1~50번 게이트)과 탑승동(101~132번 게이트)으로 이루어진 터미널1(T1)

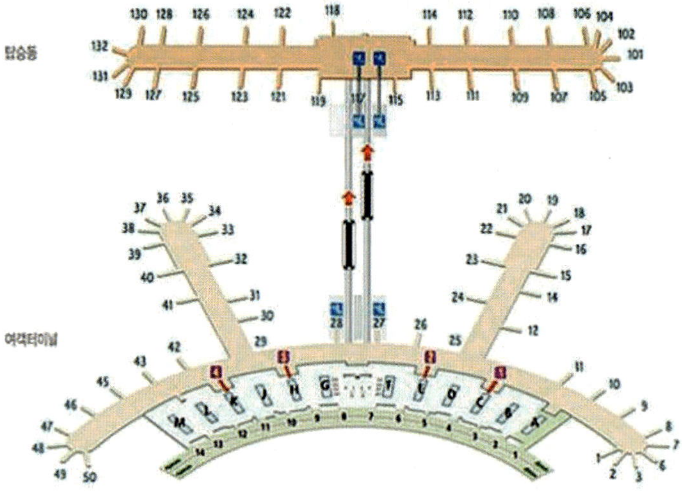

제2여객터미널(230~270번 게이트)

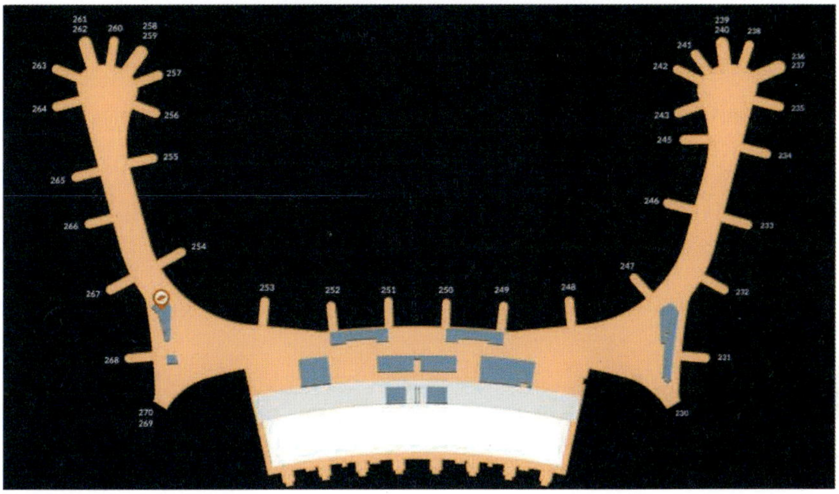

인도장 풍경

■ 인도장 위치

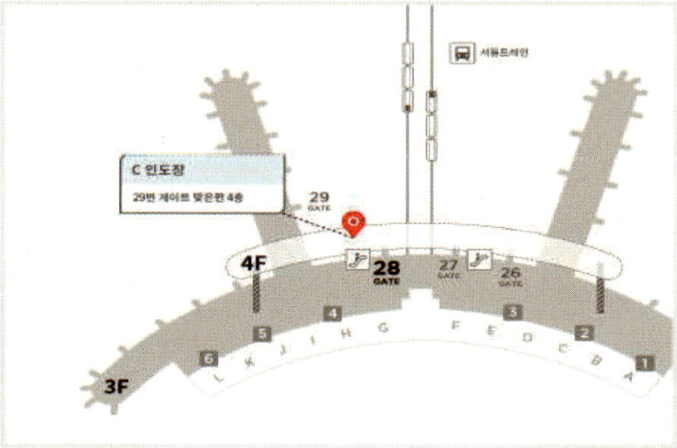

T1 서편 인도장

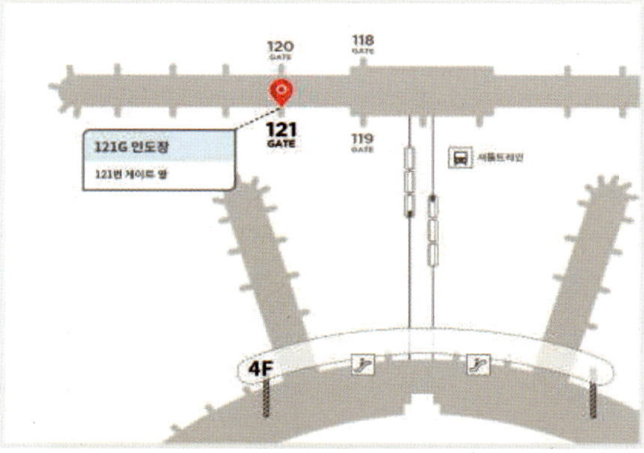

T1 탑승동 인도장

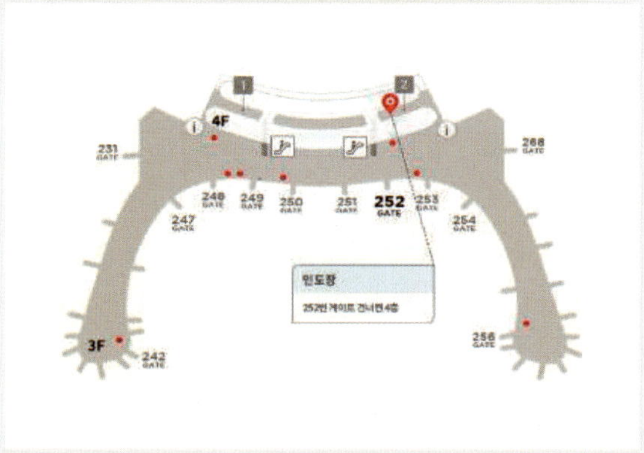

T2 인도장

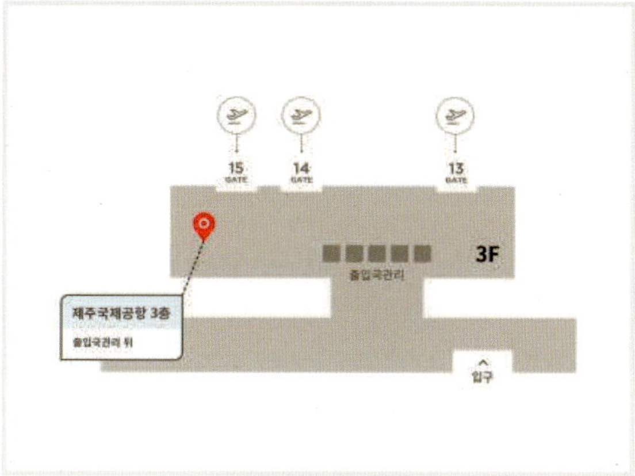

제주공항 인도장

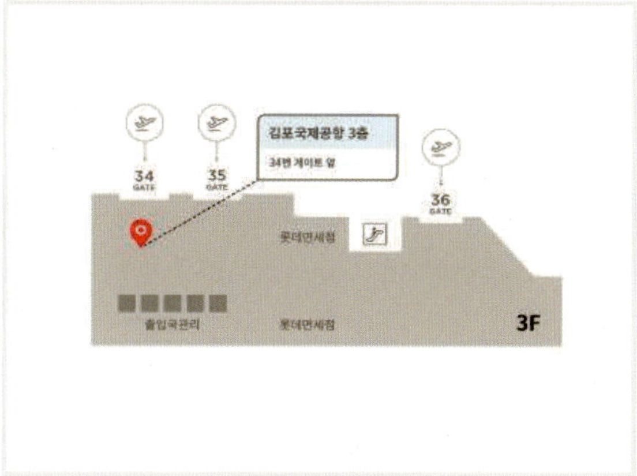

김포공항 인도장

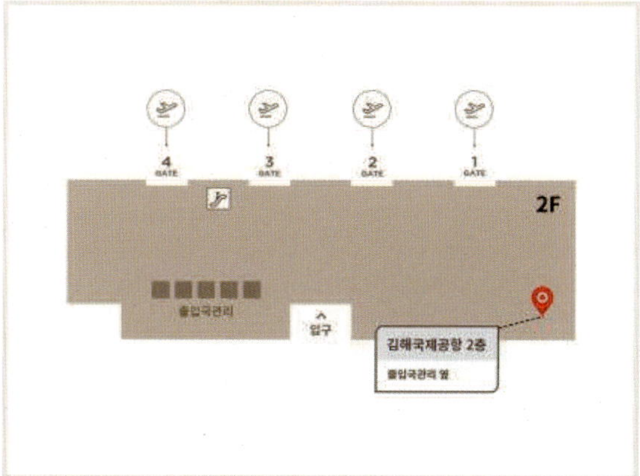

김해공항 인도장

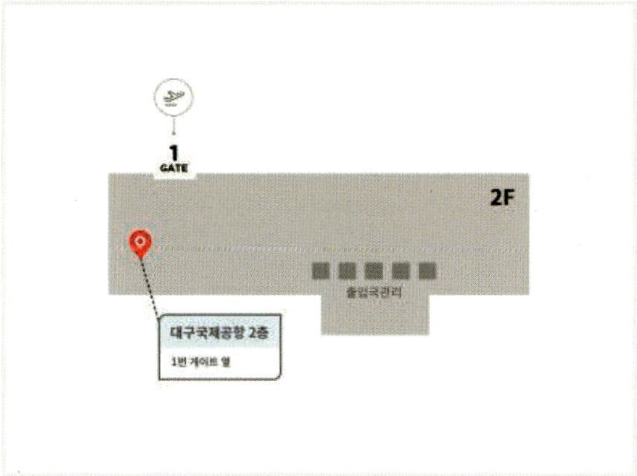

대구공항 인도장

■ 상품인도 안내

인도 시 주의사항 : 반드시 지정된 보세구역(공항 및 항만 인도장)에서 상품을 수령해야만 한다. 고객의 주소지로 배송되지 않는다. 면세품은 비행기 탑승 전 해당 인도장에서 수령 가능하며 별도의 보관 장소는 없다.(입국 시 수령 불가)

■ 인도장에서 상품 수령 절차

STEP 1		STEP 2		STEP 3		STEP 4		STEP 5
인도장 도착	→	교환권과 여권 제시	→	여권정보 일치 확인	→	상품인수 서명	→	인도완료 OK!

■ 인도장 도착 경로

국제선 출발 로비→항공사 체크인 카운터(여행증빙서류 확인, 항공권 인수 및 확인, 좌석배정, 마일리지 입력, 탑승권 발급, 위탁수화물 처리)→출국장 입장→보안검색→세관검사→출국심사→인도장 도착

■ 터미널1(T1) 탑승동 위치

항공권 발권→출국심사→28번 게이트 옆 맞은편 지하 셔틀트레인 탑승(약 40분 소요)→탑승동 인도장 도착(탑승동까지 1시간 정도 소요되므로 판매 시 손님에게 반드시 공지해야만 한다)

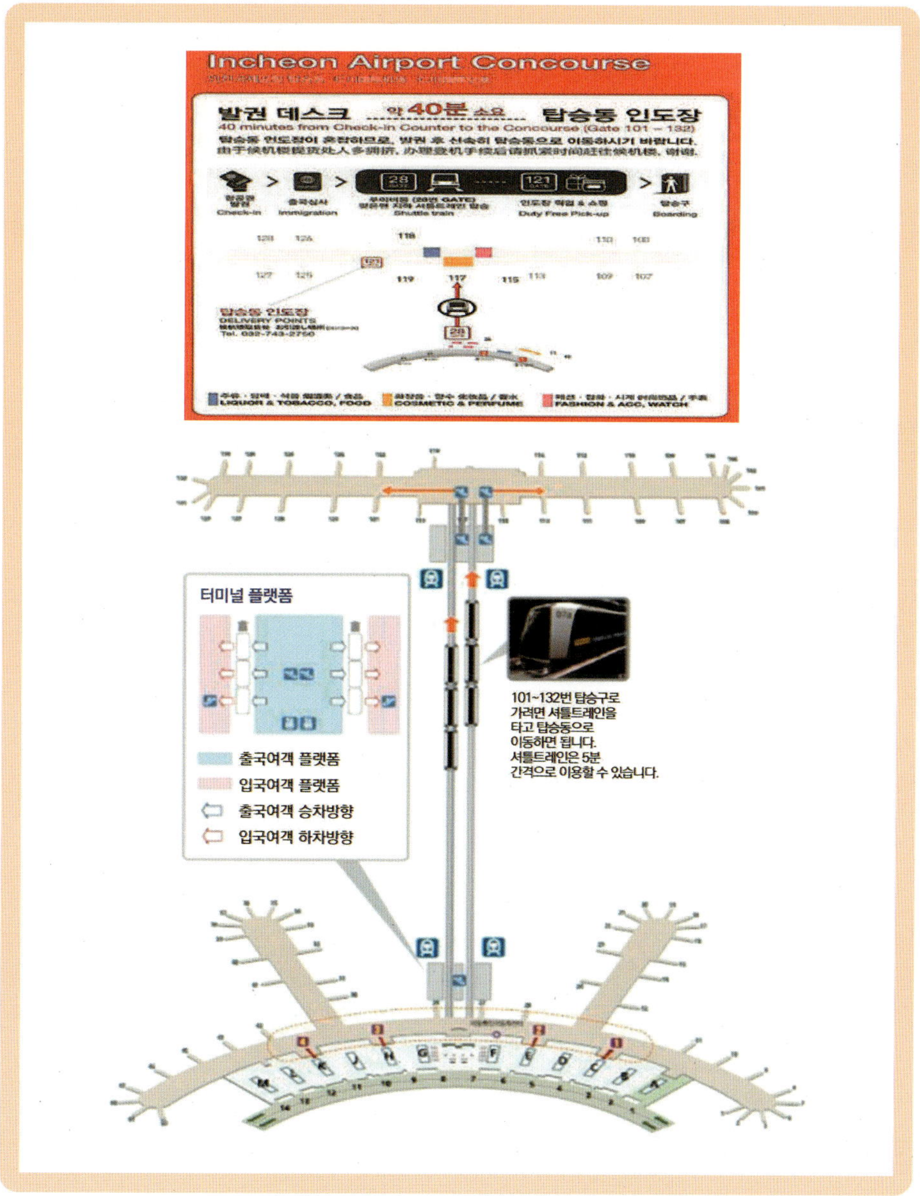

8.8 VIP카드 발급 안내

○○면세점의 경우 VIP카드는 최근 2년간 구매실적이 $2,000 이상일 경우 실버카드가 발급된다. 최근 2년간 구매실적 또는 실버카드 발급 후 5년간 구매실적이 $10,000 이상일 경우에는 골드카드가 발급된다.

VIP카드를 발급해주는 안내데스크의 모습

■ VIP카드 발급조건의 예

등급구분	내국인	외국인	유효기간/발급형태	혜택
SILVER	최근 2년간 구매액 $400 이상	최근 2년간 구매액 $1,000 이상	5년/즉시 발급	5~10% off
GOLD	최근 2년간 $4,000 이상 또는 실버 발급 후 최근 5년간 $4,000 이상 자동 업그레이드	최근 2년간 $10,000 이상 자동 업그레이드	5년/즉시 발급	5~15% off
PRIMIUM	최근 3년간 국내+해외점 구매액 $10,000 이상	최근 3년간 국내+해외점 구매액 $20,000 이상	신청 1년간	5~20% off
VIP	최근 3년간 국내+해외점 구매액 $10,000 이상	최근 3년간 국내+해외점 구매액 $20,000 이상	신청 1년간	
VVIP	최근 3년간 국내+해외점 구매액 $20,000 이상	최근 3년간 국내+해외점 구매액 $50,000 이상	신청 1년간	

※ VIP 선정 시 국적은 여권상으로 구분하며 교포(여권에 R로 표기되어 있음)는 외국인으로 구분된다.
※ 일부 브랜드 및 상품은 할인 혜택에서 제외되며 등급별 할인율은 브랜드별로 상이할 수 있다.
※ VIP카드 발급조건은 면세점마다 다를 수 있다.

CHAPTER 9

면세점에 입점된 상품

9.1 상품의 종류

(1) 수입품

- 패션 부티크
- 화장품 및 향수
- 시계 및 보석
- 기타 – 선글라스, 액세서리, 양주 및 담배 등

(2) 토산품

- 화장품
- 자수정
- 기타 – 정관장, 담배, 김치, 김, 전자제품, 기념품, 과자 등

9.2 브랜드명

DUTY FREE 화장품・향수

샤넬 シャネル	랑콤 ランコム	크리스찬디올 クリスチャンディオール	에스티로더 エスティローダー	크리닉 クリニック	겔랑 ゲラン
비오템 ビオテム	헤레나 루빈스타인 ヘレナルビンスタイン	시슬리 シスレー	SKⅡ エスケーツー	입생로랑 イヴサンローラン	지방시 ジバンシー
바비 브라운 バービーブラウン	록시땅 ロクシタン	엘리자베스 아덴 エリザベスアーデン	클라란스 クラランス	안나수이 アナスイ	베네피트 ベニピット
시세이도 (資生堂(しせいどう))	가네보 カネボウ	고세 コーセー	슈에무라 シュウウエムラ	로레알 ロレアル	질스튜어트 ジルスチュアート
설화수 雪花秀(ソルファス)	오휘 オフィ	헤라 ヘーラー	라네즈 ラネジュ	불가리 ブルガリ	아르마니 アルマーニ
아라미스 アラミス	랄프로렌 ラルフローレン				

DUTY FREE 구두

테스토니 テストニ	발리 バリー	지미추 ジミーチュウ	로저비비에 ロジャービビエ	레페토 レペト	토즈 トッズ
캠퍼 キャンパー	토리버치 トリーバーチ	페라가모 フェラガモ	던힐 ダンヒル		

DUTY FREE 가방・지갑

샤넬 シャネル	구찌 グッチ	크리스찬디올 クリスチャンディオール	프라다 プラダ	버버리 バーバリー	에트로 エトロ
루이비통 ルイビトン	페라가모 フェラガモ	셀린느 セリーヌ	지방시 ジバンシー	훌라 フルラ	펜디 フェンディ

에르메스 エルメス	까르띠에 カルティエ	MCM エムシエム	코치 コーチ	베르사체 ヴェルサーチ	레스포삭 レスポートサック
로에베 ロエベ	끌로에 クルロエ	몽블랑 モンブラン	발렌시아가 バレンシアガ	보테가베네타 ボッテガヴェネタ	마크제이콥스 マークジェイコブス
에스카다 エスカーダ	닥스 ダックス	던힐 ダンヒル	발리 バリー	불가리 ブルガリ	밀라숀 ミラショーン
롱샴 ロンシャン	프라다 プラダ	토즈 トッズ			

DUTY FREE 시계・보석

피아제 ピアジェ	로렉스 ローレックス	론진 ロンジン	구찌 グッチ	오메가 オメガ	스와치 スウォッチ
까르띠에 カルティエ	코치 コーチ	시티즌 シチズン	아르마니 アルマーニ	티솟 ティソッ	티파니 ティファニー
불가리 ブルガリ	쇼파드 ショパール	IWC アイダブリューシー	오드마피게 オーデマピゲ	태그 호이어 タグホイヤー	봄 메르시에 ボームメルシエ
파텍 필립 パテックフィリップ	아이그너 アイグナー	쇼메 ショーメ	로에베 ロエベ		

DUTY FREE 의류

막스마라 マックスマーラ	센존 センジョン	에르메네질도 제냐 エルメネジルドゼニア	프라다 プラダ	폴스미스 ポールスミス	펜디 フェンディ
에트로 エトロ	페라가모 フェラガモ	휴고보스 ヒューゴボス	닥스 ダックス	던힐 ダンヒル	

DUTY FREE 액세서리

스와로브스키 スワロフスキー	스톤헨지 ストーンヘンジ	아가타 アガタ	아이그너 アイグナー	판도라 パンドラ	폴리폴리 フォリフォリ

필그림 ピルグリム	폰테베키오 ポンテヴェッキオ	제이에스티나 ジェイエスティナ	몽블랑 モンブラン

DUTY FREE 선글라스

구찌 グッチ	까르띠에 カルティエ	끌로에 クルロエ	돌체앤가바나 ドルチェ&ガッバーナ	크리스찬디올 クリスチャンディオール	레이벤 レイベン
로에베 ロエベ	루이비통 ルイビトン	몽블랑 モンブラン	샤넬 シャネル	에스카다 エスカーダ	지방시 ジバンシー

DUTY FREE 담배

마일드세븐 マイルドセブン	말보로 マールボロ	레서판다 レッサーパンダ	리춘 リチュン	에쎄 エッセ	레종 レーゾン
더원 ザ・ワン	디스 ディス	엔츠 エンチュ	세븐스타 セブンスター	버지니아 バージニア	캔트 ケント
와일드터키 ワイルドターキー	필립모리스 フィリップモリス	던힐 ダンヒル			

DUTY FREE 주류

꾸바제 クパジェ	레미마르틴 レミーマルティン	로얄살루트 ロイヤルサルート	아사히 アサヒ	멕켈란 メクケルラン	발렌타인 バレンタイン
시바스리갈 シーバスリーガル	올드파 オールドパー	조니워커 ジョニーウォーカー	헤네시 ヘネシー	카뮤XO カミュXO(エクスオ)	

DUTY FREE 넥타이

페라가모 フェラガモ	휴고보스 ヒューゴボス	구찌 グッチ	발리 バリー	에르메네질도 제냐 エルメネジルドゼニア	에르메스 エルメス

MCM エムシエム	샤넬 シャネル	지방시 ジバンシー	크리스찬디올 クリスチャンディオール	코치 コーチ	펜디 フェンディ
던힐 ダンヒル	밀라숀 ミラショーン	닥스 ダックス	셀린느 セリーヌ		

DUTY FREE 스카프

페라가모 フェラガモ	구찌 グッチ	셀린느 セリーヌ	샤넬 シャネル	크리스찬디올 クリスチャンディオール	펜디 フェンディ
에르메스 エルメス	에트로 エトロ				

CHAPTER 10

면세점의 업무

10.1 면세점의 각 부서에서 하는 일

① MD(상품구매)

- 잘 팔리고 현재 유행하는 상품을 구매한다.

▼

② 통합물류(구매한 상품이 통합물류로 반입)

- 각 지점으로 상품을 보낸다.(각 지점마다 상품선호도가 다름)

▼

③ 창고

- 통합물류에서 필요한 물량을 각 지점의 창고로 보낸다.

▼

④ 검수

- 매장직원이 검수 후 필요한 수량만을 신청하여 매장으로 반출, 매장에서 재고를 관리한다.

▼

⑤ 매장

- 담당 매장직원이 재고관리 및 상품진열 또는 판매한다.

▼

⑥ 보세실

- 매장에서 판매한 상품은 매장직원이 포장한다. 고객의 출국날짜 및 시간이 임박한 상품은 보세실에 직접 보내거나 그렇지 않은 경우에는 보세실 직원이 매장을 돌아다니며 상품을 수거한다.

- 수거한 각 상품은 보세실에서 공항별, 날짜별로 분류한다.
- 금일 또는 익일 인도할 상품은 면장을 발행하여 인도장으로 직접 보내주거나 1~2개월 상품은 통합물류센터로 데이터를 보내면 물류센터(인천공항 근처에 소재)에서 날짜에 맞춰 인도장으로 보낸다. → 원패킹(One-Packing)작업(고객에게 편의를 제공하기 위해 고객이 구매한 상품을 하나로 합쳐서 인도장으로 보냄)을 실시한다.

▼

⑦ 인도장

- 고객의 여권과 교환권을 반드시 확인한 후 구매한 상품의 개수를 확인하고 고객에게 상품을 건넨다.

10.2 면세점의 하루일과

오전 9시 출근

- 출근(A조)과 동시에 시재금 및 환전가방을 금고에서 찾아오기 – 환전실에 제출
- 시재금 POS에 정리 – 오픈 전 고객을 맞이할 준비
- 스폿(Spot)교육 및 점교육 실시

▼

오전 9시 30분 개점

- 개점 방송과 함께 인사 연습(한국어, 일본어, 중국어)

▼

오전 10시

- 인터넷 주문 상품 패킹하기

▼

오전 11시

- 창고에서 매장으로 상품 반입 및 진열하기(창고에서 매장으로 상품반입 시 반드시 개수 확인)

▼

정오 12시

- 출근(D조)
- 점심식사(약 1시간~1시간 30분, 식사시간은 매장상황에 따라 탄력적으로 조정한다)

▼

오후 13시

- 환전(환전소가 여유로운 시간대에 매장직원은 미리 환전해둔다)

▼

오후 15시

- 그날 출근한 직원들이 식사를 모두 마친 후에 직원들이 2교대~3교대로 나누어서 휴식(약 1시간 정도) – 휴식시간도 매장상황에 맞게 탄력적으로 조정한다.

▼

오후 17시

- 저녁식사(아침조가 퇴근하기 전에 C, D조 저녁식사 – 약 40분 정도)

▼

오후 18시

- A조 퇴근

▼

오후 21시

- 폐점
- 시재금, 환전 가방을 환전실 금고에 보관함과 동시에 사인하기
- 퇴근

10.3 직원의 호칭과 차이점

(1) 직영사원

- 예를 들어 롯데면세점은 롯데그룹 직원이고 신라직원은 삼성그룹 직원을 의미한다.
- 복리후생의 혜택과 자녀교육비 등의 지원을 받을 수 있다.
- 인사이동 및 그로 인해 브랜드의 담당이 달라질 수 있다.
- 공채시험 및 계약직으로 선발되어 일정기간 근무한 후 정직원으로 채용된다.

- 기준은 인사고과 반영 및 업무수행 결과에 따라 20% 정도 탈락될 수도 있다.

(2) 판촉사원

- 면세점에 입점해 있는 브랜드의 본사에서 채용한 직원을 말한다.
- 대부분이 브랜드의 수입업체로 무역회사 직원이 이에 속한다.
- 본인이 이직하지 않을 경우에는 같은 브랜드, 같은 지점에서의 근무가 가능하다.
- 경우에 따라서는 로테이션도 가능하다.
- 성실히 근무하고 업무성과가 좋을 경우 매니저로 승진할 수도 있고 본사 사무실 직원으로 이동할 수 있다. 예를 들면 사무실 업무 및 교육담당이 이에 해당된다.

10.4 면세점의 근무환경

① 휴무 – 주 5일 근무, 생리휴가 발생

② 근무시간(9시간 근무)

- 시내면세점 : 4교대(A~D조 운영)
- 출국장면세점 : 3교대(A~C조 운영)

③ 식사시간 및 휴식시간 : 브랜드별 상황에 따라 탄력적으로 운영

④ 연봉

- 공항면세점은 원거리 수당 46만원 정도가 지급된다.
- 판촉직원의 경우 수입브랜드가 토산브랜드보다 급여가 대체적으로 높으나 토산브랜드는 매달 부과되는 목표액에 도달하는 경우 인센티브의 비율이 높은 편이다.

CHAPTER 11 면세점 직원의 복장 및 용모

11.1 여성의 경우

(1) 권장 스타일

- 헤어 : 눈에 띄는 염색 · 탈색은 삼가고 진한 갈색계열만 허용된다. 긴 머리는 단정히 묶고 단발머리는 어깨선에 닿지 않도록 한다. 앞머리 · 옆머리는 흘러내리지 않게 고정시킨다.
- 메이크업 : 밝고 화사하며 건강한 느낌이 들도록 한다. 지나치게 화려하거나 진한 화장은 삼간다.
- 손톱 : 항상 짧고 청결하게 관리하며 매니큐어는 투명하거나 연한 핑크계열이 무난하다.
- 액세서리 : 지나치게 크거나 화려한 액세서리는 착용을 금지한다. 동종의 액세서리는 2개 이상 착용을 금지한다.
- 스타킹(양말) : 무늬 없는 검정색 양말 또는 살색, 커피색, 검정색 스타킹을 착용한다.

(2) 비권장 스타일

- 헤어 : 긴 머리는 단정하게 묶어야 하며 부분 염색 및 탈색은 불가하다.

- 액세서리 : 지나치게 화려하고 큰 사이즈 액세서리는 금한다.

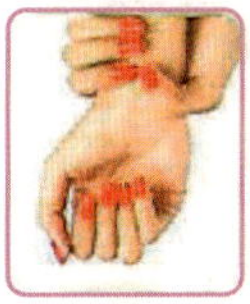

- 손톱 : 긴 손톱과 화려한 네일은 금한다.

- 유니화 : 효도화 및 앞이 뚫린 샌들 착용은 불가하다.

11.2 남성의 경우

- 헤어 : 이마와 귀는 훤하게 드러내어 밝고 깔끔한 이미지를 연출하고 푸석푸석한 느낌을 주지 않도록 헤어제품을 사용한다.
- 면도 : 항상 깔끔한 상태를 유지한다.
- 유니폼 : 규정된 유니폼 또는 깔끔한 정장을 착용하고 셔츠는 백색을 기본으로 한다. 백색 바탕에 가는 줄무늬 셔츠는 무방하다. 빨강색이나 노란색 셔츠는 지양한다.
- 명찰패용 : 왼쪽 가슴 위에 바르게 패용한다.
- 유니화 : 규정된 유니화 또는 장식 없는 검은색 기본형의 구두를 착용한다.
- 기타 : 고객응대 시 불쾌한 냄새가 나지 않도록 철저히 관리한다.(예 : 술, 담배, 입 냄새 등)

■ 용모 및 복장 〈셀프 체크리스트〉

구분	체크포인트	셀프체크(V)
유니폼	단정하게 착용하고 있나요?	
	청결한 상태인가요?	
헤어스타일	고무밴드 색상을 검정, 밤색, 곤색을 사용하고 있나요?	
	길이는 어깨선을 넘지 않았나요?	
	긴 머리는 단정하게 묶고 있나요?	
유니화	규정에 맞는 유니화를 착용하고 있나요?	
	청결한 상태인가요?	
명찰	바르게 착용하고 있나요?	
액세서리	과도한 것을 착용하고 있지 않나요?(2개 이상)	
화장/면도	화사한 이미지를 하고 있나요?	

11.3 인사

인사는 그늘진 성격을 밝게 해주고 소극적인 사람을 적극적으로, 정적인 사람을 동적으로, 우울한 사람을 명랑한 사람으로, 꽉 막힌 사람을 탁 트인 사람으로 만드는 사람 사이의 소통에 있어 중요한 시발점이며 상대방의 인격을 존중하는 경의의 표시이다.

(1) 인사의 종류

1) 목례(가벼운 인사)

- 인사 각도 : 15도
- 시선 : 상대방의 얼굴
- 상황 : 동료나 친한 사람, 복도에서 상사나 동료를 자주 만나는 경우, 엘리베이터 안과 같은 좁은 장소에서 대화 중에 인사를 할 때

2) 보통례(보통 인사)

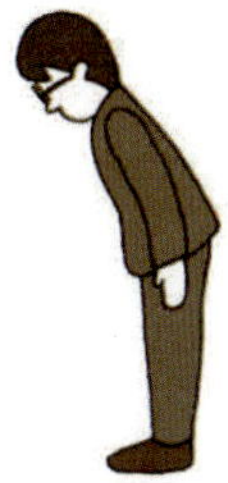

- 인사 각도 : 30도
- 시선 : 전방 2m 정도
- 상황 : 일반적인 인사를 할 때

3) 정중례(정중한 인사)

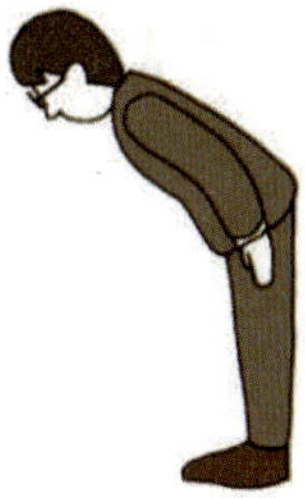

- 인사 각도 : 45도
- 시선 : 전방 1.5m 정도
- 상황 : 감사의 뜻을 전할 때, 사과할 때, 손님을 맞이하거나 전송할 때

(2) 바람직한 인사

1) 눈맞춤

- 눈을 맞추지 않으면 상대방을 인정한다는 느낌이 들지 않는다.

2) 미소

- 진심에서 우러나오는 밝고 자연스러운 표정이 수반되어야 형식적인 인사가 되지 않는다.

3) 인사말

- 밝은 목소리로 인사를 하며 성의와 관심을 표한다.

4) 허리인사

- 바른 인사자세로 세련된 모습을 연출한다.

(3) 피해야 할 인사

- 망설임이 느껴지는 인사
- 귀찮은 듯이 건네는 성의 없는 인사
- 말로만 하는 인사
- 고개만 까딱하는 인사
- 무표정인 인사
- 눈을 마주치지 않고 하는 인사

(4) 상황별 인사표현

1) 기다리게 할 때

- "죄송합니다만, 잠시만 기다려 주시겠습니까?"
- "기다려주셔서 감사합니다."

2) 잠깐 자리를 비울 때

- "잠깐 실례하겠습니다."
- "죄송합니다만, 잠시만 기다려 주시겠습니까?"

3) 용건을 마칠 때

- "대단히 감사합니다."
- "바쁘실텐데 기다려주셔서 감사합니다."

4) 용건을 받아드릴 때

- "네, 잘 알겠습니다. 고객님"
- "네, 고객님, 말씀대로 처리해드리겠습니다."

5) 감사의 마음을 표할 때

- "대단히 감사합니다. 고객님"
- "항상 이용해주셔서 감사합니다."

6) 질문이나 부탁을 할 때

- "실례지만 전화번호 부탁드리겠습니다."
- "실례지만 존함이 어떻게 되십니까?"

(5) 면세점 3대 인사표현

- 한국어 : 어서오세요. 감사합니다. 또 들러주십시오.
- 일본어 : いらっしゃいませ。ありがとうございます。また、おこしください。
- 중국어 : 歓迎光臨。謝謝。希望您再次光臨。
  huānyíng guānglín. xièxie. xīwàng nín zàicì guānglín.

11.4 서 있을 때의 바른 자세

- 시선은 상대방의 미간을 바라본다.
- 표정은 밝고 온화한 표정을 짓는다.
- 여성은 오른손으로 왼손을 감싼 후 아랫배에 가볍게 댄다.(남성은 손을 반대로)
- 두 다리(발)는 바르게 모으고 서서 고객님을 기다리면서 대기한다.

CHAPTER 12 면세점에서 사용되는 표현법

12.1 친절한 의사소통 표현법

(1) 친절표현(긍정)

- (실례가 안 된다면) 제가 ~해도 될까요?
- (괜찮으시다면) ~을 고려해보시지요.
- (괜찮으시다면) ~을 하시겠습니까?
- 고맙습니다.
- 감사합니다.
- 또 뵙겠습니다.
- (번거로우시겠지만) ~해주실 수 있습니까?
- (실례지만) ~을 부탁드립니다.
- 제발, 부디 / 저희, 우리
- 네, 네 / 긍정의 칭찬 말(맞장구)

(2) 금지표현(부정)

- 할 수 없습니다.(×) → ~하기 곤란합니다. ~는 어떠신가요?(○)
- 결코 안 됩니다.(×) → 죄송하지만 ○○○규정상 어렵습니다.(○)
- ~하지 않습니다.(×)
- ~하셔야 합니다.(×) → ~하시면 어떨까요?(○)
- 아무 말도 하지 마세요.(×)

- 규정상 안 되는데요.(×) → 도와드리고 싶지만 ○○○규정상 이렇습니다.(○)
- 제 담당이 아닌데요.(×) → 확인해드리겠습니다.(○)
- 모르겠습니다.(×) → 확인해드리겠습니다.(○)
- 잠시 기다리세요.(×) → 먼저 오신 손님 응대 후 도와드리겠습니다.(○)
- 무표정 / 묵묵부답(×)

(3) 쿠션표현[1)]

- 죄송합니다만~
- 바쁘신데 죄송합니다.
- 번거로우시겠지만~
- 말씀드리기 어려운 사항입니다만~
- 공교롭게도~

1) 쿠션표현이란 고객에게 의뢰하거나 주의사항 등을 말할 때 본론을 말하기에 앞서 양해를 구하는 표현을 말한다.

CHAPTER 13

상황별 고객응대

13.1 상황별 고객응대법

(1) 손님맞이 인사

눈 맞춤, 밝은 표정, 인사말 이 3가지를 동시에 실시한다.

좋은예

'안녕하십니까?'
'고객님, 죄송합니다만 잠시만 기다려주시겠습니까?'

(2) 상품탐색 배려

고객에게 관심을 가지고 탐색하는 상품정보 및 실사용자에 대한 정보를 확인한다.

좋은예

'찾으시는 제품 있으세요?'
'고객님께서 직접 사용하실 제품을 찾으세요?'
'어느 분이 사용하실 건가요?'
'선물용을 찾으십니까?'

나쁜예

나이, 누구 거 등 존칭어가 아닌 용어를 사용하는 경우
고객이 먼저 물어야 대답하는 수동적인 자세를 취하는 경우
갑자기 '선물용을 찾으세요?'로 시작하는 응대법을 취하는 경우

(3) 상품시연

시착 권유, 착용감 등 고객의 느낌을 확인한다.

좋은예

'고객님, 느낌이 어떠세요?' 또는 '착용감은 어떠세요?'
'고객님, 보시는 것과 직접 착용해보시니까 느낌이 어떠세요?'
'다른 색상의 재킷도 한번 입어 보시겠습니까?'

나쁜예

'편하시죠?' 또는 '좋으시죠?'라는 멘트는 응대자 중심이므로 삼가해야 한다.
옷만 건네주고 피팅룸 문을 열어주지도 않는 경우
시연이나 착용하게 한 후 가만히 지켜만 보고 있는 경우

(4) 상품을 비교하며 장단점을 설명

좋은예

'이 디자인은 중간 사이즈도 잘 어울리시는데 큰 것도 한번 같이 들어보시겠어요?'
'고객님은 피부톤이 밝으셔서 핑크색상이 잘 어울리시는데 오렌지 색상도 한번 같이 테스트해보시면 어떠신지요?'
'이번 신상품은 기존 제품보다 내구성이 강한 장점이 있습니다.'

나쁜예

가격만 알려주고 가만히 서 있는 경우
'고객님, 그것이 저희 브랜드에서 제일 싼 거예요.'
고객의 부정적 반응에 강하게 부정하는 경우로 예를 들어 '그거 절대 비싼 가격은 아니거든요'라든가 '그 정도면 촉감이 좋은 거예요.'

(5) 코디 방법 또는 유행정보 제공

좋은예

'이 제품이 이번 시즌에 런칭된 상품인데요. 저희 브랜드의 주력 아이템입니다.'
'올 봄의 트렌드는 이런 스타일과 ○○컬러가 유행입니다.'

'이 재킷은 정장 바지뿐만 아니라 캐주얼한 느낌에도 잘 매치할 수 있습니다.'

나쁜예

'취향은 각자 나름이니까요.'
'제가 아직 신입사원이라서요.'
자신이 담당하는 브랜드에 대한 상품지식이 부족한 경우
'저희 브랜드 말씀 안 드려도 잘 아시잖아요.'

(6) 복수의 고객응대

좋은예

'고객님, 잠시만 기다려주시겠습니까?'
'죄송합니다만 먼저 오신 고객님을 도와드린 후에 바로 도와드리겠습니다.'
'고객님, 잠시만 보고 계시면 바로 도와드리겠습니다.'

나쁜예

'잠시만요' 또는 '기다리세요.'
'지금 다른 분을 응대하고 있으니까요. 잠시만요.'
더 구매력이 있어 보이는 고객에게 더 친근하게 다가가는 경우

(7) 가격안내 및 회원 확인

정가를 먼저 안내하고 VIP회원 여부를 확인한 뒤 그에 따른 할인 가격을 안내해준다.

좋은예

'고객님, 이 상품의 가격은 $50입니다. 혹시 VIP카드 가지고 계세요? 실버카드여서 10% 할인 받으시면 $45여서 원화로 48,000원입니다.
고객님, 이 상품의 가격은 $50인데요. 현재 30% 세일을 하고 있어서 할인 받으시면 $35여서 원화로 38,000원입니다. 세일상품은 VIP카드 적용이 안 됩니다.'

(8) 행사/사은품안내

브랜드행사 안내, 사은품 안내정보를 제공한다.(구매유도의 멘트 제공 – 인기 상품과 함께 쓰면 좋은 상품 등 추가정보 제공)

좋은예

'고객님, 저희 브랜드는 현재 3개 구입하시면 1개 더 드리는 행사를 진행하고 있습니다.'
'고객님, 저희 면세점은 현재 $300 이상 구매하시면 선불카드 증정행사를 하고 있습니다.'
'고객님, 저희 브랜드에서 가장 인기 있는 상품은 이것입니다.'
'고객님, 이것 이외에 더 필요하신 것은 없으신가요?'
'고객님, 다른 궁금하신 점은 없으신가요?'

(9) 공감대를 형성하는 멘트 제공

남의 걱정, 의견, 주장 등에 대해 자신도 그렇다고 느낌 또는 그렇게 느끼는 기분을 전달하여 고객과의 공감대를 형성한다.

좋은예

'고객님께서 하고 계신 스카프를 보니 정말 봄이 온 것 같아요.'
'주말이라 교통이 혼잡했을텐데 오시느라 많이 힘드셨겠어요.'
'봄이지만 오늘은 바람 부는 날씨여서 춥지는 않으셨어요?'
'고객님의 말씀에 저도 공감합니다.'

(10) 응대어투, 호칭/경어사용

밝고 상냥하며 친절하게 들리는 말투로 응대한다.

좋은예

고객님이라는 호칭 및 경어를 사용하여 바른 언행으로 응대어를 사용한다.

(11) 교환, AS관련

부정적 답변에 대한 쿠션표현을 사용한다.(부탁을 하거나 거절을 하거나 부정적인 말을 꺼낼 때 부드러운 쿠션을 깔아주는 윤활유 같은 역할을 하는 쿠션표현을 사용하여 감정을 덜 다치게 하고 공손해 보이며 기분 좋은 대화를 이어간다)

좋은예
'고객님, 대단히 죄송합니다만 면세품은 즉시 교환이 어렵습니다.'
'고객님, 실례지만 여권 좀 부탁드리겠습니다.'
'고객님, 죄송합니다만 출국일정을 확인하겠습니다.'
'고객님, 번거로우시겠지만 보증서를 확인하겠습니다.'

(12) 매장안내

위치/방향을 손으로 가리키며 친절하게 안내한다.

좋은예
'고객님, 증정코너 말씀이신가요? 증정코너는 이쪽으로 쭉 가시면 화장품 코너 옆에 있습니다.'
'고객님, 증정코너 말씀이세요? 제가 안내해드리겠습니다. 이쪽으로 오세요.'

나쁜예
위치/방향 손 안내 없이 말로만 안내하는 경우로 고객에게 형식적이거나 사무적이라는 인상을 줄 수 있다.
'모르겠습니다'라고 말하며 더 이상 찾아주려고 하지 않는 경우

(13) 구매/비구매 시 인사

고객 퇴점 시 인사동작(고개 숙임, 공손한 태도)과 두 마디 이상의 배웅, 인사말을 모두 실시한다.

고객이 구매했을 때의 인사

- 고객님, 감사합니다. 또 뵙겠습니다.
- 고객님, 감사합니다. 또 들러주십시오.
- 고객님, 감사합니다. 예쁘게 사용하시고 다음에 또 뵙겠습니다.

고객이 구매하지 않았을 때의 인사

- 감사합니다. 고객님, 천천히 둘러보시고 다시 들러주세요.
- 감사합니다. 고객님, 둘러보시고 언제든지 방문해주세요.
- 감사합니다. 고객님, 그럼 생각해보시고 또 방문해주세요.

13.2 바꿔야 할 응대화법

① 응대언어의 문제점

- 고객이 알아들을 수 없게 작은 소리로 말한다.(자신감이 결여되어 있다는 인상을 줌)
- 말끝을 부정확하게 흐린다.
- 빨리 말하려다 보니 상대방이 더 알아듣기가 어렵다.
- 표정이 경직되어 있다.
- 언어에 대한 자신감이 부족하여 고객응대 시 적극성이 떨어진다.

② 응대언어 개선방안

- 말의 내용보다도 말하는 사람의 태도와 자세, 표정이 더 중요하다.
- 말투가 다소 어눌하더라도 적극적인 자세, 밝은 표정과 목소리로 응대한다면 고객의 만족도는 더욱 높아질 수 있다.

③ 부정형의 말투('본인이 안 오시면 구매할 수 없습니다.' 또는 '사은품 반납 안하시면 취소가 불가능합니다.') → 긍정형으로 전환('본인이 오셔야만 구매가 가능합니다.' 또는 '먼저 사은품을 반납하시면 바로 취소가 가능합니다.')

④ 명령형의 말투('여기 사인해 주세요.'라든가 '여권 주세요.') → 청유형으로 전환('번거로우시겠지만 여기에 사인 부탁드리겠습니다.' 또는 '실례지만 여권을 보여주시겠습니까?')

⑤ 단답형의 말투('품절입니다.' 또는 '네/아니요') → 서술형으로 전환('죄송합니다만, 그 상품은 현재 품절입니다.' 또는 '대신에 이 상품은 어떠신지요?')

⑥ 바른 존댓말 사용법

- 존댓말의 주어가 고객일 때에만 존댓말을 사용한다.
- 상품에 존댓말을 사용할 필요는 없다.

좋은 예

'고객님, VIP카드 있으세요?'
'할인 받으시면 $30입니다.'

나쁜 예

'그 상품은 품절이세요.'
'가격은 $30이시구요.'
'상품이 지금 공항으로 가 있으세요.'

13.3 유형별 고객응대 화법

(1) 빨리빨리형 고객

- "지금 ~ 때문에 지연되고 있습니다. 신속하게 처리하겠습니다."라고 응대한다.

(2) 트집형 고객

- "네~ 아, 그러셨군요." 또는 "예, 맞습니다."라고 경청하며 동조하는 응대가 효과적이다.

(3) 명령형 고객

- 오히려 상대하기가 쉬운 무난한 타입의 고객으로 "예, 고객님 그렇게 하도록 하겠습니다."라고 Yes/No를 분명하게 말하는 것이 좋다.

(4) 의심형 고객

- "예, 이 상품은 ~가 좋습니다."라고 말하며 자신감 있는 태도로 간결하고 분명하게 처리하여 확신을 주는 것이 좋다.

13.4 전화응대법

(1) 전화예절의 중요성

- 목소리만으로 판단
- 의사, 감정의 전달이 어려움
- 오해발생의 소지가 있음
- 정보화시대의 주요 수단
- 전문성 부족 시 비효율성 초래
- 기업의 서비스 이미지 좌우
- 다른 서비스에 연쇄적 영향
- 직원들이 소홀히 여김
- 문제 발생 시 원인규명이 어려움

(2) 전화예절의 기본자세

3·3·3생활화(전화벨이 **3**번 울리기 전에 받고 통화는 **3**분을 넘기지 않으며 고객이 끊으면 **3**초 후에 끊는다)

(3) 양해의 멘트

- 감사합니다/고맙습니다.
- 실례지만

- 죄송하지만
- 번거우시겠지만
- 잠시만 기다려주시겠습니까?
- 기다려주셔서 감사합니다.
- 오래 기다리게 해서 죄송합니다.
- 불편을 드려서 죄송합니다.
- 도와드리지 못해 죄송합니다.
- 부탁드립니다.

알아두기

★ 전화매너

전화는 비록 얼굴이 보이지 않지만 회사의 첫인상이며 서비스의 창구이고 고객만족의 첫걸음이기 때문에 존칭문제, 적절한 어휘 선택 및 높임말 사용 등 바른 전화응대를 하기 위해 언어예절뿐만 아니라 전화응대의 기본을 확실히 익혀 두어야 한다.

- **전화응대 3·3·3법칙**

  수화기는 전화벨이 **3**번 울리기 전에 받고 통화는 **3**분 이내에 끝내고 상대방이 전화를 끊은 후 **3**초 후에 수화기를 내려놓는다.

- **전화응대 멘트**
  - 직원 : 안녕하십니까? ○○면세점 ○○코너 ○○○입니다.
  - 고객 : ○○코너 부탁합니다.
  - 직원 : 고객님, ○○코너 말씀이십니까?
    연결해드리겠습니다.
    혹시 중간에 전화가 끊어지면 ○○○-○○○○로 다시 걸어주십시오.
    연결해드리겠습니다. 감사합니다.

- **전화 받는 요령(미소와 메모 준비)**
  - 받기 : 벨이 두 번 울릴 때 수화기 들기, 수화기는 왼손으로 받기
  - 인사하기 : 안녕하십니까? 감사합니다.
  - 신분 밝히기 : 밝고 명랑하게 인사, 소속 및 성명을 분명하게 밝히기

- 상대방을 확인하기
- 인사 : T.P.O(Time, Place, Occasion)에 맞게 인사하기
- 용건 경청 : 5W1H(Who, When, Where, What, Why, How) 요령
- 용건 메모 : 메모 확인
- 자신을 밝힌다.
- 끝인사 : 전화주셔서 감사합니다.
- 정중히 끊는다 : 상대방이 끊은 다음에 끊는다.

• 전화응대 매너

① 용건만 가만히 말하며 잘 듣고 상대방의 말을 도중에 끊지 않는다.
② 사적인 전화를 삼간다.
③ 통화 중 부득이 다른 말을 할 경우에는 수화기를 막고 말한다.
④ 통화연결 시 상대방을 오래 기다리게 하지 않는다.
⑤ 전화기 주변은 항상 정리정돈한다.
⑥ 메모하고 확인하면서 듣는다.
⑦ 전문용어 및 업계용어는 함부로 사용하지 않는다.
⑧ '요조체'보다는 '다까체'를 주로 사용한다.

전화응대 시 메모

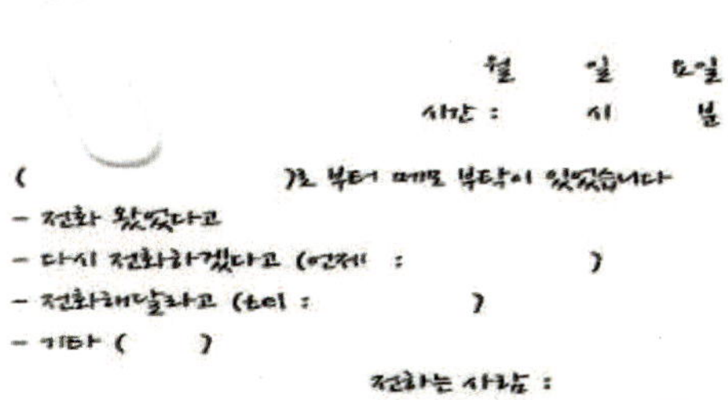
월 일 요일
시간 : 시 분
( )로 부터 메모 부탁이 있었습니다
- 전화 왔었다고
- 다시 전화하겠다고 (언제 :)
- 전화해달라고 (tel :)
- 기타 ( )
전화한 사람 :

CHAPTER 14

고객클레임 예방법

14.1 클레임 예방법

(1) 상품이 상이한 경우

고객이 구매한 상품과는 다른, 상품을 보세함으로써 클레임 발생 및 비용 발생

- 티켓팅 완료 후 고객과 눈을 맞추며 상품을 재확인(색상, 사이즈, 디자인 등)한다.
- 상품 보세 시 명세표의 내역과 일치하는지 꼼꼼히 확인한 후 패킹작업을 한다.
- 상품 안에 가격표가 잘못 들어가 있는 경우도 있으므로 Tag과 상품이 일치하는지 반드시 확인(가방, 지갑, 옷 등)한다.

(2) 수량이 부족한 경우

고객이 구매한 상품수량보다 부족하게 보세하여 클레임 발생 및 비용 발생

- 발생유형 : 인터넷에서 판매된 상품을 매장에서 패킹하여 보세할 경우, 동일상품을 2개 이상 구매한 경우 1개로 잘못 인식하여 보세할 경우
- 예방법 : 인터넷 판매상품의 명세표 발행 시 수량을 눈에 띄는 색으로 체크하거나 2개 이상 판매된 상품은 에어캡 등으로 포장한 후 그 위에 매직으로 수량을 기재한다.

(3) 고객정보가 오류인 경우

- 발생유형 : 출국날짜 오류/출국청사 오류/여권번호 오류/성별 오류/고객명 스펠링 오류
- 예방법 : 고객과 눈을 맞추며 정확한 출국일정을 재확인한다. E-TICKET의 출국일정과 입국일정을 정확하게 확인/티켓팅 종료 후 고객의 교환권에 체크하며 마지막으로 확인한다. 인천이 아닌 출국청사는 편명이 정확한지를 확인 및 입력한다.

KOREAN AIR 50 e-티켓 확인증 e-Ticket Itinerary & Receipt

1609 / 21NOV2019

승객성명 Passenger Name	항공권번호 Ticket Number	예약번호 Booking Reference
LEE/EUNJOO MS (KE11322708****)	1802329838120	47531092 (NDZDOU)

여정 Itinerary

출발 From	도착 To	편명 Flight
GMP 서울/김포(Gimpo) 27NOV2019(수) 08:50 (Local Time) Terminal No : I (Sky City International Terminal)	KIX 오사카(Kansai) 27NOV2019(수) 10:35 (Local Time) Terminal No : 1	KE 737 Operated by KE KOREAN AIR
예약등급 Class : T (일반석) 운임 Fare Basis : TLE3ZSJI 기종 Aircraft Type : Boeing 777-200ER	예약상태 Status : OK (확약) 수하물 Baggage : 1 Piece 비행시간 Flight Duration : 01H 45M	좌석번호 Seat number : 항공권 유효기간 Validity : -27DEC2019 SKYPASS 마일리지 SKYPASS Miles : 368

출발 From	도착 To	편명 Flight
KIX 오사카(Kansai) 01DEC2019(일) 11:45 (Local Time) Terminal No : 1	GMP 서울/김포(Gimpo) 01DEC2019(일) 13:40 (Local Time) Terminal No : I (Sky City International Terminal)	KE 738 Operated by KE KOREAN AIR
예약등급 Class : Q (일반석) 운임 Fare Basis : QLE0ZSJI 기종 Aircraft Type : Boeing 777-200ER	예약상태 Status : OK (확약) 수하물 Baggage : 1 Piece 비행시간 Flight Duration : 01H 55M	좌석번호 Seat number : 50D 항공권 유효기간 Validity : -27DEC2019 SKYPASS 마일리지 SKYPASS Miles : 368

- 스케줄, 기종 및 좌석등급(서비스클래스)는 부득이한 사유로 사전 예고없이 변경될 수 있습니다. 또한 항공기 교체등의 부득이한 사유로 선택하신 좌석이 변경될 수 있으니 탑승수속 시 기종 및 좌석번호를 재확인해 주시기 바랍니다.
- 할인 또는 무임 항공권의 경우 예약 등급에 따라 마일리지 적립률이 상이하거나 마일리지가 제공되지 않습니다.

14.2 불친절로 인한 클레임의 발생원인

(1) 표정

- 직원의 뚱한 표정은 고객에게 도움을 주고 싶지 않은 듯한 태도로 보인다.
- 고객을 방치하고 응대하지 않으려는 듯한 인상을 준다.

(2) 말투

- 고객을 가르치려는 말투는 삼간다.
- 고객의 마음을 이해하고 공감하기보다는 이해시키고 설명하려는 태도도 삼간다.

(3) 불친절 클레임 발생 예방법

- 원칙만 내세우지 말고 최대한 도와드릴 수 있는 방법을 찾으려고 노력한다.
- 판매뿐만 아니라 취소나 A/S 접수 고객에게도 친절히 응대한다.
- A/S 등 고객과의 약속은 반드시 지킨다.
- 말의 내용이 중요한 것이 아니라 말할 때의 표정과 태도가 고객의 기분을 좌우한다.
- 미숙한 업무로 인해 고객이 불편하지 않도록 업무지식을 정확히 숙지한다.
- 거절 또는 부정적 답변을 해야 할 경우에는 쿠션언어를 적절히 사용한다.

(4) 고객을 화나게 하는 말

- 구매하신 지점에서 알아보시겠어요?
- 안 됩니다. 할 수 없습니다. 품절입니다.
- 그건 잘 모릅니다, 모르겠는데요.
- 고객님! 그게 아니구요.
- 저희 담당 소관이 아니어서요.
- 그건 곤란하거든요.
- 그건 제가 한 게 아닌데요?
- 이런 경우는 고객님이 처음이세요.

CHAPTER 15

알아두면 편리한 카테고리별 상품지식

15.1 패션 및 가죽소재

(1) 공통사항

- 면세품의 특징(교환, 환불절차) 및 상품의 사후관리와 관련된 사항이 주류를 이룬다.
- 상품의 상태를 재확인한다.(색상, 사이즈, 스크래치 여부)
- 취급 시 주의사항 및 A/S 방법, 보증기간 등에 대한 설명을 충분히 전달한다.
- 입국 시 세관신고 또는 세금납부 등 세관관련 사항을 설명한다.
- 교환 및 환불에 대한 절차를 설명한다.
- 면세점에서 제공하는 쇼핑 혜택을 설명한다.(VIP카드 할인, 제휴카드 할인, 일부 신용카드 포인트 사용 안내, 선불카드 증정 등 사은품 증정에 관한 안내)

(2) BAG

1) BAG의 응대 포인트

- 상품의 제조과정을 설명한다.(가죽의 종류와 공정 방법에 따라 제품의 품질, 가격차이 발생)
- 제품 라인의 탄생배경(HISTORY : 연도, 계기, 소재, 디자인, 이름 등)을 설명한다.
- 최신 트렌드 관련 사항 및 연예인 협찬, 모델 착용 사례 등을 설명한다.
- 방탄 나일론 소재의 가방은 마모, 오염, 이염이 없고 일반용 칼에도 흠집이 나지 않는 특징을 부각시켜 설명한다.
- 캐주얼, 비즈니스, 여행용 등 고객의 용도를 파악하고 그에 맞는 상품을 추천한다.
- 제품의 활용도 및 다양한 연출 방법을 설명한다.

2) BAG의 주의사항

- 천연가죽(소, 송아지, 양)과 합성가죽(PVC)의 차이를 설명한다.
- 이염 및 오염의 가능성(PVC 소재도 이염의 가능성이 있음을 설명), 스크래치 주의도 당부한다.
- 나일론 소재는 세탁을 금지한다.(방수기능이 저하되기 때문)

(3) SLG[2)]

1) SLG의 응대 포인트

- 지갑의 경우 고객이 원하는 종류 및 용도를 먼저 파악한다. (장지갑, 반지갑, 동전지갑 등)
- 디자인의 실용성을 설명한다. (지퍼스타일, 단추스타일의 장단점 설명 및 시연)
- 소재에 따른 가격의 차이 및 디자인에 따른 수납공간의 차이를 설명한다.
- 다양한 디자인의 출시배경을 설명한다.(레스포색의 경우 매월 신상품 출시)
- 면세점만의 한정 디자인 혹은 컬래버레이션 제품을 부각시켜 설명한다.
- BAG에 비해 저렴한 가격을 어필하여 선물용으로 추천하거나 연계판매한다.

2) SLG의 주의사항

- 상품의 종류가 다양하기 때문에 고객이 구매결정을 망설이는 경우가 많아 직원의 적절한 설명이 구매에 영향을 준다.(상품에 대한 정확한 정보제공과 센스 있는 권유가 필요)
- 가방에 비해 사용빈도가 높기 때문에 마모율이 높다.
- 사이즈가 작아도 가죽제품이기 때문에 가죽취급 시 주의사항을 설명할 필요가 있다.

---

2) SLG는 Small Leather Goods의 약자로 지갑을 의미한다.

(4) 캐리어(CARRIER)

1) 캐리어의 응대 포인트

- 여행용, 비즈니스용 등 용도파악을 먼저 실시하여 적절한 사이즈 및 브랜드를 추천한다.
- 무게, 실용성에 집중하여 설명한다.(캐리어 선택에 있어서 가장 큰 특징은 무게와 사이즈)
- 바퀴의 종류 및 개수 설명한다.(바퀴 2개는 내구성이 강하고 4개는 이동이 편리하다. 8개의 바퀴상품도 있음)
- 하드케이스와 소프트케이스의 장점과 단점을 설명한다.
- 수화물의 양에 따라 캐리어의 용량 확대 가능여부를 설명한다.(지퍼가 달려 있어 제품의 사이즈 확장가능)
- 다양한 수납방법에 대한 활용도를 설명한다.

2) 캐리어의 주의사항

- 기내사이즈와 수하물처리 사이즈의 구분을 설명한다.
- 수화물 처리 시 절차 및 추가비용에 대한 설명(항공사별로 다름)도 곁들인다.
- 하드케이스는 깨지는 단점이 있고 소프트케이스는 세탁의 어려움이 있음을 설명한다.(캐리어 커버 이용 권장 및 연계판매)
- 바퀴는 소모성이기 때문에 향후 A/S가 필요함을 설명한다.

(5) TIE와 SCARF

1) TIE와 SCARF의 응대 포인트

- TIE는 디자인의 영향을 가장 크게 받기 때문에 패턴과 컬러에 중점을 두고 설명한다.

- SCARF는 소재와 디자인, 활용도 모두 중요하기 때문에 자세한 설명이 필요하다.
- 본인이 사용한 경우 현장에서 바로 시연 후 어울리는 색상과 디자인을 추천한다.
- 선물인 경우 연령대와 피부톤, 직업 등을 고려하여 상품을 추천한다.
- 실크, 울, 캐시미어 등 다양한 소재를 계절에 맞게 설명하고 추천한다.
- SCARF의 다양한 연출방법 안내 및 시연한다.

2) TIE와 SCARF의 주의사항

- 고객의 특징에 어울리는 디자인을 추천해주는 직원의 센스가 필요하다.
- 피부톤이 어두운 고객에게는 밝은 원색이나 파스텔 계열 색상의 추천을 금지한다.
- 나이가 많거나 체형이 큰 고객에게는 슬림한 디자인의 TIE 추천을 금지한다.
- 공무원 등 점잖은 직종의 고객에게 화려한 디자인과 컬러의 상품 추천을 자제한다.

(6) SHOES

1) SHOES의 응대 포인트

- 천연가죽을 이용하여 제작했기 때문에 오래 착용할수록 발에 맞게 변형되어 편안함을 강조한다.
- 착화감이 좋기 때문에 시착할 것을 권유한다.

- 디자인의 일관성(크게 변하지 않음)을 강조하여 오랜 세월 사랑받는 아이템임을 설명한다.
- 정장구두의 화려하지 않으면서도 세련됨을 설명한다.
- 캐주얼 신발(스니커즈)의 다양한 연출 방법을 설명한다.(캐주얼 차림에 적합하면서도 정장차림에도 착용 가능)
- 세련미와 편안함을 동시에 만족시키기 때문에 재구매율이 높음을 강조한다.

2) SHOES의 주의사항

- SHOES 관리방법의 중요성을 설명한다.
- 가죽으로 된 SHOES는 눈 또는 비 오는 날에 착용을 금지한다.
- 해변가 등 물기 많은 곳에서의 착용은 자제한다.
- 습기 많은 곳, 직사광선이 있는 곳에서의 제품보관을 금지한다.
- 구두나 DRIVING SHOES 제품의 바닥 마모 시 A/S 불가함을 설명한다.

15.2 보석/시계

(1) 보석

1) 보석의 응대 포인트

- 주얼리인 만큼 기능성보다는 아름다움을 강조하는 관점에서 제품을 설명한다.
- 보석의 종류, 특징 및 가치를 부각시켜 설명한다.
- 베스트 상품 및 스타 마케팅을 연계하여 상품을 소개한다.
- 한정품인 경우 제품의 히스토리 및 희소성을 강조한다.

- 착용감 또는 피부색상과 어울리는 제품을 추천한다.

2) 보석의 주의사항

- 보관 및 주의사항을 안내한다.(보석의 종류에 따라 구분하여 안내)
- 세팅 및 정기점검(신체접촉이 많아 쉽게 헐거워질 수 있으므로 주기적으로 점검받을 수 있도록 안내)을 설명한다.
- 가능한 한 화장을 끝낸 후 보석 착용은 피한다.(화장품, 향수, 땀에 취약함)
- A/S 관련 사항을 상세히 안내한다.(보증서 보관의 중요성 강조, A/S의 유 · 무상기간, 접수처, 접수방법 등)

(2) 시계

1) 시계의 응대 포인트

- 시계의 종류 및 차이점을 상세히 설명한다.(수동, 자동, 전자시계의 특징)
- 시계의 특수기능 및 사용법을 설명한다.
- 소재를 설명한다.(스틸, 가죽 밴드, 골드 등)
- 할인 및 증정 혜택을 설명한다.(로컬가 및 현지가 비교)
- 착용을 권유한다.(디자인, 착용감, 무게감 등 직접 느낄 수 있도록 유도)

2) 시계의 주의사항

- 시계 착용 시 주의사항을 설명한다.(진동과 충격, 자기장, 방수관련 사항 등)
- A/S 관련 사항을 정확하게 고지한다.(각 브랜드별로 공식 A/S센터, 접수처, 접수방법, 기간 등)
- 클레임 예방차원에서 A/S 접수 시 상품상태를 상세하게 기재한다.
- 면세품 반입한도 및 보증서 보관의 중요성을 필히 안내한다.

15.3 화장품/향수

(1) 공통사항

- 본인 사용인지 아니면 선물용인지 사용목적을 확인한다.
- 액체류 제품의 특성상 휴대반입 규정을 설명한다.
- 교환 및 환불 절차를 설명한다.
- 상품의 사용 방법(순서)을 상세히 설명 : 각종 이벤트, 부가혜택을 설명한다.(VIP카드, 제휴카드 할인, 일부 신용카드 포인트 사용안내, 구매 금액별 선불카드 증정, 브랜드별 사은품(GWP) 증정 안내)

(2) SKIN CARE(기초)

1) SKIN CARE의 응대 포인트

- 브랜드의 원산지 등 히스토리를 설명한다.
- 제품의 성분, 사용방법, 사용 순서, 상품 용량, 제품의 효능 등을 설명한다.
- 테스트를 통해 직접 느낄 수 있는 기회를 제공한다.

- 선호하는 질감의 화장품을 추천한다.
- 피부 타입에 맞는 제품을 적절히 제공한다.

2) SKIN CARE의 주의사항

- 사용 후에는 교환 또는 반품 불가함을 설명한다.
- 피부 트러블 발생 시 제품 사용을 중지한다.
- 무조건 고가 상품만 추천해서는 안 된다.

(3) MAKE-UP(색조)

1) MAKE-UP의 응대 포인트

- 최근 유행하는 컬러, 트렌드를 설명한다.(예 : 천송이 립스틱, 김연아 립밤 등)
- 테스터를 통해 원하는 컬러의 상품을 선택할 수 있는 기회를 제공한다.
- 고객의 니즈를 파악한 후 상품을 안내한다.

- 메이크업을 마친 후 상품의 긍정적인 효과를 설명한다.

2) MAKE-UP의 주의사항

- 피부톤과 맞지 않는 상품의 권유를 삼간다.
- 아이브로우의 경우 머리 컬러와 맞춰야 된다.
- 테스트 시 청결한 손 상태를 유지한다.
- 너무 다양한 컬러 권유로 선택을 어렵게 하면 안 된다. 2~3개의 컬러가 가장 적절하다.

(4) 향수

1) 향수의 응대 포인트

- 향수의 유래, 명칭, 이미지 등을 설명한다.
- 사용자가 누구인지를 먼저 파악한다.
- 여러 가지의 시향(연한 향 → 진한 향 순서)을 통해 향의 특징을 설명한다.
- 선물용으로는 신제품과 한정판을 주로 소개한다.
- 향수에 맞는 헤어미스트, 보디제품을 연계하여 설명한다.
- 계절에 맞는 향을 추천한다.(여름에는 아쿠아, 상큼한 향의 계열이 좋고 겨울에는 부드럽고 우디 계열의 향이 좋음)

2) 향수의 주의사항

- 다른 나라를 경유할 시 용량 제한이 있음을 확실하게 설명한다.
- 같은 향수라도 개개인의 체향에 따라 다를 수 있음을 설명한다.
- 직사광선, 열에 약하므로 특히 차에 두면 안 된다.

15.4 주류

(1) 블렌드 위스키(BLENDED WHISKY)

1) 블렌드 위스키의 응대 포인트

- 블렌드 위스키의 부드러운 맛과 향의 특징을 설명한다.
- 년/산(12년, 18년, 21년, 30년 등)의 가치와 년/산이 높을수록 맛과 향이 진함과

희귀성을 강조한다.

- 시중가 대비 가격을 비교하여 설명한다.

2) 블렌드 위스키의 주의사항

- 여행 중 파손에 주의할 것을 설명한다.
- 오픈 후 가급적 빠른 시일 내에 시음할 것을 권장한다.

(2) 몰트 위스키(MALT WHISKY)

1) 몰트 위스키의 응대 포인트

- 순수 원액으로 깊고 풍부한 향과 깔끔한 맛을 강조한다.
- 오크(oak)통에 최소 3년 이상 숙성시킨 순수 원액의 가치를 설명한다.
- 현재 젊은 층에 트렌디한 위스키로 유행하고 있음을 강조한다.

2) 몰트 위스키의 주의사항

- 오픈 시 주의사항을 설명한다. 특히 병마개 호일 부분 개봉 시 날카로운 부분에 주의할 것을 설명한다.
- 오픈 후 빠른 시일 안에 시음할 것을 권장한다.

(3) 코냑(COGNAC)

1) 코냑의 응대 포인트

- 부드러운 맛으로 여성고객들도 부담이 없기 때문에 특히 커플, 신혼 여행객에게 적극 추천한다.
- 용기의 화려함과 고급 용기의 소재로 선물용인지 장식용인지 직접 시음할 건지를 고객에게 물어본 후, 고객에게 알맞은 제품을 권유한다.
- 상품에 따라 시중가 대비 3배 이상의 가격차가 있음을 설명한다.

2) 코냑의 주의사항

- 와인과 달리 코냑은 40도가 넘는 알코올로, 눕혀서 보관 시 코르크 마개가 부식될 수 있으므로 반드시 세워서 보관할 것을 설명한다.
- 주류의 향수로 불리는 만큼 시음할 때 향으로 시음할 것을 권유한다.

(4) 와인(WINE)

1) 와인의 응대 포인트

- 고객선호도를 파악한 후 추천한다.(고객이 선호하는 원산지, 고객이 선호하는 맛 등)
- 면세판매 와인의 추천과 다양한 빈티지를 강조 · 설명한다.
- 시중가 대비 가격을 비교하여 설명한다.
- 신혼여행객에게 적극 판매한다.

2) 와인의 주의사항

- 눕혀서 보관 시 코르크의 팽창으로 신선하게 오래 보관할 수 있는 제품의 특성을 설명한다.
- 와인 보관 시 라벨이 위로 향하도록 눕혀서 보관해야 한다. 즉 떫은맛이 있는 앙금이 밑으로 가라앉은 상태에서 시음할 것을 권장한다.
- 레드 와인은 그늘진 곳에 보관하고 화이트 와인과 아이스 와인은 차갑게 시음할 것을 설명한다.

15.5 전자제품

(1) 전기밥솥의 응대 포인트

- 손님의 성향과 경제력을 먼저 파악한 후 구매력 있는 고객에게는 고가의 제품을 추천한다.

- 일반고객의 경우 저렴한 상품을 구매하더라도 실속 있고 현명한 소비임을 강조한다.
- 전기밥솥은 한번 사면 10년을 쓰는 전자제품이므로 구매 시 가장 좋은 기능의 제품을 살 수 있도록 추천한다.
- 특히 중국 고객은 생산지와 중국에서의 A/S 가능여부를 중요하게 생각한다.

(2) 녹즙기의 응대 포인트

- 타사와의 차이점을 강조한다.
- 즙과 찌꺼기가 분리되어 탈색과 영양소 파괴를 막아준다는 점을 강조한다.
- 생산지가 한국임을 강조하고 중국에서 판매되는 많은 제품이 중국에서 생산된 제품임을 설명한다.

(3) 면도기의 응대 포인트

- 가격이 낮은 면도기는 중국 생산제품, 가격이 높은 면도기는 네덜란드 생산제품임을 설명한다.
- 면도날이 3D여서 피부에 밀착되어 더욱 부드럽고 편하게 사용할 수 있음을 설명한다.
- 고객이 물어보기 전에 중국 생산제품임을 먼저 설명할 필요는 없으며 방수 기능과 면도날을 교체하지 않아도 된다고 설명하며 가격이 저렴한 제품도 충분히 좋은 제품임을 설명한다.

15.6 액세서리

(1) 제이 에스티나(J.ESTINA)의 응대 포인트

- 14K제품임을 설명하고 샤워 시 착용하지 말 것을 권유한다.
- 진주라인 상품에 대해 진품여부를 묻는 문의가 많다.

(2) 스와로브스키(SWAROVSKI)의 응대 포인트

- 컬러감이 강한 레드, 블루, 퍼플 계열의 통크리스탈의 목걸이를 선호한다.
- 아이템 중 목걸이의 판매가 가장 높다.
- 선택한 목걸이와 함께 귀걸이나 반지 등을 세트로 추천 시 쉽게 구매하는 경향이 있다.
- 다양한 애니메이션 캐릭터의 목걸이나 장식품을 선호한다.
- 스와로브스키라고 한눈에 알 수 있는 상품을 선호한다.
- 백조관련 목걸이, 귀걸이, 팔찌 등은 베스트세일즈 상품이다.

(3) 판도라(PANDORA)의 응대 포인트

- 디스플레이된 상품세트를 구매하는 경향이 있다. 화려하고 고급스러운 스타일을 선호한다.(초록, 핑크, 보라, 빨강계열을 선호)
- 중국관련 스타일은 싫어하는 경향이 있다.
- 가이드가 착용한 것을 보고 구매하려는 경향이 있다.
- 단체 중 한 명이 구매하면 모두가 따라서 구매하는 경향이 있다.
- 소재(가죽, 실버)별 일괄 구매를 유도한다.

CHAPTER 16

알아두면 실용적인 브랜드별 상품지식

16.1 티에리 에르메스(Thierry Hermes)

170여 년 전 귀족들을 위한 마구용품 브랜드로 시작한 에르메스는 오늘날 가장 고집 세고 가장 완성도가 높으며 가장 비싼 브랜드로 손꼽힌다. 의류, 구두, 시계 및 향수, 테이블 웨어 등 총 14개의 라인을 선보이고 있으며 그중 가방과 스카프가 대표적이다. 특히 수년을 기다려야 살 수 있다는 에르메스 가방은 만들어지는 과정부터 다른 브랜드들은 감히 따라갈 엄두도 내지 못할 만큼 엄격한 과정을 거치는 것으로 유명하다.

16.2 루이 비통(Louis Vuitton)

세계 최초로 사각형 여행 트렁크를 만들어낸 루이 비통은 그 후 150년간 눈부신 성장을 이루어 오늘날 세계 최고의 명품 브랜드로 자리매김하였다. 의류, 액세서리, 시계 등 다양한 라인 중에서도 대표적인 것은 가방이며 국

내에서도 3초마다 한 번씩 볼 수 있다고 해서 '3초 백'이라는 별명이 붙을 만큼 대중적인 인기를 누리고 있다. 현재는 LVMH라는 거대 그룹으로 재탄생된 루이 비통은 패션 업계 최대의 명품브랜드로 명맥을 이어오고 있다.

16.3 토마스 버버리(Thomas Burberry)

'영국이 낳은 것은 의회 민주주의와 스카치 위스키, 그리고 버버리 코트'라는 말이 있을 정도로 클래식한 영국 스타일의 상징인 버버리이지만 시작은 혁신적이었다. 세계 최초로 방수 원단인 '개버딘'을 발명했으며 세계대전 당시 장교들을 위한 옷을 만드는 것에서 출발한 트렌치 코트는 한때 전 세계 유명인들의 사랑을 한 몸에 받았다. 버버리는 오늘날 버버리 프로섬 라인을 필두로 의류, 가방, 소품 등 한층 더 젊어지고 감각적인 스타일을 선보이고 있다.

16.4 구찌오 구찌(Guccio Gucci)

구찌는 마구사업에서 출발해서 가방과 구두 등 클래식한 가죽 제품 라인을 중심으로 수많은 시그니처 아이템을 탄생시켰다. 오드리 햅번, 그레이스 캘리, 재키 케네디 등 세기의 패션 셀러브리티들이 사랑한 브

랜드인 구찌는 현재 우수한 품질과 전통을 이어오면서도 트렌드의 변화에 민감한 브랜드로 자리매김하였다.

16.5 살바토레 페라가모(Salvatore Ferragamo)

영화 〈7년 만의 외출〉에서 마릴린 먼로의 펄럭이는 스커트 아래 아름다운 다리를 빛내주던 샌들이 바로 세계 명품구두의 대명사인 페라가모이다. 오드리 햅번, 비비안 리, 그레타 가르보, 소피아 로렌 등 수많은 스타들이 모두 페라가모의 열성적인 팬이었다. 페라가모는 현재까지도 가족경영 체제를 고수하고 있는 몇 안 되는 명품 브랜드로 장인들의 손으로 고객 한 사람 한 사람을 위한 구두를 만들고 있다.

16.6 가브리엘 샤넬(Gabriella Chanel)

샤넬은 고급 브랜드의 상징, 여성들의 로망이다. 창립자 가브리엘 샤넬은 역사상 가장 유명한 패션 디자이너라고 할 수 있다. 패션의 역사는 샤넬을 전후로 한다는 말이 있을 만큼 패션사와 현대 여성사에서 그녀가 이루어낸 업적과 가치는 실로 위대하다. 영원한 스테디셀러 트위드 슈트에서부터 퀼링 백, 샤넬 NO.5 향수에 이르기까지 대중들의 인기를 독차지하고 있다.

16.7 크리스찬 디올(Christian Dior)

자신의 이름을 건 브랜드를 창립한 이후 갑작스러운 죽음을 맞이하기까지 크리스찬 디올이 디올을 직접 이끌어나간 기간은 겨우 10년에 불과하다. 그렇지만 그 기간 동안 그는 프랑스 패션계의 유행을 주도했으며 혁명적인 디자인 '뉴룩'을 비롯하여 의복의 역사에 길이 남을 주옥같은 작품들을 탄생시켰다. 현재 LVMH그룹에 속해 있는 크리스찬 디올은 의류를 비롯하여 화장품, 향수, 액세서리 등 다양한 라인을 선보이고 있으며 남성복 라인인 디올 옴므는 남성들 사이에서도 각광을 받고 있다.

16.8 미우치아 프라다(Miuccia Prada)

단순하고 평범하며 실용적인 디자인의 매력을 최대한으로 이끌어낸 디자이너가 바로 미우치아 프라다이다. 일명 '프라다 천'으로 불리는 나일론 소재로 된 가방으로 패션계를 강타한 프라다는 세련되면서도 시크하고 지적이면서도 편안한 우아함으로 여성들에게 큰 사랑을 받고 있다. 또한 10~20대를 겨냥한 세컨드 브랜드인 미우미우(MiuMiu)는 젊은 층의 마음을 사로잡고 있다.

16.9 이브 생 로랑(Yves Saint Laurent)

여성에게 스커트 대신 바지정장을 입혀 혁명을 일으킨 이가 바로 이브 생 로랑이다. 클래식 엘레강스에 기초를 둔 그의 의상은 패션을 넘어 하나의 예술작품으로 평가된다. 곱슬머리에 검정 뿔테 안경이 트레이드 마크였던 이브 생 로랑은 프랑스 패션계에 신화적인 존재로 손꼽힌다. 이브 생 로랑은 남녀 기성복 및 액세서리, 화장품과 향수 라인을 선보이고 있다.

16.10 조르지오 아르마니(Giorgio Armani)

조르지오 아르마니는 완벽미를 추구하는 아르마니 패션 왕국의 제왕으로 불린다. 1980년대 패션계는 조르지오 아르마니가 제패했다고 해도 과언이 아니다. 군더더기 없는 쾌적함과 튀지 않는 세련미를 내건 아르마니의 고급스러운 슈트는 영화배우 리처드 기어가 입으면서 전 세계적으로 지지를 얻게 되었다. 아카데미, 골든 글로브 시상식 등 레드카펫에서 아르마니 드레스를 입은 스타들을 만날 수 있다.

16.11 자니 베르사체(Gianni Versace)

머리카락이 뱀으로 된 메두사를 시그니처로 삼은 자니 베르사체는 눈에 띄는 로고답게 강렬하고 섹시하며 글래머러스한 스타일로 대표되는 이탈리아의 대표 디자이너이다. 1997년 자니 베르사체의 비극적인 죽음 이후 브랜드 자니 베르사체는 그의 여동생이자 뮤즈였던 도나텔라 베르사체가 디자인을 맡고 있으며 자니 베르사체가 보여줬던 특유의 화려하고 파워풀한 섹시코드에 현대적인 트렌드를 가미한 컬렉션을 선보이고 있다.

16.12 위베르 드 지방시(Hubert de Givenchy)

만인의 연인 오드리 햅번이 〈티파니에서 아침을〉에서 입었던 것으로 잘 알려진 검은색 드레스는 고급스럽고 심플한 디자인과 실루엣을 특징으로 하는 지방시의 작품이다. 현재 프랑스 패션 지방시는 과거 엄격하고 깔끔한 스타일에서 좀 더 관능적인 고딕 스타일로 재탄생되었으며 셀러브리티들이 사랑하는 브랜드로 손꼽힌다.

16.13 폴 스미스(Paul Smith)

전 세계 패션계에 '위트'를 유행시킨 디자이너 폴 스미스는 딱딱하고 단조로운 남성정장의 고정관념을 뒤엎고 옷의 단추에서부터 넥타이, 재킷의 안감 등 모든 요소에 보는 이로 하여금 미소 짓게 만드는 유머감각을 가미했다. 특히 폴 스미스의 시그니처가 된 줄무늬 패턴은 이제 의류를 뛰어넘어 인테리어 소품과 자동차, 생수병에 이르기까지 확산되었다. 단정하면서도 입는 이의 개성을 살려주는 그만의 위트와 독특함은 전 세계 소비자들에게 주목받고 있다.

16.14 랄프 로렌(Ralph Lauren)

디자인 교육을 전혀 받은 적이 없는 랄프 로렌은 세일즈맨으로 시작하여 대중의 판타지를 이용한 천재적인 마케팅 기법으로 미국적인 라이프 스타일을 전 세계로 확산시켰다. 현재 랄프 로렌 브랜드는 엄청난 라이선스와 브랜드를 보유하고 있으며 기성복에서부터 아동복과 향수, 액세서리에 이어 가구와 인테리어 용품을 포함한 홈 컬렉션에 이르기까지 다방면에 걸쳐 선보이고 있다.

16.15 캘빈 클라인(Calvin Klein)

세계 최초로 청바지에 고가의 디자이너 진이라는 개념을 도입한 캘빈 클라인은 도발적인 광고 마케팅과 함께 엄청난 성공을 거두었고 언더웨어와 향수라인까지 세계적인 히트 제조기이다. 현재 캘빈 클라인 브랜드는 가장 상위 라인인 캘빈 클라인 컬렉션과 그보다 저가 라인인 CK 캘빈 클라인, 캘빈 클라인 진을 비롯하여 언더웨어와 향수, 시계, 선글라스 등 다양한 아이템을 선보이고 있다.

16.16 돌체 앤 가바나(Dolce&Gabbana)

돌체 앤 가바나는 브랜드명 그대로 세련된 테일러형 기술을 가진 도메니코 돌체와 완벽한 스타일링 눈썰미를 가진 스테파노 가바나가 함께 만든 브랜드이다. 모던하고 섹시한 여성복과 레오파드 무늬의 의상, 코르셋 드레스, 날렵한 라인이 살아있는 남성용 슈트 등으로 유명하다. 의류와 언더웨어, 청바지, 아동복, 향수, 액세서리, 수영복 라인과 더불어 보다 저렴한 캐주얼 라인 D&G 컬렉션을 선보이고 있다.

CHAPTER 17 알아두면 쉬운 카테고리별 상품 디스플레이

17.1 패션 잡화(Bags&Accessories)

패션 잡화는 유행에 민감한 상품이기 때문에 많은 물량을 한꺼번에 진열하기보다는 주력 상품, 베스트 상품, 세일 상품의 대표 상품을 위주로 우선 배치하고 판매 추이를 살펴보면서 매장 내에서 위치를 바꾸어가며 진열한다.

17.2 화장품(Cosmetics)

화장품은 용도별로 분류하는 것이 가장 중요하다. 먼저 용도별 분류를 한 다음 크기별로 수직 진열하여 고객의 쇼핑 동선을 최대한 줄여 고객의 빠른 선택이 이루어질 수 있도록 해야 한다.

17.3 시계(Watch)

시계는 가격, 용도, 소재 순으로 분류하여 유사한 디자인끼리 진열한다. 패션시계의 경우 유행에 민감한 상품이기 때문에 최신 상품을 중심으로 진열하고 간격을 두어 상품의 특징이 구분되도록 진열한다.

17.4 보석(Jewerly)

패션 주얼리는 작고 섬세한 상품이므로 쉽게 어필하기가 어렵다. 금속의 종류와 사용된 보석의 종류별로 분류하여 눈에 띄기 쉽게 진열한다. 보석은 메인 상품을 돋보이기 위한 소도구가 반드시 필요하며 착용 용도에 따른 상품을 진열하기 위한 기능성 소도구가 있어야 한다. 쇼케이스 내부는 상품과 소도구 이외에 다른 것은 진열하지 않는 것을 원칙으로 한다.

17.5 민예품(Souvenirs)

민예품은 상품의 종류, 크기, 패키지가 다양하며 진열을 잘 하기가 어렵다. 상품에 맞춰 집기를 최적화하기에 어려움이 따르므로 다양한 소도구를 사용하여 상품의 정리정돈을 잘하는 것이 무엇보다도 중요하다.

17.6 김(Dried Seaweeds)

김의 경우 주로 상품이 패키지로 묶여 있기 때문에 진열높이와 크기만 잘 맞추어도 좋은 진열을 할 수 있다. 상품의 맛별로 분류하고 포장방식, 크기에 따라 분류하여 선반마다 상품 진열 높이를 맞추는 것이 요령이라 할 수 있다.

17.7 홍삼(Red Ginsengs)

홍삼은 대부분 패키지 상품이므로 주력 상품과 크기를 우선으로 분류하여 진열한다. 상품의 진열 높이를 맞추고 집기가 비는 부분이 없도록 상품을 풍성하게 진열한다.

17.8 초콜릿(Chocolates)

초콜릿은 다양한 재료와 크기의 상품이 많고 선물용으로 판매 회전율이 높은 편이다. 기본적으로 많은 물량을 집기에 보유하고 있어야만 매출을 올릴 수 있지만 이중으로 겹쳐 진열하고 틈새마다 상품을 끼워 넣는 방법은 피하는 것이 좋다.

17.9 담배 및 주류(Tobaccos&Liquors)

담배는 규격 상품이므로 높이와 간격을 맞추어 진열하면 쉽게 정돈할 수 있다. 상품은 패키지 정면이 보이도록 진열한다. 주류는 브랜드, 원산지, 종류(맛), 가격, 연도별로 분류하고 주력 상품과 고가 상품을 중심으로 진열한다.

17.10 소형가전(Electrics)

소형가전은 용도별로 분류하고 최신 상품을 위주로 진열한다. 상품의 기능과 모델의 특징 구분이 쉽도록 간격을 두고 고가상품을 중심으로 배치하여 진열한다.

CHAPTER 18

세관규제

18.1 주의

- 환율게시 위반 시
- 구매한도, 면세한도, 교환 또는 환불 홍보 위반 시
- 가격표부착 위반 시
- 구매자 관리대장 기록유지 위반 시
- 재고불일치 시

18.2 경고

- 대금을 지불하는 자와 구매자가 동일해야 됨을 위반 시
- 출국하지 않는 공항 상주직원에게 상품을 판매하는 경우
- 구매한도 내의 판매 또는 출국여부 확인 위반 시
- 신규 판촉사원 등 서약서 제출위반 시

18.3 반입정지

- 3회 이상 경고 시
- 현장인도 시
- 출국여부를 고의로 위반 시

• 판매금지 품목 판매 시

18.4 특허취소

• 3회 이상의 반입정지 시
• 판매장 운영에 관련된 사항 위반 시

쉬어가기

관세법 준수를 위한 셀프 체크리스트

	항목	사항	여부	
1	본인 여부를 확인했습니까?	여권 및 항공권상의 실명과 사진을 대조하여 반드시 본인 여부를 확인한다. 불일치 시 관세법 위반으로 판매 불가하다.	□ YES	□ NO
2	여권정보를 확인했습니까?	여권번호, 국적, 타입, 여권만료일을 체크한다. 특히 여권번호 오류입력이 없도록 재차 확인한다.	□ YES	□ NO
3	출국정보를 확인했습니까?	출국일, 편명, 출국포트 등 출국정보를 체크한다.	□ YES	□ NO
4	면세한도 및 구매한도를 고지했습니까?	내외국인별 면세한도와 구매한도를 안내했는지 다시 한번 확인한다.	□ YES	□ NO
5	고객정보를 재확인했습니까?	여권번호, 생년월일, 국적, 출국일, 편명 등 판매 시 입력한 정보를 반드시 재확인하여 고객정보의 오류입력을 방지하도록 한다.	□ YES	□ NO

알아두기

★ 보세판매장 운영에 관한 고시(2021년 기준)

제5조(구매자 및 구매총액)

① 출국장면세점과 시내면세점에서는 출국인 및 외국으로 출국하는 통과여객기(선)에 의한 임시체류인에 한해 물품을 판매할 수 있다.

② 입국장면세점에서는 입국인에게 물품을 판매할 수 있다.

③ 운영인은 출국하는 내국인에게 규칙 제69조의 3에 따라 미화 5,000달러 이하의 구매한도 범위 내에서 물품을 판매할 수 있다.

④ 운영인은 입국인에게 규칙 제69조의 4 제1항에 따라 미화 600달러 이하의 구매한도 범위 내에서 물품을 판매할 수 있다.

⑤ 운영인은 구매자의 출입국 여부 및 구매총액을 확인하여야 한다.

⑥ 시내면세점 운영인은 구매자가 신용카드로 결제하는 경우 「여신전문금융업법」 제15조에 따라 본인 명의인지를 확인하여야 한다.

제12조(판매물품의 보세운송)

① 시내면세점에서 판매한 물품(제11조에 따른 전자상거래방법에 의한 판매물품 포함)에 대해서는 현품을 판매장에서 인도하지 아니하고 구매자가 서명한 교환권을 발행 · 교부하고, 인도장으로 운송한 후 해당 인도장에서 인도하여야 한다. 다만 전자서명에 의한 전사식 교환권을 발행한 경우에는 교환권번호를 통보한 후 인도할 때 여권 등으로 구매자 본인 여부를 확인할 수 있다.

② 운영인은 출국하는 외국인이 시내면세점에서 구매한 내국물품(제11조에 따른 전자상거래방법에 의해 구매한 내국물품은 제외)을 해당 보세판매장에서 인도받기를 원하는 경우에는 반드시 구매자의 여권과 탑승권 · 전자티켓 등 예약내용을 확인할 수 있는 자료와 현장인도 제한여부를 확인한 후 인도하여야 하며 운영인은 판매 · 인도 즉시 재고관리시스템을 통해 내국물품 현장인도 내역을 관할 세관장에게 신고해야만 한다.

제19조(반품, 분실물 등의 처리)

① 운영인이 구매자로부터 국제우편 또는 항공 · 해상화물로 판매물품의 교환 · 환불요청을 받은 때에는 국제우편 또는 항공 · 해상화물로 교환·환불하여 줄 수 있으며 구매자가 구입물품을 직접 휴대 입국하여 교환·환불을 요청한 경우에는 입국 시에 세관에 휴대품 신고 및 유치한 후 출국장면세점에서 교환·환불하거나 시내면세점으로 보세운송 후 시내면세점에서 교환·환불을 할 수 있다. 다만 교환된 물품은 제12조 제3항을 적용하는 경우를 제외하고는 제12조 제1항 및 제4항에 따라 구매자가 출국할 때 인도장에서 인도되어야 한다.

② 구매자가 구매한 물품을 법 제96조 제2항에 따라 자진신고한 경우에는 해당 물품을 국내에 반입하여 교환 또는 환불을 할 수 있다.

알아두기

★ 관세법 정보 관련 Q&A

Q: 출국자와 구매자가 동일인이어야만 하나요?

A: 반드시 여권을 소지한 후 면세점에 방문하여 출국자 본인이 직접 구매해야만 합니다.

Q: 면세품 구매한도액과 반입 면세액은 얼마인가요?

A: 해외로 출국하는 내국인이 구입할 수 있는 총한도액은 미화 5,000불까지이며 외국인은 총한도액이 별도로 없습니다. 그러나 해외에서 들어오는 입국자가 반입하는 물품에 대해 면제되는 한도액은 내·외국인 모두 공통으로 미화 600불까지입니다.

Q: 외국인인 경우 시내면세점에서 토산품을 구매하고 물건을 현장에서 바로 받을 수 있나요?

A: 외국인 고객인 경우 토산품을 구매한 후 바로 현장인도가 가능합니다.

Q: 본인이 출국하는데 지인에게 대리구매를 부탁받았는데요. 대리구매가 가능한가요?

A: 면세품 대행구매는 관세법상 위반행위이며 위반 시 구매대행자와 구매의뢰자 모두 처벌받을 수 있습니다.

Q: 면세점에서 구매한 후 갑자기 출국 취소가 되었는데 구매한 상품을 다른 출국자가 대신 찾을 수 있나요?

A: 출국 취소된 자의 여권과 교환권을 소지해도 본인 이외에는 절대로 인도 받을 수 없습니다.

Q: 면세점에서 미화 1,200불의 상품을 구매했는데 입국자가 2명인 경우 각각 600불씩 나누면 세금을 면제 받을 수 있나요?

A: 상품의 가격을 분할해서 면제 받을 수 없습니다.

CHAPTER 19 면세점 취업하기

19.1 채용 파헤치기

(1) 채용과정

1) 직영사원

1차 : 서류전형
- 이력서, 자기소개서, 자격증(토익, JPT, HSK 성적) 기재

▼

2차 : 면접(점장, 부점장)
- 3군데의 룸에서 2명의 면접관과 지원자 3명씩 면접

▼

3차 : 면접(임원진)
- 2군데의 룸에서 임원진 3명과 면접자 3명씩 면접

▼

4차 : 자격증과 어학 점수의 성적표 제출

▼

5차 : 건강검진

▼

6차 : 연수

* 지원서접수 ⇨ 서류전형 ⇨ 면접전형(1~2차) ⇨ 건강검진 ⇨ 최종합격

2) 판촉사원

1차 : 해당 브랜드 본사에 서류 및 어학 성적표 제출, 면접

▼

2차 : 해당 브랜드 매니저 면접

▼

3차 : 면세점의 상견례, 입문교육, 점교육 실시

(2) 지원서 작성요령

사실을 바탕으로 솔직하고 진솔한 내용을 진정성 있게 작성한다.

(3) 서류전형

면세점에서 추구하는 인재상에 적합한 지원자를 선발하기 위한 기본적 자질 및 가치관을 다양한 측면에서 심사한다.

알아두기

★ 서류전형의 꿀팁

서류전형에서 중요한 것은 면세점에 지원한 지원자의 관심도이다. 즉 지원한 동기가 무엇인지가 가장 중요하다고 볼 수 있다. 또한 지원 분야에 대한 관심을 드러내는 것이 무엇보다도 중요하다. 해당 직무에 대한 차별화된 직무가 무엇인지 또는 핵심역량이 무엇인지 서류에 담아내는 것이 중요하다. 설령 많은 활동과 경험이 없다 하더라도 지원한 해당 면세점에 대한 지원자의 개인적인 생각과 견해, 그리고 입사 후 어떠한 계획이 있는지 또는 어떤 역량을 펼칠 것인지를 구체적으로 진정성이 담긴 내용을 작성하는 것이 관건이라 할 수 있다.

(4) 면접전형

면접은 자신을 표현하는 동시에 기업이 요구하는 인재임을 보여주는 과정으로 지원자의 역량 및 가치관, 발전 가능성을 종합적으로 심사한다.

알아두기

★ 면접의 형태

개별면접	1명 또는 다수의 면접관과 피면접자 1인이 n:1형태의 개별적 면접을 치르는 형태
집단면접	1명 또는 다수의 면접관과 다수의 피면접자(지원자)가 n:n 형태의 집단적 면접을 치르는 형태
영어면접	영어로만 면접을 진행하거나 영어(회화중심)를 주된 키워드로 면접을 실시하는 방식
압박면접	다양한 분야의 질문을 통해 피면접자를 압박하여 궁지에 몰렸을 때나 극도로 긴장을 했을 때 위기에 대처하는 능력(임기응변)을 보기 위한 면접으로서 대기업에서 주로 많이 실시하는 방식
집단토론면접	일정 주제를 하나 주고 거기에 대해 토론하라고 한 후 토론에 임하는 자세(질문, 답변, 이의제기)를 통해 평가하는 방식
프리젠테이션면접	일정 주제를 놓고 혼자 발표하는 과정을 통해 지원자들의 발표력, 논리력, 설득력, 창의성, 의사소통 능력 등을 종합적으로 판단하는 방식
블라인드면접	면접관에게 응시자의 이력서 등 일체의 개인 신상자료를 주지 않고 평가 결과만을 적을 최소한의 필기도구만 가지고 면접자를 평가하게끔 하는 방식

19.2 전형 파헤치기

(1) 이력서 작성요령

- 자기소개서에 중요한 경력사항이나 학력사항을 기술하고 반드시 이력서에 요약 기재한다.
- 맞춤법과 띄어쓰기 등 기본적인 사항을 재차 확인한다.
- 그림이나 여러 가지 색깔, 채팅용어, 이모티콘의 사용은 인사담당자에게 신뢰감을 줄 수 없으므로 피하는 것이 좋다.(이력서를 직접 제출할 경우 반드시 검정색 펜 사용)
- 응시부서와 연락처를 기입했는지 확인한다.
- 경력사항은 퇴사 직전의 업무내용이 명확히 드러나도록 상세히 기재한다.
- 본인의 이력서를 복사본으로 만들어 두거나 이메일에 저장하여 보관해 두고 지원 시 활용해서 사용한다.

(2) 자기소개서 작성요령

1) 상투적인 어투로 시작하는 것은 지양해야만 한다.

'나는' 또는 '저는'으로 시작되는 문장은 가급적 지양해야만 한다. 이러한 식으로 시작되는 자기소개서는 '개성이 없고 지루하다'는 느낌을 줄 수 있기 때문이다. 자신의 좌우명이나 독특한 광고 문구를 활용하는 것도 참신한 방법이라 할 수 있다.

2) 자신을 어필할 수 있는 가장 큰 특징을 작성한다.

언제 태어나고 어떻게 자랐는지 또는 어떻게 학교를 다녔고 성격은 어떠한지 등 단편적으로 늘어놓지 말고 자신을 표현할 수 있는 특징을 함축적으로 표현하는 것이 좋다. 강약과 리듬이 있는 자기소개서는 높은 점수를 얻을 확률이 높다.

3) 문장은 간결하고 서술은 긍정적으로 작성한다.

그리고, 그러나, 그렇지만, 그래서 등의 접속사나 수식어를 너무 많이 사용하는 것은 읽는 이로 하여금 이해를 오히려 어렵게 만든다. 하고자 하는 말을 뽑아서 필요한 자리에 필요한 만큼만 적당히 서술하는 것이 좋다. 또한 부정적인 인생관이나 사회관, 타인을 비방하는 듯한 내용들은 오히려 마이너스로 작용한다. 밝고 긍정적인 인생관을 중심으로 미래에 대한 자신의 소신을 피력하는 것이 중요하다.

4) 회사의 인재상과 연결해서 작성한다.

입사하고자 하는 이유를 작성할 때에는 주장하는 내용의 근거나 이유를 타당성 있게 작성한다. 회사의 인재상을 연결시키는 것도 좋은 방법이다.

5) 자신의 성격과 인성을 묘사할 때 인간적이라는 인상을 주어야만 한다.

자기소개서의 가장 큰 목적은 인사담당자들이 자신을 만나보고 싶게 만드는 것에 있다. 규모가 작은 회사일수록 보다 인간적인 지원자를 원한다는 것을 염두해 두어야만 한다.

6) 성격과 전공, 그리고 희망업무가 삼위일체 되는 것이 좋다.

자기소개서는 자신의 성격과 흥미, 전공, 희망하는 업무가 일치할 때 강력한 효과를 발휘할 수 있다. 예를 들어 과학경시대회나 수학경시대회에서 우수한 성적으로 입사했다는 소개를 한 다음 인문학부에 지원했다고 작성한다면 그다지 좋은 인상을 얻기 힘들 것이다. 그러나 전공이나 희망업무가 중도에 바뀌었다면 그 계기를 반드시 설득력 있게 작성하여 자신의 가능성을 보여주는 것이 필요하다.

7) 자기소개서는 수정에 수정을 거듭해서 작성한다.

자기소개서는 자신이 쓰고 싶은 분량을 마음대로 쓸 수 있는 것이 아니다. 최근에는 온라인 접수가 대부분이므로 한정된 분량을 작성해야만 하기 때문에 충분한 시간을 두고 여러 번 수정, 보완과정을 거쳐 제한된 분량에 맞게 작성하는 것이 중요하다. 한번 쓴 초고를 그대로 발송하는 무리를 범해서는 안 된다. 가장 기본적인 것으로 오탈자는 없는지 먼저 확인해야 된다. 여러 번 수정을 반복해서 문맥이 매끄러운지 띄어쓰기와 맞춤법도 맞는지 재차 확인한다.

알아두기

★ 2016년 상반기 ○○면세점 신입계약직 자기소개서 항목

1. ○○면세점에 지원한 동기는 무엇인가요?(800Bytes 이내)
2. 살아오면서 본인의 가치관에 큰 영향을 준 일에 대해 자세히 기술해주십시오.(800Bytes 이내)
3. 조직 내 구성원으로서 뛰어난 성과를 거둔 경험에 대해 구체적으로 작성해주십시오.(800Bytes 이내)
4. 지원 직무를 위해 노력했던 경험과 해당 직무를 수행함에 있어 본인이 가진 역량을 기술해주십시오.(800Bytes 이내)
5. ○○면세점에 입사 후 이루고 싶은 목표와 앞으로의 계획, 포부에 대해 이야기해주십시오.(800Bytes 이내)

★2018년 상반기 ○○면세점 정규직채용 자기소개서 항목

1. 성장환경 및 성격 작성하기
2. ○○그룹이 지향하는 6가지 중요한 핵심가치(열정/자율창의/지속성장/업무혁신/고객지향/상생추구 중 택1)와 부합하는 업적 또는 경험 작성하기
3. 지원 동기와 지원 직무에 적합하다고 생각하는 이유 작성하기
4. 입사 후의 포부 작성하기

★2018년 상반기 ○○코너 직원채용 자기소개서 항목

1. 입사 지원 동기 및 입사 후의 포부에 대하여 기술하여 주십시오.(700자 이내)
2. 본인이 참여한 팀 또는 조직에서 공동의 목표를 달성하기 위해 참여한 경험에 대해 기술하여 주십시오.(직장, 학교, 동아리, 동호회 등) 본 경험을 통해 느낀 점은 무엇이며 입사 후 업무에 어떻게 활용할 수 있는지에 대하여 기술하여 주십시오.(600자 이내)

III

활용편

– 면세점 실무 일본어

CHAPTER 1 상황별 고객응대 일본어

1.1 손님맞이하기

안녕하세요.

こんにちは。

어서 오세요.

いらっしゃいませ。

○○면세점입니다.

○○免税店(めんぜいてん)でございます。

면세점은 연중무휴입니다.

免税店(めんぜいてん)は年中無休(ねんじゅうむきゅう)でございます。

천천히 구경하세요.

ごゆっくりどうぞ。

자유롭게 구경하세요.

ご自由(じゆう)にご覧(らん)ください。

필요하시면 언제든지 불러주세요.

ご必要(ひつよう)ならばいつでもお呼(よ)びください。

잠시 기다려 주십시오.

少々(しょうしょう)お待(ま)ちください。

영업시간은 몇 시부터 몇 시까지입니까?

営業時間(えいぎょうじかん)は何時(なんじ)から何時(なんじ)までですか。

오전 9시부터 오후 9시까지입니다.

午前9時(ごぜんくじ)から午後9時(ごごくじ)まででございます。

새로 나온 단어

免税店(めんぜいてん) 면세점	年中無休(ねんじゅうむきゅう) 연중무휴	ごゆっくり 천천히	ご自由(じゆう)に 자유롭게
必要(ひつよう)だ 필요하다	いつでも 언제든지	呼(よ)ぶ 부르다	少々(しょうしょう) 잠깐, 잠시
待(ま)つ 기다리다	営業時間(えいぎょうじかん) 영업시간	何時(なんじ)から 몇 시부터	何時(なんじ)まで 몇 시까지

1.2 고객의 니즈 파악하기

○○○코너입니다.

○○○コーナーでございます。

고객님, 무엇을 찾으십니까?

お客様(きゃくさま)、何(なに)かお探(さが)しでしょうか。

어떤 상품을 찾으십니까?

どんな商品(しょうひん)をお探(さが)しでしょうか。

본인 건가요? 아니면 선물인가요?

ご自分用(じぶんよう)ですか。それとも、お土産(みやげ)ですか。

여자분입니까? 아니면 남자분입니까?

女(おんな)の方(かた)ですか。それとも、男(おとこ)の方(かた)ですか。

고객님, 오래 기다리셨습니다.

お客様(きゃくさま)、お待(ま)たせいたしました。

실례지만, 선물 받으실 분의 연령(성별/직업)은 어떻게 되십니까?

申(もう)し訳(わけ)ございませんが、贈(おく)り物(もの)を受(う)け取(と)られる方(かた)の年齢(ねんれい)(性別(せいべつ)/職業(しょくぎょう))はどのようになられますか。

새로 나온 단어

コーナー 코너	お客様(きゃくさま) 고객님	探(さが)す 찾다	どんな 어떤
商品(しょうひん) 상품	ご自分用(じぶんよう) 본인의 것	お土産(みやげ) 선물	女(おんな)の方(かた) 여자분
男(おとこ)の方(かた) 남자분	申(もう)し訳(わけ)ございませんが 실례지만		受(う)け取(と)る 받다
方(かた) 분	年齢(ねんれい) 연령	性別(せいべつ) 성별	職業(しょくぎょう) 직업

1.3 판매관련 용어

이것은 어떠신가요?

こちらはいかがでしょうか。

착용(테스트)해 보시겠습니까?

ご着用(ちゃくよう)(テスト)されますか。

사이즈는 얼마입니까?

サイズはおいくつですか。

사이즈는 어떠십니까?

サイズはいかがですか。

사이즈는 큽니까?/작습니까?

サイズは大(おお)きい / 小(ちい)さいですか。

사이즈는 편하십니까?/불편하십니까?

サイズは楽(らく) / 不便(ふべん)ですか。

사이즈 조절은 가능/불가능합니다.

サイズの調節(ちょうせつ)は出来(でき)ます / 出来(でき)ません。

☆새로 나온 단어☆

ご着用(ちゃくよう) 착용	テスト 테스트	サイズ 사이즈	大(おお)きい 크다
小(ちい)さい 작다	楽(らく)だ 편하다	不便(ふべん)だ 불편하다	調節(ちょうせつ) 조절
出来(でき)る 가능하다			

이쪽으로 오세요. 더 많은 상품을 보여드리겠습니다.

こちらへどうぞ。より多(おお)くの商品(しょうひん)をご覧(らん)いただけます。

이 상품은 선물용으로 인기가 있습니다.

この商品(しょうひん)はお土産(みやげ)として人気(にんき)があります。

이 상품은 (부모님, 애인, 친구, 상사, 동료, 거래처, 단체)의 선물용으로 매우 좋습니다.

この商品(しょうひん)は(ご両親(りょうしん)、恋人(こいびと)、お友達(ともだち)、上司(じょうし)、同僚(どうりょう)、取引先(とりひきさき)、団体(だんたい))のお土産(みやげ)としてとてもいいです。

이 제품은 스위스/이탈리아/프랑스/미국/독일/일본/영국/중국/호주산입니다.

この製品(せいひん)はスイス / イタリア / フランス / アメリカ / ドイツ / 日本(にほん) / イギリス / 中国(ちゅうごく) / オーストラリア製(せい)でございます。

정말로 죄송합니다만, 방금 품절된 상품입니다.

誠(まこと)に申(もう)し訳(わけ)ございませんが、ただいま品切(しなぎ)れになった商品(しょうひん)でございます。

새로 나온 단어

多(おお)い 많다	人気(にんき)がある 인기가 있다	ご両親(りょうしん) 부모님	恋人(こいびと) 애인
お友達(ともだち) 친구	上司(じょうし) 상사	同僚(どうりょう) 동료	取引先(とりひきさき) 거래처
団体(だんたい) 단체	とても 매우	いい 좋다	製品(せいひん) 제품
スイス 스위스	イタリア 이탈리아	フランス 프랑스	アメリカ 미국
ドイツ 독일	日本(にほん) 일본	イギリス 영국	中国(ちゅうごく) 중국
オーストラリア 호주	誠(まこと)に 정말로, 참으로	ただいま 방금	品切(しなぎ)れ 품절

이 상품은 신상품/세일 상품/인기상품입니다.

この商品(しょうひん)は新商品(しんしょうひん) / セール商品(しょうひん) / 人気(にんき)の商品(しょうひん)でございます。

이 상품은 한정 상품/이월상품입니다.

この商品(しょうひん)は限定商品(げんていしょうひん)/ 繰(く)り越(こ)し商品(しょうひん)でございます。

현재 가장 인기 있는 상품입니다.

現在一番(げんざいいちばん)人気(にんき)のある商品(しょうひん)でございます。

이 상품은 남성용/여성용/남녀공용입니다.

この商品(しょうひん)は男性用(だんせいよう) / 女性用(じょせいよう) / 男女共用(だんじょきょうよう)でございます。

이것은 이 브랜드 중에서 가장 잘 팔리는 상품입니다.

これはこのブランドの中(なか)で一番(いちばん)よく売(う)れる商品(しょうひん)でございます。

이 상품은 재고가 딱 하나밖에 없습니다.

こちらの商品(しょうひん)は在庫(ざいこ)が一点(いってん)しかございません。

새로 나온 단어

新商品(しんしょうひん) 신상품	セール商品(しょうひん) 세일 상품	人気(にんき)の商品(しょうひん) 인기상품
限定商品(げんていしょうひん) 한정 상품	繰(く)り越(こ)し商品(しょうひん) 이월상품	現在(げんざい) 현재
一番(いちばん) 가장, 제일	男性用(だんせいよう) 남성용	女性用(じょせいよう) 여성용
男女共用(だんじょきょうよう) 남녀공용	ブランド 브랜드	よく 잘
売(う)る 팔다	在庫(ざいこ) 재고	一点(いってん) 한 점

이 상품은 고객님에게 잘 어울리십니다.

この商品はお客様によくお似合いますよ。

면세점 가격은 백화점의 절반가격입니다.

免税店の価格はデパートの半額です。

이 브랜드는 저희 면세점에서만 단독판매하고 있습니다.

このブランドは私どもの免税店(=当店)のみで単独販売しております。

새 상품은 창고에 있습니다. 새 상품을 창고에서 가져오겠습니다.

新しい商品は倉庫にあります。新しい商品を倉庫からお持ちします。

그 상품을 구매하시겠습니까?

そちらの商品をお買い上げになられますか。

다 같이 계산하셔도 괜찮습니다.

一緒にお支払いいただいても構いません。

☆새로 나온 단어☆

似合う 어울리다	価格 가격	デパート 백화점	半額 절반가격, 반액
単独販売 단독판매	新しい 새롭다, 새로운	倉庫 창고	持つ 갖다, 지니다
買い上げる 구매하다	一緒に 다같이 다함께	お支払い 지불, 계산	構う 괜찮다

1.4 가격 및 할인관련 용어

면세점에서는 정찰제로 판매합니다.

免税店では定価販売になっております。

그 상품은 달러로 ~달러입니다.

そちらの商品はドルで～ドルでございます。

그 상품은 달러로 ~달러이기 때문에 한국 원(일본 엔)으로 ~원(엔)입니다.

そちらの商品はドルで～ドルですので、韓国ウォン(日本円)で～ ウォン(円)です。

오늘 환율은 1달러에 ~이기 때문에 한국 원(엔)으로 ~원(엔)입니다.

今日のレートは１ドルで～ですので、韓国ウォン(日本円)で～ウォン(円)です。

이 상품은 현재 20% 할인하고 있고 VIP카드가 있으면 5% D/C가 추가됩니다.

この商品は現在二割り引いておりますし、VIPカードがありましたら、5%ディスカウントが追加されます。

☆새로 나온 단어☆

定価販売(ていかはんばい) 정찰판매	ドル 달러	韓国(かんこく)ウォン 한국 원
日本円(にほんえん) 일본엔	レート 환율	現在(げんざい) 현재
VIP(ビップ)カード VIP카드	ディスカウント D/C, 할인	追加(ついか) 추가

멤버십카드가 있으면 10% 할인해 드립니다.

メンバーシップカードがありましたら10%(パーセン)割引(わりびき)させていただきます。

결제금액의 0.5%를 마일리지로 적립해드립니다.

決済金額(けっさいきんがく)の0.5%をマイレージとしてお積立(つみた)ていたします。

전부 합쳐서 300달러 이상 구매하신 고객에게는 특별사은품을 드립니다.

全部(ぜんぶ)合(あ)わせて300ドル以上(いじょう)お買(か)い上(あ)げのお客様(きゃくさま)には、スペシャルキフトをプレゼントいたします。

같은 품목을 세 개 이상 구매하실 경우 10% 할인해드립니다.

同(おな)じ物(もの)を三個(さんこ)(みっつ)以上(いじょう)買(か)いましたら、10%割引(わりびき)させていただきます。

단품보다 세트상품이 더 저렴합니다.

単品(たんぴん)よりセット商品(しょうひん)の方(ほう)がもっとお買(か)い得(どく)です。

금액별 선불카드를 증정하는 행사가 있습니다.

金額(きんがく)によって、プリペイドカードをさし上(あ)げる行事(ぎょうじ)があります。

☆새로 나온 단어☆

メンバーシップカード 멤버십카드	割引(わりびき) 할인	決済金額(けっさいきんがく) 결제금액
以上(いじょう) 이상	マイレージ 마일리지	積立(つみた)てる 적립하다
全部(ぜんぶ) 전부	合(あ)わせて 합쳐서, 합해서	
スペシャルキフト 특별사은품	プレゼント 선물	同(おな)じ物(もの) 같은 것
三個(さんこ)(みっつ) 세 개	単品(たんぴん) 단품	セット商品(しょうひん) 세트상품

もっと 훨씬 더　　買(か)い得(どく) 저렴하다　　金額(きんがく) 금액

プリペイドカード 선불카드　　さし上(あ)げる 증정하다, 드리다

이 선불카드는 전 매장에서 사용할 수 있습니다.

このプリペイドカードはすべてのコーナーで使(つか)えます。

멤버십 카드를 소지하신 고객님에게는 10~15% 할인해드립니다.

メンバーシップカードをお持(も)ちのお客様(きゃくさま)には、10~15%割引(わりびき)させていただきます。

비자카드로 결제하면 10% 할인 가능합니다.

ビザカードで決済(けっさい)したら10%割引(わりびき)させていただきます。

이 품목은 신상품이기 때문에 세일 제외상품입니다.

この品目(ひんもく)は新商品(しんしょうひん)ですので、セールの除外商品(じょがいしょうひん)でございます。

이 상품은 이월상품으로 현재 세일 중입니다.

この商品(しょうひん)は繰(く)り越(こ)し商品(しょうひん)で、現在(げんざい)セール中(ちゅう)でございます。

이 브랜드는 세일에 포함되지 않는 상품입니다.

このブランドはセールに含(ふく)まれない商品(しょうひん)でございます。

새로 나온 단어

ビザカード 비자카드　　行事(ぎょうじ) 행사　　すべて 모든, 모두, 전부　　使(つか)う 사용하다

決済(けっさい) 결제　　品目(ひんもく) 품목　　除外商品(じょがいしょうひん) 제외상품　　セール中(ちゅう) 세일 중

含(ふく)む 포함하다, 함유하다

1.5 A/S 안내

이것은 보증서입니다.

これは保証書でございます。

A/S는 반드시 보증서가 필요합니다.

アフターサービスは必ず保証書が必要になります。

보증서가 없으면 A/S가 불가능하니 잘 보관해주세요.

保証書がなければアフターサービスをお受けすることができませんので、大切に保管してください。

보증기간은 1년간입니다.

保証期間は一年間でございます。

A/S를 원하실 경우 저희 면세점에 다시 방문해주세요.

アフターサービスをお受けになる場合は当店にお越しください。

방문이 어려우신 경우에는 물건을 보내주시거나 현지 A/S센터로 가시면 됩니다.

お越しになるのが困難な場合には、商品をお送りくださるか、現地のアフターサービスセンターをお訪ねください。

A/S센터는 설명서 안에 적혀 있습니다.

アフターサービスセンターは説明書の中に書かれております。

새로 나온 단어

保証書 보증서	アフターサービス A/S	必ず 반드시	大切に 소중히
保管 보관	保証期間 보증기간	一年間 1년간	場合 경우
送る 보내다	現地 현지	訪ねる 방문하다	説明書 설명서
書く 쓰다, 적다			

1.6 결제 및 교환권 작성 안내

고객님, 계산해 드리겠습니다.

お客様、お会計いたします。

개인으로 오셨습니까? 단체로 오셨습니까? 1)

個人ですか。団体で来られましたか。

쇼핑카드를 가지고 계신가요?

ショッピングカードをお持ちですか。

새로 나온 단어

会計 계산	個人 개인	来る 오다	ショッピングカード 쇼핑카드

1) 개인인 경우에는 안내데스크에서 쇼핑카드를 주지 않지만 단체인 경우에는 단체고객에게 쇼핑카드를 나눠준다. 그 이유는 단체인 경우 가이드 수수료를 줘야 되기 때문에 반드시 고객이 개인여행인지 단체여행인지를 확인해봐야 된다. 예를 들어 다른 단체고객인 경우 쇼핑카드 번호가 각각 다르다.

(단체일 경우) 쇼핑카드 보여주십시오.

(団体の場合) ショッピングカードを拝見してもよろしいでしょうか。

혼자 오셨습니까?

お一人でいらっしゃいましたか。

가이드는 어디에 계십니까?

ガイドさんはどちらにいらっしゃいますか。

가이드의 이름이라든지 여행사의 이름을 알려주세요.

ガイドさんのお名前とか旅行社の名前を教えてください。

이 상품을 모두 결제하시겠습니까?

この商品をみんな決済なさいますか。

면세품을 구매하실 때에는 여권과 항공권이 필요합니다.

免税品を購入される際には、パスポートとチケットが必要です。

관세법상, 면세품을 판매할 때에는 필요한 정보를 입력해야만 합니다.

関税法上、免税品を販売する時、必要な情報を入力しなければなりません。

새로 나온 단어

一人(ひとり) 혼자, 한 명	ガイドさん 가이드	どちらに 어디에	名前(なまえ) 이름
旅行社(りょこうしゃ) 여행사	教える(おしえる) 가르치다	みんな 모두	免税品(めんぜいひん) 면세품
購入(こうにゅう) 구입	際(さい) 때	パスポート 여권	チケット 항공권
関税法上(かんぜいほうじょう) 관세법상	販売(はんばい) 판매	情報(じょうほう) 정보	入力(にゅうりょく) 입력

관세법상, 세금을 부가하지 않는 물건은 판매할 때 반드시 세관에 신고를 해야만 합니다.

関税法上(かんぜいほうじょう)、税金(ぜいきん)を付加(ふか)しない品物(しなもの)は販売(はんばい)する時(とき)、必(かなら)ず税関(ぜいかん)に申告(しんこく)しなければなりません。

여권/항공권 부탁드립니다.

パスポート/ チケットをお願(ねが)いいたします。

성함은 어떻게 되십니까?

お名前(なまえ)は何(なん)とおっしゃいますか。

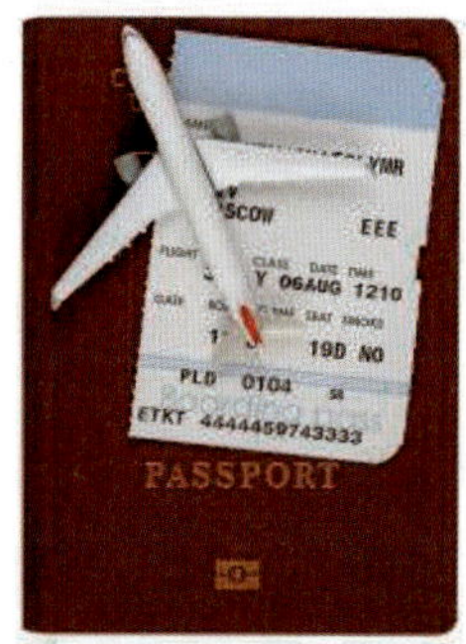

핸드폰 번호를 알려주세요.

携帯番号(けいたいばんごう)を教(おし)えてください。

출발은 언제입니까?

ご出発(しゅっぱつ)はいつですか。

출발시간과 비행기 편명을 말씀해주십시오.

出発(しゅっぱつ)の時間(じかん)と飛行機(ひこうき)の便名(びんめい)をお話(はな)しください。

☆새로 나온 단어☆

税金(ぜいきん) 세금　付加(ふか) 부가　品物(しなもの) 물건　税関(ぜいかん) 세관
申告(しんこく)する 신고하다　携帯番号(けいたいばんごう) 핸드폰 번호　出発(しゅっぱつ) 출발
出発(しゅっぱつ)の時間(じかん) 출발시간　飛行機(ひこうき)の便名(びんめい) 비행기 편명

시내면세점에서는 원, 엔, 달러, 위엔만을 취급하고 있습니다.

市内(しない)の免税店(めんぜいてん)にはウォン、円(えん)、ドル、元(ユアン)だけを扱(あつか)っております。

죄송합니다만 저희 면세점에서는 아직 유로를 받지 않습니다.

申(もう)し訳(わけ)ございませんが、当店(とうてん)ではまだ、EURO(ユーロ)は扱(あつか)っておりません。

공항면세점에서는 유로도 사용할 수 있습니다.

空港(くうこう)の免税店(めんぜいてん)にはEURO(ユーロ)も使(つか)えます。

VIP카드가 있습니까? 있으시면 보여주세요.

VIPカードをお持(も)ちですか。ありましたら、拝見(はいけん)させていただけませんでしょうか。

지불(계산)은 현금으로 하시겠습니까? 아니면 카드로 하시겠습니까?

お支払(しはら)いは現金(げんきん)になさいますか。それとも、カードになさいますか。

원화도 일본엔화도 달러도 다 괜찮습니다.

ウォンでも、日本円(にほんえん)でも、ドルでも大丈夫(だいじょうぶ)です。

거스름돈은 원으로 지불하면 원을 드리고 엔으로 지불하면 엔을 드립니다.

お返(かえ)しはウォンで払(はら)えば、ウォンをあげますし、円(えん)で払(はら)えば円(えん)をあげます。

새로 나온 단어

市内(しない) 시내	元(ユアン) 위엔	扱(あつか)う 취급하다	当店(とうてん) 저희 가게
EURO(ユーロ) 유로	空港(くうこう) 공항	使(つか)う 사용하다	現金(げんきん) 현금
大丈夫(だいじょうぶ)だ 괜찮다	お返(かえ)し 거스름돈		

지불(계산)은 신용카드로 계산하시겠습니까?

お支払(しはら)いはクレジットカードになさいますか。

지불(계산)은 카드로도 가능합니다.

お支払(しはら)いはカードでも可能(かのう)です。

카드를 받았습니다.

カードをお預(あず)かりいたします。

(카드)할부는 불가능합니다.

分割払(ぶんかつばら)いはできません。

카드 사인을 부탁드립니다.

カードのサインをお願(ねが)いいたします。

그 밖에 여행자수표도 가능합니다.

他(ほか)にトラベラーズチェックもできます。

☆새로 나온 단어☆

可能(かのう) 가능	預(あず)かる 맡다	分割払(ぶんかつばら)い 할부, 분할 지불
サイン 사인	他(ほか)に 그 밖에	トラベラーズチェック 여행자수표

죄송합니다만 브랜드가 다르기 때문에 계산은 따로 하셔야만 합니다.[2]

申し訳(もうしわけ)ございませんが、ブランドが違(ちが)いますので、計算(けいさん)は別別(べつべつ)にしなければなりません。

정확히 만 엔 받았습니다.

ちょうど一万円(いちまんえん)お預(あず)かりいたします。

현금과 카드를 섞어서 내셔도 됩니다.

現金(げんきん)とカードを混(ま)ぜてもよろしいです。

잔돈을 내셔도 됩니다.

小銭(こぜに)を出(だ)してもいいです。

신용카드 한도액이 초과되었습니다.

クレジットカードの限度額(げんどがく)を越(こ)えてしまいました。

혹시 다른 카드 없으십니까?

もし他(ほか)のカードはございませんか。

☆새로 나온 단어☆

違(ちが)う 다르다	計算(けいさん) 계산	別別(べつべつ)に 따로따로	ちょうど 정확히, 딱
一万円(いちまんえん) 만 엔	混(ま)ぜる 섞다	小銭(こぜに) 잔돈	出(だ)す 내다, 제출하다
クレジットカード 신용카드	限度額(げんどがく) 한도액	越(こ)える 넘다, 초과하다	もし 혹시, 만약

2) 고객은 출발시간 3~4시간 전까지 면세점에서 물건을 구매할 수 있다. 그러므로 인도장이 어디냐에 따라 구매가능 시간은 달라질 수 있으며 면세점의 위치에 따라 판매가능 시간도 약간씩 다르다.

이것은 거스름돈입니다.

これはお返しでございます。

여기에 서명 부탁드립니다.

ここにご署名をお願いいたします。

구매는 출국하기 세 시간 전까지 가능합니다.

お買い上げは出国する三時間まえまでできます。

시간이 맞지 않기 때문에 구매하실 수 없습니다.

時間が間に合わないから買えません。

이것은 교환권과 영수증입니다.

これは引換券と領収証でございます。

교환권은 인도장에서 물건과 교환할 때 필요하기 때문에 분실하지 않도록 주의해주십시오.

引換券はお受け取り場所で品物と交換の時に必要ですので、忘れないようお気をつけください。

새로 나온 단어

署名(しょめい) 서명	出国(しゅっこく) 출국	時間(じかん) 시간	間(ま)に合(あ)う 시간에 대다
引換券(ひきかえけん) 교환권	領収証(りょうしゅうしょ) 영수증	お受(う)け取(と)り場所(ばしょ) 인도장	
交換(こうかん) 교환	封筒(ふうとう) 봉투	忘(わす)れる 잊다, 잊어버리다, 분실하다	
気(き)をつける 주의하다, 조심하다			

교환권은 교환권 봉투에 넣어서 보관해주세요. 교환권 뒷면에 공항 인도장의 약도가 있으니까 참조하세요.

交換権(こうかんけん)は交換権(こうかんけん)の封筒(ふうとう)に入(い)れて保管(ほかん)してください。交換権(こうかんけん)の裏面(うらめん)に空港(くうこう)のお受(う)け取(と)り場所(ばしょ)の略図(りゃくず)がありますので、ご参照(さんしょう)ください。

시내면세점에서 사신 면세품은 지금 가져가실 수 없습니다. 물건은 공항의 인도장에서 받을 수 있습니다.

市内(しない)の免税店(めんぜいてん)でご購入(こうにゅう)された免税品(めんぜいひん)は今(いま)、持(も)って行(い)かれません。品物(しなもの)は空港(くうこう)のお受取(うけと)り場所(ばしょ)でもらえます。

한국 토산품은 외국인의 경우 지금 가져가실 수 있습니다.

韓国(かんこく)のお土産(みやげ)は外国人(がいこくじん)の場合(ばあい)、今(いま)、持(も)って帰(かえ)られます。

한국 토산품은 내국인의 경우 지금 가져가실 수 없습니다. 인도장에서 받을 수 있습니다.

韓国(かんこく)のお土産(みやげ)は内国人(ないこくじん)の場合、今(いま)、持(も)って行(い)かれません。お受(う)け取(と)り場所(ばしょ)でもらえます。

구매하신 물건은 면세품이기 때문에 출국할 때 인천공항 인도장에서 받으실 수 있습니다.

お買(か)い上(あ)げの品物(しなもの)は免税品(めんぜいひん)ですので出国(しゅっこく)する時(とき)、仁川空港(インチョンくうこう)のお受(う)け取(と)り場所(ばしょ)でもらえます。

새로 나온 단어

- 入(い)れる 넣다
- 保管(ほかん) 보관
- 裏面(うらめん) 뒷면
- 略図(りゃくず) 약도
- 参照(さんしょう) 참조
- 韓国(かんこく)のお土産(みやげ) 한국 토산품
- 外国人(がいこくじん) 외국인
- 持(も)って帰(かえ)る 가져가다
- 内国人(ないこくじん) 내국인
- 仁川(インチョン)空港(くうこう) 인천공항

공항인도장의 위치는 교환권 봉투의 뒷면에 있는 약도를 보시면 됩니다.

空港のお受け取り場所の位置は引換券の封筒の裏面にある略図をご覧ください。

인천공항 인도장은 항공사별로 다릅니다.

仁川空港のお受け取り場所は航空会社によって違います。

본인이 직접 여권과 교환권을 가지고 공항 인도장에서 교환해야만 합니다.

本人が直接パスポートと引換券を持って、空港のお受け取り場所で交換しなければなりません。

공항면세점에 사신 물건은 바로 가져가실 수 있습니다.

空港の免税店でご購入された品物はすぐお持ち帰られます。

젤(Gel)이랑 액체류는 인도장에서 확인 후 탑승 게이트에서 받을 수 있습니다.[3)]

ジェルや液体類はお受け取り場所で確認の上、搭乗ゲートでもらえます。

미주/호주행 손님은 젤이랑 액체류를 탑승 게이트에서 수령할 수 있습니다.

欧米/オーストラリア行のお客様はジェルや液体類を搭乗ゲートでもらえます。

☆새로 나온 단어☆

位置 위치	航空会社 항공사	本人 본인	直接 직접
ジェル 젤	液体類 액체류	確認 확인	搭乗ゲート 탑승게이트

3) 2007년 3월 1일부터 국제선 항공기 이용 모든 고객은 액체류 및 제류의 기내반입이 금지되었다.

죄송합니다만, 면세품은 포장이 불가능합니다.

申(もう)し訳(わ)けございませんが、免税品(めんぜいひん)は包装(ほうそう)できないです。

면세품은 세관검사 때문에 포장이 불가능합니다. 그것은 관세규정입니다.

免税品(めんぜいひん)は税関(ぜいかん)検査(けんさ)のために包装(ほうそう)ができないです。それは関税(かんぜい)の規定(きてい)です。

물건을 케이스에 넣어 드리겠습니다.

品物(しなもの)をケースに入(い)れてあげます。

필요하시면 여유봉투를 함께 넣어드리겠습니다.

要(い)りましたらお袋(ふくろ)を一緒(いっしょ)に入(い)れていただきます。

☆새로 나온 단어☆

包装(ほうそう) 포장　　ケース 케이스　　袋(ふくろ) 봉투

깨지기 쉬운 상품에는 아래와 같은 스티커를 반드시 부착

■ 판매된 시계를 포장하는 모습4)

1.7 교환 및 반품 안내

만약 교환 및 반품을 원하실 경우에는 반드시 영수증을 지참하셔야만 합니다.

若し交換とか返品したいの場合には、必ず領収証をお持ちください。

개봉 또는 사용 후에는 상품을 교환 및 환불할 수 없습니다.

開封または使った後は、商品の交換とか返品ができません。

영수증을 보여주시겠습니까?

領収証を見せていただけませんか。

구매하신 물품이 마음에 안 드신 경우에는 환불해드립니다.

お買い上げになった商品がお気に召さない場合は、返金させていただきます。

4) 면세점에서 선물포장은 불가능하며 고객이 상품을 안전하게 받을 수 있도록 구입한 상품의 내용물이 보이도록 에어캡(Air-Cap)으로 포장해서 인도장으로 보낸다.

이것은 불량품이므로 새 상품으로 바꿔드리겠습니다.

これは不良品(ふりょうひん)ですので、新(あたら)しいものにお取(と)り替(か)えさせていただきます。

동일한 것으로 색상만 다른 것으로 하시겠습니까?

同(おな)じもので色違(いろちが)いになさいますか。

교환과 환불은 계산하신 카운터에서만 가능합니다.

交換(こうかん)と返品(へんぴん)は、お会計(かいけい)されたカウンターのみで可能(かのう)です。

교환이나 환불하기 위해서는 결제한 신용카드가 필요합니다.

交換(こうかん)とか返品(へんぴん)のためには、決裁(けっさい)したクレジットカードが必要(ひつよう)です。

이것은 판매 취소한 영수증입니다.

これはキャンセルした領収証(りょうしゅうしょ)です。

새로 나온 단어

返品(へんぴん) 반품
返金(へんきん) 환불
カウンター 카운터
開封(かいふう) 개봉
不良品(ふりょうひん) 불량품
キャンセル 판매취소
お気(き)に召(め)さない 마음에 안 드시다
取(と)り替(か)える 바꾸다, 교환하다

1.8 매장 또는 장소관련 안내

환전소는 들어오는 입구 우측에 있습니다.

両替所は入口の右側にございます。

고객휴게실은 좌측으로 돌아가시면 바로 있습니다. 음료를 무료로 이용하실 수 있습니다.

お客様の休憩室は、左側に曲ったら直ぐあります。お飲み物を無料でご利用できます。

면세점 VIP카드는 안내데스크에서 발급하고 있습니다.

免税店のVIPカードは案内デスクで発給しております。

수입품은 내국인과 외국인 모두 공항 인도장에서 받을 수 있습니다.

輸入品は内国人と外国人みんな空港のお受け取り場所でもらえます。

인천공항 인도장은 3층 29번 게이트 옆에 있습니다.

仁川空港のお受け取り場所は、三層の29番ゲートの隣にございます。

새로 나온 단어

両替所 환전소	入口 입구	右側 우측	休憩室 휴게실
左側 좌측	曲る 돌다	お飲み物 음료, 마실 것	無料 무료
利用 이용	案内デスク 안내데스크	発給 발급	輸入品 수입품
ゲート 게이트	隣 옆		

화장품 매장은 여기서 좌측으로 곧바로 가시면 바로 있습니다.

化粧品売り場(けしょうひんうりば)はここから左側(ひだりがわ)にまっすぐ行(い)かれますと、すぐあります。

안내데스크는 엘리베이터 앞에 있습니다.

案内(あんない)デスクはエレベーターの前(まえ)にあります。

엘리베이터는 오른쪽으로 돌면 바로 있습니다.

エレベーターは右(みぎ)に曲(ま)がると、すぐあります。

새로 나온 단어

すぐ 바로, 곧, 즉시
化粧品売り場(けしょうひんうりば) 화장품 매장
行(い)く 가다
エレベーター 엘리베이터
前(まえ) 앞
右(みぎ) 오른쪽

알아두기

▸ 일본의 성씨-일본인의 70% 이상이 지명이나 지형을 모방해서 만들어졌다.

예) ① 기노시타(木下) - 큰 나무 밑의 집에서 태어난 사람
② 와타나베(渡辺) - 뱃사공인 사람
③ 다나카(田中) - 논 가운데 집이 있는 사람

※ 일본에서 가장 많은 성씨

1위	2위	3위	4위	5위
佐藤(さとう)	鈴木(すずき)	高橋(たかはし)	田中(たなか)	渡辺(わたなべ)
6위	7위	8위	9위	10위
伊藤(いとう)	山本(やまもと)	中村(なかむら)	小林(こばやし)	加藤(かとう)

CHAPTER 2

코너별 고객응대 일본어

2.1 화장품 및 향수 코너

(1) 화장품(化粧品(けしょうひん))

어느 분이 사용하실 제품을 찾으십니까?

どなた様(さま)がお使(つか)いになる製品(せいひん)をお探(さが)しですか。

죄송합니다만 사용하실 분의 나이가 어떻게 되십니까?

申(もう)し訳(わ)けございませんが、お使(つか)いになる方(かた)はおいくつですか。

젊은 분입니까? 아니면 나이 드신 분입니까?

お若(わか)い方(かた)ですか。それとも、年齢(ねんれい)の方(かた)ですか。

테스트해 드릴까요?

テストしてあげましょか。

☆새로 나온 단어☆

どなた様(さま) 어느 분　　お使(つか)いになる方(かた) 사용하실 분　　お若(わか)い方(かた) 젊은 분
年齢(ねんれい)の方(かた) 나이 드신 분

느낌은 어떠신가요?

感じはいかがですか。

피부타입은 무엇입니까?

お肌のタイプは何ですか。

피부타입에는 지성, 중성, 건성, 민감성이 있습니다.

お肌のタイプにはオイリー、中性、乾性、敏感性があります。

사용하실 분은 건성피부, 중성피부, 지성피부 중 어느 타입입니까?

お使いになる方は乾燥肌、混合肌、脂性肌のうち、どのタイプですか。

기미와 잡티에 효과가 있는 미백기능 화장품입니다.

染みとソバカスに効果のある美白機能の化粧品です。

이 화장품을 계속해서 사용하시면 주근깨와 색소침착이 점점 옅어집니다.

この化粧品を続けて使えば、ソバカスと色素沈着が、だんだん薄くなります。

탄력 있는 피부가 유지됩니다.

弾力のあるお肌が維持できます。

새로 나온 단어

感じ 느낌	肌 피부	タイプ 타입	オイリー 지성
中性 중성	乾性 건성	敏感性 민감성	乾燥肌 건성피부
混合肌 중성피부	脂性肌 지성피부	染み 기미	ソバカス 잡티
効果 효과	美白機能 미백기능	続けて 계속해서	色素沈着 색소침착
だんだん 점점	薄い 옅다	弾力 탄력	維持 유지

이 화장품은 피부에 탄력을 주는 리프팅(lifting) 효과가 있습니다.

この化粧品は、お肌に弾力を与えるリフティングの効果があります。

이 제품은 얼굴을 작게 만드는 슬리밍(slimming) 효과가 있는 화장품입니다.

この製品は、お顔を小さく作るスリミングの効果のある化粧品でございます。

주름을 개선시키는 효과가 있는 제품입니다.

皺を改善させる効果のある製品でございます。

이 화장품은 피부를 재생시켜주는 효과가 함유되어 있습니다.

この化粧品は、お肌を再生させる効果が含まれています。

이 상품은 각질을 제거해주는 기능이 들어가 있습니다.

この商品は角質を取り除く機能が入っております。

이쪽은 노화방지 크림입니다.

こちらはアンチエイジングのクリームです。

이 상품은 특히 수분과 보습이 뛰어납니다.

この商品はとくに水分と保湿が優れております。

☆새로 나온 단어☆

与える 주다, 제공하다	リフティング 리프팅	顔 얼굴	皺 주름
スリミング 슬리밍	改善 개선	再生 재생	角質 각질
取り除く 제거하다	機能 기능	アンチエイジング 노화방지	クリーム 크림
とくに 특히	水分 수분	保湿 보습	優れる 뛰어나다

이것은 주름개선 효과가 있는 에센스와 영양크림 세트상품입니다.

こちらはシワを改善する効果のある美容液と栄養クリームのセット商品です。

이 선크림은 SPF(Sun Protection Factor) 지수가 높아 자외선 차단시간이 깁니다.

このサンクリームは、SPFの指数が高くて、紫外線の遮断時間が長いです。

자외선 차단기능이 포함된 메이크업 베이스/파운데이션입니다.

紫外線の遮断機能が入ったメークアップベース/ファンデーションです。

이 상품은 모공수축의 효과가 있습니다.

この商品は毛穴収縮の効果があります。

이 상품은 오일 프리/알코올 프리 제품입니다.

この商品はオイルフリー/アルコールフリー製品でございます。

이 상품은 고농축크림입니다.

この商品は高濃縮のクリームでございます。

☆새로 나온 단어☆

美容液 에센스　栄養クリーム 영양크림　サンクリーム 선크림　指数 지수
高い 높다　紫外線 자외선　遮断時間 차단시간　長い 길다
遮断機能 차단기능　入る 들어가다, 섞이다　メークアップベース 메이크업 베이스
ファンデーション 파운데이션　毛穴収縮 모공수축　オイルフリー 오일 프리
アルコールフリー 알코올 프리　高濃縮 고농축

이 화장품은 노화방지용 영양크림입니다.

この化粧品(けしょうひん)はアンチエイジングの栄養(えいよう)クリームです。

이 영양크림을 바르시면 푸석푸석한 피부가 윤기 있는 피부로 바뀝니다.

こちらの栄養(えいよう)クリームをお使(つか)いになりますと、ばさばさの肌(はだ)が潤(うるお)いの肌(はだ)にかわります。

이쪽은 클렌징/딥클렌징 제품입니다.

こちらはクレンジング/ディープクレンジング製品(せいひん)でございます。

화장을 지울 때 사용하는 클렌징 제품입니다.

化粧(けしょう)を落(お)とす時(とき)、使(つか)うクレンジング製品(せいひん)です。

이 상품은 눈가와 입술의 색조화장을 지우는 클렌징 제품입니다.

この商品(しょうひん)は、目(め)もとと唇(くちびる)のメークアップを落(お)とすクレンジング製品(せいひん)です。

피지조절이 가능한 제품입니다.

皮脂(ひし)の調節(ちょうせつ)ができる製品(せいひん)です。

새로 나온 단어

ばさばさ 푸석푸석, 퍼석퍼석	潤(うるお)い 윤기	クレンジング 클렌징
ディープクレンジング 딥클렌징	化粧(けしょう)を落(お)とす 화장을 지우다	目(め)もと 눈가
唇(くちびる) 입술	メークアップ 색조화장	皮脂(ひし)の調節(ちょうせつ) 피지조절

건조한 피부에 수분을 공급해주는 화장품입니다.

乾燥肌(かんそうはだ)に水分(すいぶん)を供給(きょうきゅう)させる化粧品(けしょうひん)です。

이것은 남성용 화장품입니다.

こちらは男性用(だんせいよう)の化粧品(けしょうひん)です。

이것은 셀룰라이트(Cellulite) 감소효과가 있는 제품입니다.

こちらはセルライトの減少(げんしょう)効果(こうか)のある製品(せいひん)です。

이 상품은 특히 기능성 화장품입니다.

この商品(しょうひん)はとくに機能性(きのうせい)の化粧品(けしょうひん)です。

지성용이기 때문에 끈적임이나 번들거림이 없습니다.

オイリー肌用(はだよう)ですので、べた付(つ)きとテカリはありません。

이 상품은 다른 상품보다 매우 촉촉합니다.

この商品(しょうひん)は他の商品(しょうひん)よりとてもしっとりしています。

이것은 커버력이 좋은 파운데이션(foundation)입니다.

これはカバー力(りょく)のいいファンデーションです。

☆새로 나온 단어☆

供給(きょうきゅう) 공급	べた付(つ)き 끈적임	セルライト 셀룰라이트	減少(げんしょう) 감소
機能性(きのうせい) 기능성	オイリー肌用(はだよう) 지성용	テカリ 번들거림	しっとりする 촉촉하다
カバー力(りょく) 커버력			

이 상품은 방수제품입니다.

この商品はウォータープルーフ製品です。

속눈썹을 풍성하게 해주는 볼륨마스카라입니다.

まつげを豊かにするボリュームマスカラです。

이 마스카라는 속눈썹을 길게 보이게 하는 효과가 있는 워터프루프(방수) 제품입니다.

このマスカラは、まつげを長く見える効果のあるウォータープルーフ製品です。

워터프루프(방수) 마스카라는 물에 안 지워집니다.

ウォータープルーフのマスカラは水に落せません。

이 메이크업 팔레트(make-up palette)는 최신 유행하는 컬러(color)가 들어가 있습니다.

このメーキャップパレットは、最新流行のカラーが入っております。

색상은 마음에 드십니까?

色は気に入りますか。

요즘 가장 인기 있는 상품은 이쪽에 있습니다.

最近、一番人気のある商品はこちらにあります。

☆새로 나온 단어☆

ウォータープルーフ 방수
まつげ 속눈썹
豊かに 풍성하게, 풍부하게
ボリュームマスカラ 볼륨마스카라
水に落せない 물에 안 지워지다
メーキャップパレット 메이크업 팔레트
最新流行 최신 유행
カラー 컬러, 색깔
色 색상, 색깔
気に入る 마음에 들다

고객님의 피부톤에는 이쪽 밝은 색상이 잘 어울립니다.

お客様のお肌のトーンには、こちらの明るい色がよくお似合いです。

간단한 선물용으로 립스틱 세트도 좋습니다.

簡単なお土産で口紅セットもいいです。

이쪽에 있는 립스틱 세트는 개별로 포장되어 있어서 선물용으로 아주 좋습니다.

こちらのリップスティックセットは、個別に包装されていて、お土産でもっといいです。

립스틱 세트에는 3개, 5개가 들어있는 두 종류가 있습니다.

リップスティックセットには三つ、五つ入ってある2種類があります。

립스틱 세트는 색깔 교환이 안 됩니다.

リップスティックセットは色の交換ができません。

아이크림의 용량은 대개 15ml입니다. 눈가에 조금씩 발라주시면 됩니다.

アイクリームの容量は、たいてい15mlでございます。目もとに少しずつ塗ってください。

새로 나온 단어

明るい 밝다	最近 최근, 요즘	お肌のトーン 피부톤	簡単だ 간단하다
口紅セット 립스틱 세트	個別に 개별로	種類 종류	アイクリーム 아이크림
容量 용량	たいてい 대개	少しずつ 조금씩	目もと 눈가
塗る 바르다			

아이크림은 세럼(serum) 또는 크림 타입 두 종류가 있습니다.

アイクリームはセラム、またはクリームタイプの2種類(にしゅるい)があります。

아이크림은 눈에 들어가지 않도록 조심하시고 눈 주위에만 발라주세요.

アイクリームは目(め)に入(はい)らないようにお気(き)をつけ、目(め)の周(まわ)りのみに塗(ぬ)ってください。

영양크림의 용량은 대개 30ml, 50ml가 있는데 가격은 사이즈가 크면 클수록 저렴해집니다.

栄養(えいよう)クリームの容量(ようりょう)はたいてい30ml、50mlがございますが、値段(ねだん)はサイスが大(おお)きければ、大(おお)きい程安(ほどやす)くなります

영양크림은 아침저녁 관계없이 바르는 상품과 아침과 저녁 따로따로 사용하는 상품 세 종류가 있습니다.

栄養(えいよう)クリームは、朝(あさ)と夜関係(よるかんけい)なく塗(ぬ)る商品(しょうひん)と、朝(あさ)と夜別別(よるべつべつ)に塗(ぬ)る商品(しょうひん)の3種類(しゅるい)があります。

에센스의 용량은 30ml, 50ml, 100ml가 있는데 이것도 용량이 클수록 가격은 저렴해집니다.

美容液(びようえき)の容量(ようりょう)は30ml、50ml、100mlがございますが、これもサイスが大(おお)きければ、大(おお)きい程安(ほどやす)くなります。

에센스도 아침저녁 상관없이 바르시면 됩니다.

美容液(びようえき)も朝(あさ)と夜関係(よるかんけい)なく塗(ぬ)ってください。

새로 나온 단어

セラム 세럼
クリームタイプ 크림 타입
周(まわり) 주위, 부근, 근처
値段(ねだん) 가격
安(やす)い 싸다
朝(あさ)と夜関係(よるかんけい)なく 아침저녁 관계없이

이 클렌징 제품은 각질제거용 스크럽(scrub) 타입입니다.[5]

このクレンジングの製品は角質除去用のスクラブタイプです。

이 제품은 눈가와 입가의 주름을 완화시켜 줍니다.

この製品は目もと(=目じり)と口元の皺を緩和させてくれます。

이 제품은 여드름을 없애는 기능이 들어간 기능성 화장품입니다.

この製品は、にきびを無くす機能が入った機能性の化粧品でございます。

이 화장품은 피부를 매끄럽게 정돈시키는 스킨입니다.

この化粧品はお肌を滑らかに整える化粧水でございます。

최근 팩은 부담 없는 가격으로 간단한 선물용으로 인기가 있습니다.

最近、パックは手軽な価格で簡単なお土産としてとても人気があります。

팩도 단품보다 10개, 20개 들어있는 것이 저렴합니다.

パックも単品より10個入り、20個入りがお買い得になっております。

☆새로 나온 단어☆

スクラブ 스크럽	口元 입가	緩和 완화	にきびを無くす 여드름을 없애다
滑らかに整える 매끄럽게 정돈시키다		パック 팩	手軽い 부담 없다

---

5) 스크럽: 작은 알갱이가 들어있는 세안제(알갱이로는 살구씨 또는 아몬드를 으깬 것, 식물성 오일을 알갱이로 만든 것, 폴리에틸렌 수지와 같은 것 등이 있다)

이 제품은 지성용 스킨으로 땀구멍을 좁혀주는 기능이 들어있습니다.

この製品は脂性肌の化粧水で、毛穴を狭くする機能が入っております。

피부 트러블이 일어나는 경우는 극히 드뭅니다. 걱정하지 마세요.

お肌のトラブルが起こる場合は極めて少ないです。心配しないでください。

화장품의 유통기한은 개봉하지 않으면 2~3년까지입니다.

化粧品の賞味期限は開封しなければで、2~3年まででございます。

화장품을 개봉한 후에는 12개월 이내에 사용하셔야만 합니다.

化粧品を開封した後は12ヶ月以内に、使わなければなりません。

화장품의 유통기한은 바닥에 적혀 있습니다.

化粧品の賞味期限は底に書いております。

잘 지워지지 않는 립스틱도 있습니다.

あまり色落しないリップスティックもあります。

☆새로 나온 단어☆

化粧水 스킨

毛穴を狭くする 땀구멍을 좁혀주다

トラブルが起こる 트러블이 일어나다

極めて 지극히, 극히

少ない 적다

心配しないでください 걱정하지 마세요

賞味期限 유통기한　以内 이내

底 바닥

あまり色落しない 잘 지워지지 않는다

リップスティック 립스틱

화장품 바르는 순서는 스킨, 로션, 아이크림, 에센스, 영양크림, 자외선차단제, 메이크업베이스입니다.

化粧品(けしょうひん)をつける順序(じゅんじょ)は化粧水(けしょうすい)、乳液(にゅうえき)、アイクリーム、美容液(びようえき)、栄養(えいよう)クリーム、日(ひ)やけ止(ど)め、メークアップベースでございます。

화장품은 대부분 프랑스제입니다.

化粧品(けしょうひん)はたいていフランス製(せい)でございます。

이것은 남녀가 함께 사용할 수 있는 화장품입니다.

これは男女共(だんじょとも)にお使(つか)いになれる化粧品(けしょうひん)でございます。

이것은 콜라겐(collagen)이 배합된 영양크림으로 주름개선에 효과가 있는 화장품입니다.

こちらはコラーゲンが配合(はいごう)された栄養(えいよう)クリームで、皺(しわ)の改善(かいぜん)に効果(こうか)のある化粧品(けしょうひん)でございます。

이 화장품은 건조해지기 쉬운 피부에 매우 좋습니다.

この化粧品(けしょうひん)は乾燥(かんそう)しやすいお肌(はだ)にとてもいいです。

이 제품은 보습효과가 높기 때문에 모든 피부에 적합하다고 생각합니다.

この保湿(ほしつ)の効果(こうか)が高(たか)いですから、すべてのお肌(はだ)に適(てき)していると思(おも)います。

☆새로 나온 단어☆

順序(じゅんじょ) 순서	乳液(にゅうえき) 로션	フランス製(せい) 프랑스제
コラーゲン 콜라겐	配合(はいごう) 배합	乾燥(かんそう)しやすい 건조해지기 쉽다
保湿(ほしつ) 보습	適(てき)する 적합하다	思(おも)う 생각하다

눈가와 입술을 제외하고 얼굴 전체에 골고루 가볍게 펴 바르시면 됩니다.

目もとと唇を除いて、お顔全体に満遍なくかるく伸ばすようにおつけください。

천연성분으로 만들어졌기 때문에 모든 피부에도 사용할 수 있으며 특히 민감성 피부를 가진 분에게 권하고 싶습니다.

天然の成分で作られたので、すべてのお肌に使えるし、とくに敏感性肌の方にお勧めたいです。

화장품은 직사광선과 고온을 피하고 서늘한 곳에 보관해 주세요.

化粧品は直射日光と高温を避けて、涼しい場所に保管してください。

☆새로 나온 단어☆

除く 제외하다	全体 전체	満遍なく 골고루
かるく 가볍게	伸ばす 펴다	天然の成分 천연성분
勧める 권하다 장려하다	直射日光 직사광선	高温 고온
避ける 피하다	涼しい 시원하다, 선선하다 서늘하다	場所 장소

■ 국산화장품 코너의 풍경

■ 수입화장품 코너의 풍경

※ 피부타입

보통피부	ふつう はだ 普通肌(ノーマル)
건성피부	かんそうはだ 乾燥肌(ドライ)
중성피부	こんごうはだ 混合肌(ドライ&オイリー)
지성피부	しせい はだ 脂性肌(オイリー)
민감성피부	びんかんせいはだ 敏感性肌

※ 화장품의 종류 및 바르는 순서

기초화장품	스킨, 로션, 에센스, 크림, 아이크림, 마스크 팩, 클렌징, 자외선차단제, 메이크업베이스 **<바르는 순서>** 스킨 → 에센스 → 아이크림(세럼) → 로션 → 수분크림 → 영양크림 → 자외선차단제 → 메이크업베이스
색조화장품	파운데이션, 볼연지(치크), 립스틱, 아이섀도, 아이브로, 아이라인, 마스카라 등

※ 색조화장품의 종류와 사용방법

아이브로 펜슬	• 눈썹의 숱이 많아 보이게 하거나 형태를 예쁘게 잡기 위해 사용한다. • 주로 펜슬타입을 많이 쓰지만 케이크타입으로 자연스럽게 연출하기도 한다.
아이섀도	• 눈에 음영뿐만 아니라 화사함과 입체적인 포인트를 주기 위해 사용한다. • 개인의 피부색, 개인의 이미지와 그날의 의상 콘셉트에 맞게 사용한다. • 크림형: 부드럽고 밀착력이 좋으나 지속성이 떨어진다. • 케이크형: 발색이 좋고 지속성이 우수하다. • 크리미형: 크림타입과 케이크타입의 중간형태이다. • 한꺼번에 많은 양을 바르지 않고 손등이나 화장솜에 문질러 사용하고 얇게 여러 번 조금씩 발라서 깊이감을 더해준다.
아이라이너	• 눈에 깊이감을 더해주고 뚜렷한 눈매를 위해 사용한다. • 주로 블랙과 브라운색을 주로 이용하며 젤형과 리퀴드형, 펜슬형이 있다.
마스카라	• 속눈썹을 짙고 풍성하고 길어보이게 한다. • 눈화장에 있어 선명함과 정돈되어 보이는 느낌을 주어 더욱 완성도를 더해준다.
립스틱	• 입술의 생기와 얼굴 전체의 생동감을 주기 위해 사용한다. • 의상색상과 아이섀도의 색상과 맞춰 립스틱의 색상을 선택한다.

※ 베이스메이크업을 위한 Tip

메이크업베이스	피부톤을 조절하며 파운데이션의 밀착감을 증진시키고 메이크업의 지속력을 높여준다.
BB크림	블레미시 밤(Blemish Balm)의 약자로 자외선 차단과 피부 보호, 붉은 기운을 진정효과가 있으며 잡티를 가려주고 피부톤을 정리해준다.
CC크림	CC크림은 Color-Change 또는 Complete Combo의 약자로 피부톤을 화사하게 해주거나 보정해준다는 뜻을 담고 있다. CC크림이란 자연스러운 피부톤 커버와 촉촉한 스킨케어가 가능한 화장품으로 기존의 BB크림보다 촉촉한 편이기 때문에 건성피부의 메이크업에 더욱 효과적이다.
컨실러	컨실러는 눈 밑의 다크 서클이나 기미, 잡티, 주근깨 등 피부의 결점을 보완할 때 사용하며 파운데이션 양을 줄여 바를 수 있게 하여 더 깨끗하고 자연스러운 피부표현이 가능하다. 리퀴드형, 크림형, 스틱형, 펜슬형 등이 있다.
파우더	파운데이션의 유분기를 흡수하여 번들거림을 방지하며 베이스 메이크업의 지속성을 높여준다. 종류로는 분말형(loose power)과 압축형(pressed power) 파우더가 있다.

(2) 향수(香水(こうすい))

어떤 타입의 향수를 원하십니까?

どのようなタイプの香水(こうすい)がよろしいですか。

이 향수는 특히 젊은 층이 좋아하는 향입니다.

この香水(こうすい)はとくにお若(わか)い方(かた)が好(すき)な香(かお)りです。

이 향수는 30ml와 50ml, 100ml 세 종류가 있습니다.

この香水(こうすい)は30ml(さんじゅう)と50ml(ごじゅう)、100ml(ひゃく)の三種類(さんしゅるい)があります。

이것보다 더 큰/작은 용량도 있습니다.

これよりもっと大(おお)きい/小(ちい)さいサイスもあります。

이 향수는 달콤한 향입니다.

この香水(こうすい)は甘(あま)い香(かお)りです。

이 상품은 특히 잔향이 은은하고 좋습니다.

この商品(しょうひん)はとくに残(のこ)り香(かお)りが仄(ほの)かでいいです。

새로 나온 단어

どのような 어떤, 어떠한　香水(こうすい) 향수　好(す)きだ 좋아하다　香(かお)り 향, 향기
甘(あま)い 달다, 달콤하다　残(のこ)り香(かお)り 잔향　仄(ほの)かだ 은은하다

향수를 처음 쓰시는 분이라면 오드 퍼퓸이나 오드 트왈렛을 선택하시는 편이 좋습니다.

香水(こうすい)をはじめてお使(つか)いになる方(かた)なら、オーデパーヒュームとかオーデトワレを選(えら)んだ方(ほう)がいいです。

이 향수는 다른 향수보다 향이 오래 지속됩니다.

この香水(こうすい)は他の香水(こうすい)より香(かお)りが長(なが)く持続(じぞく)されます。

용량이 클수록 가격은 저렴합니다.

価格(かかく)はサイスが大(おお)きければ大(おお)きい程安(ほどやす)いです。

이 상품은 여성용/남성용/남녀공용 향수입니다.

この商品(しょうひん)は女性用(じょせいよう) / 男性用(だんせいよう) / 男女共用(だんじょきょうよう)の香水(こうすい)です。

같은 향이지만 지속력의 차이가 있습니다.

同(おな)じ香(かお)りですが、持続性(じぞくせい)の差(さ)があります。

이것은 같은 향의 보디로션 제품입니다.

これは同(おな)じ香(かお)りのボディーローションの製品(せいひん)です。

향수를 사용하실 분의 나이가 어떻게 되십니까?

香水(こうすい)をお使(つか)いになる方(かた)のお年(とし)はどのくらいですか。

새로 나온 단어

はじめて 처음　　オーデパーヒューム 오드 퍼퓸　　オーデトワレ 오드 트왈렛
選(えら)ぶ 선택하다　　方(ほう) 쪽, 편　　持続(じぞく) 지속　　持続性(じぞくせい) 지속력, 지속성
差(さ) 차이, 차　　ボディーローション 보디로션

이 향수는 달콤한/시원한/진한/옅은/여름에 어울리는/겨울에 어울리는 향입니다.

この香水は甘い / 涼しい / 濃い / 薄い / 夏に似合う / 冬に似合う香りです。

그 밖에 산뜻한 향기의 향수도 있습니다.

その以外にさっぱりした香りの香水もございます。

이 향수는 상쾌한 향입니다.

この香水はさわやかな香りでございます。

향수는 보디클렌징과 보디로션을 함께 쓰시면 향이 오래 지속됩니다.

香水は、ボディークレンジングとボディーローションをいっしょに使うと、香りが長く持続されます。

이 향수는 보디클렌징과 보디로션이 들어간 세트상품입니다.

この香水は、ディークレンジングとボディーローションが入ったセットの商品です。

향수 미니어처(miniature) 세트는 같은 브랜드로 다른 종류의 향수가 들어있습니다.

香水のミニアチュアセットは同じブランドで、別種の香水が入っております。

새로 나온 단어

濃い 짙다
夏に似合う 여름에 어울리다
冬に似合う 겨울에 어울리다
さっぱりする 산뜻하다
さわやかだ 상쾌하다
ミニアチュア 미니어처
別種 다른 종류

향수도 화장품과 마찬가지로 직사광선과 고온을 피하고 서늘한 장소에 보관해두시면 됩니다.

香水も化粧品と同じように、直射日光と高温を避けて、涼しい場所に保管してください。

향수를 사용하신 후에는 병뚜껑을 꼭 닫아주세요.

香水をお使いになった後は、瓶の蓋をかならず閉めてください。

향수를 뿌리실 때 흰색 옷, 실크, 모피, 가죽제품에 직접 사용하시면 얼룩이 질 수도 있습니다.

香水をおつけになる時、白い服、シルク、毛皮、革製品に直接お使いになると、染み付くかもしれません。

상처가 있는 부위에는 직접 뿌리지 말아 주세요.

傷のある部位には直接おつけにならないでください。

향수는 체온이 높고 맥박이 잘 뛰는 곳일수록 향기가 잘 확산됩니다.

香水は体温が高くて、脈拍が速い所ほど、香りがよく拡散されます。

향수를 손목 또는 귓불에 뿌리시면 됩니다.

香水を手首または耳たぶにおつけになってください。

새로 나온 단어

瓶の蓋 병뚜껑	閉める 닫다	白い服 흰색 옷	シルク 실크
毛皮 모피	革製品 가죽제품	染み付く 얼룩지다	傷 상처
部位 부위	体温 체온	脈拍 맥박	速い 빠르다
拡散 확산	手首 손목	耳たぶ 귓불	

향수는 대부분 프랑스제입니다.

香水はたいていフランス製でございます。

※ 화장품의 종류

스킨	化粧水	로션	乳液
에센스	美容液	영양크림	栄養クリーム
미백크림	美白クリーム	탄력크림	弾力クリーム
나이트크림	ナイトクリーム	비비크림	BBクリーム
아이크림	アイクリーム	보습크림	保湿クリーム
수분크림	水分クリーム	재생크림	再生クリーム
아이섀도	アイシャドウ	립스틱	リップスティック
마스카라	マスカラ	아이라이너	アイライナー

※ 향수의 종류와 상식

종류	농도	지속시간
퍼퓸(parfums)	15-20%	5-7시간
오드 퍼퓸(eaux de parfums)	10-15%	5시간
오드 트왈렛(eaux de toilette)	5-10%	3-4시간
오드 코롱(eaux de cologne)	2-5%	1-2시간

※ 발향단계에 따른 분류

구분	지속시간	향료
탑 노트 (top note)	• 향수의 첫 향 • 3~4분 이내에 나타나는 향	• 레몬, 오렌지, 시트러스 계열 • 라벤더, 미모사, 오렌지 플라워, 플로랄 계열
미들 노트 (middle note)	• 향수의 주된 향 • 뿌린 후 30~40분 후에 나타나는 은은한 향	• 자스민, 장미, 라일락 등 플로랄 계열 • 바질, 시나몬 등 스파이스 계열
베이스 노트 (base note)	• 향수를 뿌린 후 2~3시간 이상 지난 다음 모든 향이 날아간 상태에서 체취와 함께 지속되는 향	• 우디(나무, 이끼향) • 머스크 등의 동물성 향

알아두기

향수의 활용

- 향수는 허리를 경계로 상반신과 하반신의 지속시간과 효과가 다르므로 소량을 여러 곳에 나누어 뿌린다.
- 향은 아래에서 위로 발산되므로 허리 아래선, 즉 허벅지나 무릎 뒤, 발목 등에 뿌리면 좋다. 땀이 많이 나는 부분이나 겨드랑이에는 향수를 사용하지 않는다. 체온이 높고 맥박이 뛰는 곳(귓불 뒤쪽, 손목, 팔 안쪽)일수록 확산이 잘되며 스프레이 타입인 경우 신체의 넓은 범위에 뿌리거나 옷에 사용하는 것이 좋다.
- 옷 또는 액세서리의 경우에는 스커트 안쪽 단, 슈트와 넥타이의 안쪽, 스타킹 등이 적당하다. 한번에 두 가지 이상의 향수를 사용하지 않도록 하고 상처가 난 부위나 손상된 피부에는 직접 사용하지 않는다.
- 보석류는 향수와 닿을 경우 광택을 잃거나 변색되기 쉬우므로 각별히 조심한다.
- 향수 선택 시에는 직접 코에 대고 냄새를 맡지 않고 시향지를 사용한다.
- 지성 피부인 사람은 복합적인 향보다는 단순한 향을, 강한 향수보다는 가벼운 향을 뿌리는 것이 좋다. 장소와 복장에 어울리지 않는 향수는 피하고 남성이 여성의 향수를 뿌린다거나 그 반대의 경우도 삼간다.
- 고객을 접대하는 서비스 전문인의 경우에는 은은한 향이 적당하다.

2.2 부티크 코너

(1) 가방 및 지갑

1) 가방(カバン)

이 가방은 다섯 가지 색깔이 있습니다.

こちらのカバンは五(いつ)つの色(いろ)がございます。

이 가방은 검정 이외에 빨강, 파랑, 갈색, 보라색이 있습니다.

このカバンは黒(くろ)以外(いがい)に赤(あか)、青(あお)、茶色(ちゃいろ)、紫色(むらさきいろ)がございます。

이 가방은 S, M, L 세 가지 사이즈가 있습니다.

こちらのカバンはスモール、ミディアム、ラージの3種類(しゅるい)のサイズがあります。

이 가방은 한정판입니다.

このカバンは限定版(げんていばん)でございます。

가방의 종류에는 여러 가지가 있습니다. 핸드백, 숄더백, 크로스백, 토트백, 보스턴백, 클러치백, 쇼퍼백 등이 있습니다.

カバンの種類(しゅるい)は色々(いろいろ)ございます。ハンドバッグ、ショルダバッグ、クロスバッグ、トートバッグ、ボストンバッグ、クラッチバッグ、ショッパーバックなどがあります。

새로 나온 단어

カバン 가방	黒(くろ) 검정	赤(あか) 빨강	青(あお) 파랑
茶色(ちゃいろ) 갈색	紫色(むらさきいろ) 보라색	スモール S(Small)	
ミディアム M(medium)	ラージ L(Large)	限定版(げんていばん) 한정판	
ハンドバッグ 핸드백	ショルダバッグ 숄더백	クロスバッグ 크로스백	
トートバッグ 토트백	ボストンバッグ 보스턴백	クラッチバッグ 클러치백	
ショッパーバック 쇼퍼백			

이 상품은 양가죽이기 때문에 부드럽고 가볍지만 스크래치가 나기 쉽습니다.

この商品はシープスキンなので柔らかくて軽いですが、傷つきやすいです。

가죽에는 소가죽, 양가죽, 돼지가죽, 뱀가죽, 악어가죽, 타조가죽 등이 있습니다.

革には牛革、シープスキン、豚革、蛇皮、鰐皮、オストリッチなどがあります。

소가죽이 가장 사용하기 편합니다.

牛革が一番使いやすいです。

이 상품은 코팅처리와 엠보싱처리가 되어 있어서 흠집이 잘 나지 않습니다.

この商品はコーティング処理とエンボッシング処理がされていますので、傷つきにくいです。

이 가방은 끈 조절이 가능합니다.

こちらのカバンは紐の調節ができます。

☆새로 나온 단어☆

シープスキン 양가죽　柔らかい 부드럽다　軽い 가볍다　紐 끈
傷つきやすい 스크래치가 나기 쉽다　革 가죽　牛革 소가죽
豚革 돼지가죽　蛇皮 뱀가죽　鰐皮 악어가죽　オストリッチ 타조가죽
コーティング処理 코팅처리　エンボッシング処理 엠보싱처리

이 가방은 이탈리아제입니다.

こちらのカバンはイタリア製(せい)です。

이 가방은 가죽이 아니라 천이어서 가볍고 들기 편합니다.

こちらのカバンは革(かわ)ではなく布(ぬの)で作(つく)られたので、軽(かる)くてお持(も)ちやすいです。

이 가방은 계절에 상관없이 사용할 수 있어서 실용적입니다.

このカバンは季節(きせつ)に関係(かんけい)なく、使(つか)えますので実用的(じつようてき)です。

이 가방은 유행에 그다지 좌우되지 않습니다.

このカバンは流行(りゅうこう)にあまり左右(さゆう)されません。

이 가방은 소가죽이고 감촉이 매우 부드럽습니다.

こちらのカバンは牛革(ぎゅうかわ)で、手触(てざわ)りがとても柔(やわ)らかいです。

이 가방의 소재는 자카드이고 연령에 관계없이 인기가 있습니다.

このカバンの素材(そざい)はジャカードで、年齢(ねんれい)に関係(かんけい)なく人気(にんき)があります。

가죽으로 만든 제품은 가죽용 크림을 바른 후에 부드러운 천으로 얼룩 부분을 닦아 주시면 됩니다.

革(かわ)で作(つく)った製品(せいひん)は革(かわ)クリームを塗(ぬ)ってから、柔(やわ)らかい布(ぬの)でしみの部分(ぶぶん)をお拭(ふ)きください。

새로 나온 단어

布(ぬの) 천, 옷감	季節(きせつ) 계절	実用的(じつようてき) 실용적	流行(りゅうこう) 유행
左右(さゆう) 좌우	手触(てざわ)り 감촉	素材(そざい) 소재	ジャカード 자카드
拭(ふ)く 닦다			

※ 가방의 종류

핸드백 (handbag)	ハンドバッグ	핸드백은 손에 들거나 팔에 늘어뜨리는 가방이지만 현대에는 다목적 디자인에 따라 변화형식으로 손에 들 수도 있을 뿐 아니라, 기다란 끈이 달려 있어 어깨에 메고 다니는 숄더백으로서의 기능도 겸하는 디자인이 출시되고 있다.
숄더백 (shoulder bag)	ショルダバッグ	어깨에 메고 다닐 수 있게 디자인된 가방을 통틀어 일컫는다. 길이를 마음대로 조절할 수 있게 되어 있다.
토트백 (tote bag)	トートバッグ	물건을 휴대하기 편하도록 만든 견고한 소재의 손잡이가 달린 가방
클러치백 (clutch bag)	クラッチバッグ	끈이 없어 손에 쥘 수 있도록 디자인된 백의 총칭으로 비교적 작고 가벼우며 직사각형 타입이 많다.
보스턴백 (Boston bag)	ボストンバッグ	미국의 보스턴 대학의 학생이 이용한 데서 이름이 붙여졌다고 한다. 손잡이가 두 개, 바닥이 직사각형이고 중간쯤이 불룩한 손잡이 가방으로 간단한 여행이나 스포츠 등에 많이 이용된다.
백팩 (Rucksack)	リュックサック	배낭 · 등산용 등 기능성 디자인부터 일상생활에서 사용할 수 있는 디자인까지 다양하다.
쇼퍼백 (shopper bag)	ショッパーバック	의미 자체로는 '물건을 사는 손님의 백'이라는 뜻으로, 쇼핑할 때 이용하는 커다란 손가방이나 그런 크기의 패셔너블한 숄더백을 말한다.
파우치 (poach)	ポーチ	작은 주머니란 뜻으로 액세서리로 다는 작은 백, 또는 꿰는 끈이 달린 손 주머니 등이 있다.

2) 지갑(財布(さいふ))

지갑의 종류에는 장지갑, 반지갑, 동전지갑이 있습니다.

財布(さいふ)の種類(しゅるい)には長財布(ながざいふ)、半財布(はんざいふ)、小銭入(こぜにい)れなどがあります。

사람마다 취향은 다르지만 일반적으로 반지갑이 가장 사용하기 편합니다.

人(ひと)によって好(この)みは違(ちが)いますが、普通(ふつう)は半財布(はんざいふ)が一番(いちばん)使(つか)いやすいです。

이 지갑은 특히 동전지갑이 달려 있어 사용하기 편합니다.

この財布(さいふ)はとくに小銭入(こぜにい)れがついていて、使(つか)いやすいです。

이 스타일로 다른 브랜드도 있습니다.

このスタイルで他(ほか)のブランドもあります。

이것은 인조가죽이기 때문에 가격도 싸고 가볍습니다.

これは合成皮革(ごうせいひかく)なので、お値段(ねだん)も安(やす)くて軽(かる)いです。

올해 유행하는 스타일이고 최고로 인기 있는 상품입니다.

今年(ことし)、流行(はや)りのスタイルで、最高(さいこう)に人気(にんき)のある商品(しょうひん)です。

☆새로 나온 단어☆

財布(さいふ) 지갑　長財布(ながざいふ) 장지갑　半財布(はんざいふ) 반지갑　小銭入(こぜにい)れ 동전지갑

人(ひと) 사람　好(この)み 취향　普通(ふつう) 일반적으로, 대개, 보통

使(つか)いやすい 사용하기 쉽다　部分(ぶぶん) 부분

合成皮革(ごうせいひかく) 인조가죽, 합성피혁　流行(はや)り 유행　最高(さいこう)に 최고로

양가죽은 소가죽보다 훨씬 부드럽습니다.

シープスキンは牛革(ぎゅうかわ)よりもっと柔(やわ)らかいです。

가죽제품은 가죽크림을 발라 부드러운 헝겊으로 얼룩진 부분을 닦아주세요.

革製品(かわせいひん)は革(かわ)クリームを塗(ぬ)って、柔(やわ)らかい布(ぬの)でしみの部分(ぶぶん)を拭(ふ)いてください。

특별히 찾으시는 사이즈나 스타일은 있으세요?

特別(とくべつ)にお探(さが)しのサイズやスタイルはありますか。

이 지갑은 합성피혁이기 때문에 가격도 적당하고 튼튼합니다.

この財布(さいふ)は合成皮革(ごうせいひかく)なので、お値段(ねだん)もお手頃(てごろ)で丈夫(じょうぶ)です。

이 상품은 다른 상품보다 품질이 뛰어납니다.

この商品(しょうひん)は他(ほか)の商品(しょうひん)より品質(ひんしつ)が優(すぐ)れております。

이것은 남성용 지갑이고 저것은 여성용 지갑입니다.

こちらは男性用(だんせいよう)の財布(さいふ)で、あちらは女性用(じょせいよう)の財布(さいふ)です。

이것은 여성용 반지갑으로 동전지갑이 달려있는 스타일입니다.

こちらは女性用(じょせいよう)の半財布(はんざいふ)で、小銭入(こぜにい)れが付(つ)いているスタイルです。

새로 나온 단어

特別(とくべつ)に 특별히　丈夫(じょうぶ)だ 튼튼하다　手頃(てごろ)だ 적당하다　品質(ひんしつ) 품질

※ 지갑의 종류

장지갑	長財布(ながざいふ)	키 케이스	キーケース
반지갑	半財布(はんざいふ)	여권지갑	パスポートケース
동전지갑	小銭入れ(こぜにいれ)	명함지갑	名刺入れ(めいしいれ)

2.3 구두 및 벨트 코너

(1) 구두(靴(くつ))

신발사이즈는 어떻게 되십니까?

靴(くつ)のサイズはおいくつですか。

양쪽 모두 신어보시겠습니까?

両方(りょうほう)とも履(は)いて見(み)ましょうか。

죄송합니다만 신발은 카펫 위에서 신어주세요.

申(もう)し訳(わけ)ございませんが、靴(くつ)はカーペットの上(うえ)で履(は)いてください。

고객님, 사이즈는 어떠신지요? 큰가요? 작은가요?

お客様(きゃくさま)、サイズはいかがですか。大(おお)きいですか。小(ちい)さいですか。

☆새로 나온 단어☆

靴(くつ) 신발, 구두 両方(りょうほう) 양쪽 履(は)く 신다 カーペット 카펫 上(うえ) 위

착화감은 어떠십니까?

履(は)き心地(ごこち)はいかがですか。

이 상품은 아까보다 한 치수 더 큰 사이즈로 발볼 사이즈가 가장 넓은 구두입니다.

この商品(しょうひん)は先(さき)よりもう一(ひと)つ上(うえ)のサイズで、足(あし)の幅(はば)が一番広(いちばんひろ)い靴(くつ)です。

이 구두는 송아지 가죽이기 때문에 매우 부드러워 편합니다.

この靴(くつ)はカーフスキンなので、とても柔(やわ)らかくて楽(らく)です。

소가죽 제품이라 신으시면 가죽이 약간 늘어납니다.

牛革(ぎゅうかわ)の商品(しょうひん)ですから履(は)いたら革(かわ)が小(すこ)し伸(の)びます。

신발은 A/S가 안 됩니다.

靴(くつ)はA/Sができません。

마음에 들지 않으시면 이 구두를 신어보시겠습니까?

お気(き)に召(め)さない場合(ばあい)はこの靴(くつ)を履(は)いて見(み)ましょうか?

다시 한번 신어보시고 걸어보세요.

もう一度(いちど)履(は)いて歩(ある)いて見(み)てください。

새로 나온 단어

履(は)き心地(ごこち) 착화감	足(あし)の幅(はば) 발볼	広(ひろ)い 넓다	カーフスキン 송아지 가죽
小(すこ)し 조금, 약간, 좀	伸(の)びる 늘어나다	歩(ある)いて見(み)る 걸어보다	

디자인도 최신 겁니다.

デザインも最新のものです。

고객님에게는 이 디자인이 잘 어울리세요.

お客様にはこのデザインの方がよくお似合いですよ。

유럽 사이즈로 37이면 한국사이즈는 240cm이고, 일본사이즈는 24입니다.

ヨーロッパのサイズで37なら、韓国のサイズは240cmで、日本のサイズは24でございます。

어떠신가요? 편하신가요? 아니면 불편하신가요?

いかがですか。楽ですか。それとも、不便ですか。

사이즈는 꼭 맞으시네요.

サイズはちょうどいいですね。

사이즈는 브랜드마다 약간 다릅니다.

サイズはブランドによって、ちょっと違います。

이 디자인은 정장에도 캐주얼에도 잘 어울려서 실용적인 상품입니다.

このデザインはフォーマルウェア(正装)にも、カジュアルにも、よくお似合いですから実用的な商品です。

새로 나온 단어

デザイン 디자인　ヨーロッパ 유럽　カジュアル 캐주얼　フォーマルウェア(正装) 정장

걸어보세요. 어딘가 불편하신 곳은 없으신가요?

歩(ある)いて見(み)てください。どこか不便(ふべん)なところはございませんか。

이 구두는 매우 가볍고 끈 조절이 가능한 상품입니다.

この靴(くつ)はとても軽(かる)くて、紐(ひも)の調節(ちょうせつ)が可能(かのう)な商品(しょうひん)です。

※ 각국의 신발사이즈 표기방법

한국	225	230	235	240	245	250	255	260	265	270	275	280
일본	22.5	23	23.5	24	24.5	25	25.5	26	26.5	27	27.5	28
미국	-	5	-	6	-	7	-	8	-	9	-	10
유럽	37~38	38	38~39	39	39~40	40	40~41	41	41~42	42	42~43	43
영국	4	4.5	5	5.5	6	6.5	7	7.5	8	8.5	9	9.5

(2) 벨트(ベルト)

이 벨트는 사이즈 조절이 가능합니다.

このベルトはサイズの調節(ちょうせつ)ができます。

벨트에는 버클을 구멍에 넣는 캐주얼한 스타일과 버클을 구멍에 걸리게 해서 사용하는 정장용 스타일 두 종류가 있습니다.

ベルトにはバックルを穴(あな)に入(い)れるカジュアルなスタイルと、バックルを穴(あな)にかけるように使(つか)う正装用(せいそうよう)スタイルの二種類(にしゅるい)があります。

☆새로 나온 단어☆

ベルト 벨트　　バックル 버클　　穴(あな) 구멍

면세점에서는 사이즈 조절이 불가능합니다.[6)]

免税店ではサイズの調節ができません。

일반적으로 벨트의 길이는 100~120cm로 버클과 가죽이 분리되어 있어 손님 사이즈에 맞게 가위로 자르시면 됩니다.

一般的にベルトのサイズは100~120cmで、バックルと革が分離されるようになっていて、長さの調節ができます。

이 벨트는 앞뒤 양면으로 사용이 가능한 상품입니다.

このベルトはリバーシブルで使える商品でございます。

벨트의 버클(가죽)만은 구매할 수 없습니다.

ベルトのバックル(革)だけは買えません。

이 버클은 18K/은/백금도금입니다.

このバックルは18金/銀/プラチナ鍍金でございます。

이 벨트는 정장에 잘 어울립니다.

このベルトはフォーマルウェア(正装)によくお似合いです。

☆새로 나온 단어☆

入れる 넣다　かける 걸다　正装用 정장용　分離 분리

リバーシブル 양면으로 착용 가능　18金 18K　銀 은

プラチナ鍍金 백금도금

6) 상황에 따라 교환 또는 환불하는 경우도 발생하기 때문에 면세점에서 사이즈 조절은 불가능하며 구매 후 고객이 직접 조절할 수 있다.

이것은 캐주얼한 복장에 잘 어울리는 벨트입니다.

これはカジュアルな服装(ふくそう)によくお似合(にあ)うベルトです。

이것은 어떤 복장에도 잘 어울리는 벨트입니다.

これはどんな服装(ふくそう)にもよくお似合(にあ)うベルトです。

색깔은 검정과 갈색 두 가지가 있습니다.

色(いろ)は黒(くろ)と茶色(ちゃいろ)の二種類(にしゅるい)があります。

버클의 색상은 주로 은색계열이 많은데 나이에 관계없이 무난하게 맬 수 있습니다.

バックルの色(いろ)は主(おも)にシルバー系(けい)が多(おお)くて、お年(とし)に関係(かんけい)なく無難(ぶなん)に締(し)められます。

금색계열은 대체적으로 나이 드신 분들이 좋아합니다.

ゴールド系(けい)はだいたいお年寄(としよ)りの方(かた)が好(す)きな物(もの)です。

가격은 싼 것부터 비싼 것까지 다양한 상품이 구비되어 있습니다.

お値段(ねだん)はやすい物(もの)から高(たか)い物(もの)まで、さまざまな物(もの)が揃(そろ)っております。

새로 나온 단어

服装(ふくそう) 복장, 옷차림	主(おも)に 주로	シルバー系(けい) 은색계열	年(とし) 나이
無難(ぶなん)に 무난하게	締(し)める 매다	ゴールド系(けい) 금색계열	だいたい 대체적으로, 대개
やすい物(もの) 싼 것	高(たか)い物(もの) 비싼 것	揃(そろ)う 갖추어지다, 구비되다	

2.4 의류(衣類(いるい)) 코너

선물 받으실 분의 연령/체격은 어떻게 되십니까?

お土産(みやげ)を受(う)け取(と)られる方(かた)の年齢(ねんれい) / 体格(たいかく)はどのくらいですか。

자녀분은 몇 살입니까? 남자아이인가요? 아니면 여자아이인가요?

お子様(こさま)はおいくつですか。男(おとこ)の子(こ)ですか。それとも、女(おんな)の子(こ)ですか。

사이즈는 XS부터 S, M, L, XL까지 있습니다.

サイズはXS、S、M、L、XLまでです。

입으시는 분의 사이즈는 어떻게 되십니까?

お召(め)しになる方(かた)のサイズはどうなりますか。

브랜드마다 표시가 다릅니다.

ブランドによって、表示(ひょうじ)が違(ちが)います。

이 상품은 36사이즈부터 44사이즈까지 있습니다.

この商品(しょうひん)はサイズが36(さんじゅうろく)から44(よんじゅうよん)まででございます。

이 사이즈는 품절입니다.

このサイズは品切(しなぎ)れです。

새로 나온 단어

体格(たいかく) 체격
お子様(こさま) 자녀분
男(おとこ)の子(こ) 남자아이
女(おんな)の子(こ) 여자아이
お召(め)しになる方(かた) 입으시는 분
品切(しなぎ)れ 품절

이 상품은 AW/SS상품입니다.

こちらはAW[7]/SS[8]の商品(しょうひん)でございます。

언제 입고될지는 잘 모르겠습니다.

いつ入庫(にゅうこ)されるかはよく分(わ)かりません。

창고에 있는지 없는지 확인해보겠습니다.

倉庫(そうこ)にあるかどうか確認(かくにん)いたします。

이것보다 한 사이즈 작은 것으로 보여드리겠습니다.

これより一(ひと)つ下(した)のサイズをお見(み)せします。

우선 입어보시겠습니까?

いちおう試着(しちゃく)しましょうか。

이 상품은 손빨래가 아니라 반드시 드라이크리닝해야만 됩니다.

この商品(しょうひん)は手洗(てあら)いではなく、必(かなら)ずしもドライクリーニングしなければなりません。

새로 나온 단어

確認(かくにん) 확인	入庫(にゅうこ) 입고	倉庫(そうこ) 창고	いちおう 우선
試着(しちゃく) 입어봄	手洗(てあら)い 손빨래	ドライクリーニング 드라이크리닝	

7) AW는 Autumn(가을)과 Winter(겨울)의 약자로서 가을과 겨울상품을 말한다.
8) SS는 Spring(봄)과 Summer(여름)의 약자로서 봄과 여름상품을 의미한다.

이 옷은 물세탁이 가능합니다.

こちらの服(ふく)は水洗(みずあら)いができます。

티셔츠는 입어보실 수 없습니다.

Tシャツは試着(しちゃく)できません。

이 블라우스는 100% 실크제품입니다.

このブラウスは100%(ひゃく)シルクの商品(しょうひん)でございます。

이 바지의 소재는 면입니다.

このズボンの素材(そざい)は綿(めん)でございます。

이 치마는 100% 면이기 때문에 촉감이 매우 부드럽습니다.

このスカートは100%(ひゃく)綿(めん)だから肌触(はだざわ)りがとても柔(やわ)らかいです。

고객님, 다른 디자인/색도 보여드릴까요?

お客様(きゃくさま)、他(ほか)のデザイン / 色(いろ)もお見(み)せしましょうか。

이 스웨터의 소재는 캐시미어입니다.

このセーターの素材(そざい)はカシミアでございます。

☆새로 나온 단어☆

水洗(みずあら)い 물세탁	ズボン 바지	素材(そざい) 소재	綿(めん) 면
スカート 치마	肌触(はだざわ)り 촉감	セーター 스웨터	カシミア 캐시미어

이 상품의 소재는 울이기 때문에 매우 가볍고 따뜻합니다.

この商品(しょうひん)の素材(そざい)はウールなので、とても軽(かる)くて温(あたた)かいです。

여러 가지 색깔이 갖추어져 있습니다.

さまざまな色(いろ)が揃(そろ)っております。

이 상품은 물세탁이 불가능합니다.

この商品(しょうひん)は水洗(みずあら)いができません。

이 상품이 가장 작은/큰 사이즈입니다.

この商品(しょうひん)が一番(いちばん)小(ち)さい/大(おお)きいサイズでございます。

이 셔츠에는 이 색상/모양/디자인이 어울린다고 생각합니다.

このシャツにはこちらの色(いろ)/形(かたち)/デザインがお似合(にあ)いだと思(おも)います。

저쪽 탈의실에서 입어보실 수 있습니다.

あちらの試着室(しちゃくしつ)で試着(しちゃく)できます。

입어보실 때에는 페이스커버를 반드시 이용해주십시오.

試着(しちゃく)する時(とき)にはフェースカバーを必(かなら)ずご利用(りよう)ください。

새로 나온 단어

ウール 울	温(あたた)かい 따뜻하다	シャツ 셔츠	形(かたち) 모양
試着室(しちゃくしつ) 탈의실	フェースカバー 페이스커버		利用(りよう) 이용

허리 사이즈는 어떻게 됩니까?

ウェストのサイズはどのくらいですか。

이 상품은 젊은 여성들에게 인기가 있으며 올 여름에 유행하는 디자인입니다.

こちらの商品はお若い女性に人気があり、今夏に流行のデザインでございます。

이 옷의 소재는 면과 폴리에스테르 혼방입니다.

この服の素材は綿とポリエステルの混紡です。

고객님, 어떠세요. 좀 끼어 보이네요. 좀 더 큰 것으로 입어보시겠습니까?

お客様、いかがですか。ちょっときつく見えますね。もっと大きいのを試着しましょうか。

이 재킷은 손님에게 좀 큰 것 같습니다.

こちらのジャケットはお客様に少し大きく見えます。

이 타입의 재킷은 이런 무늬가 좋을 것 같습니다.

このタイプのジャケットはこんな模様がよろしいと思います。

☆새로 나온 단어☆

ウェスト 허리
今夏(こんか) 올 여름
ポリエステル 폴리에스테르
混紡(こんぼう) 혼방
きつい 꼭 끼다, 빽빽하다
ジャケット 재킷
模様(もよう) 무늬

이 옷은 올 시즌 상품으로 베스트 세일즈 아이템입니다.

こちらの服(ふく)は今年(ことし)のシーズン商品(しょうひん)で、ベストセールスアイテムでございます。

이 정장에 스카프를 두르시면 더욱 멋집니다.

この正装(せいそう)な服(ふく)にスカーフを巻(ま)いたら、もっと素敵(すてき)です。

이 바지는 보온성과 방수성이 뛰어나며 가볍고 따뜻합니다.

このズボンは保温性(ほおんせい)と防水性(ぼうすいせい)が優(すぐ)れており、軽(かる)くて温(あたた)かいです。

디자인이 심플하면서도 세련된 옷입니다.

デザインがシンプルでありながら、洗練(せんれん)された服(ふく)です。

고객님한테는 좀 긴 것 같네요.

お客様(きゃくさま)には小(すこ)し長(なが)すぎますね。

이 옷은 촉감도 매우 부드럽고 신축성이 뛰어나서 착용감이 좋습니다.

こちらの服(ふく)は肌触(はだざわ)りがとても柔(やわ)らかくて、伸縮性(しんしゅくせい)が優(すぐ)れて着心地(きごこち)がいいです。

☆새로 나온 단어☆

今年(ことし) 올해, 금년
シーズン商品(しょうひん) 시즌 상품
スカーフを巻(ま)く 스카프를 두르다
ベストセールスアイテム 베스트 세일즈 아이템
素敵(すてき)だ 멋지다
着心地(きごこち) 착용감
洗練(せんれん)される 세련되다
シンプル 심플하다, 간단하다, 단순하다

이 옷은 100% 면으로 땀 흡수가 잘 됩니다.

この服(ふく)は100%綿(めん)で、汗(あせ)の吸収(きゅうしゅう)がよくできます。

요즘 유행하고 있는 상하세트는 어떻습니까?

最近(さいきん)、流行(りゅうこう)している上下(じょうげ)のセットはいかがですか。

새로 나온 단어

伸縮性(しんしゅくせい) 신축성　　汗(あせ)の吸収(きゅうしゅう) 땀 흡수　　上下(じょうげ)のセット 상하세트

※ 각국의 여성용 의류사이즈 표기방법

한국	85	90	95	100	105	110
	44	55	66	77	88	99
일본	S	M	L	LL	3L	4L
	7	9	11	13	15	17
미국	32	34	36	38	40	42
영국	8	10	12	14	16	18
프랑스	36	38	40	42	44	46
이탈리아	40	42	44	46	48	50

※ 각국의 남성용 의류사이즈 표기방법

한국	85	-	90	95	-	100	105
일본	S	-	M	L	-	LL/XL	-
미국 · 영국	14	14 1/2	15	15 1/2	16	16 1/2	17 1/2
이탈리아	36	37	38	40	41	42	44

2.5 타이 및 스카프 코너

(1) 넥타이(ネクタイ)

특별히 찾으시는 브랜드가 있으신가요?

特(とく)にお探(さが)しのブランドはございませんか。

넥타이는 100% 실크입니다.

ネクタイは100%シルクでございます。

이 상품은 4가지 색상이 있습니다.

この商品(しょうひん)は4種類(よんしゅるい)のカラーがございます。

특별히 좋아하시는 색상이 있으세요?

特(とく)にお好(す)きなカラーはございませんか。

고객님에게는 이 넥타이가 잘 어울립니다.

お客様(きゃくさま)はこのネクタイがよくお似合(にあ)いです。

이 상품은 디자인이 세련된 넥타이입니다.

この商品(しょうひん)はデザインがおしゃれなネクタイです。

넥타이를 가슴에 대어 보십시오.

ネクタイを胸(むね)に当(あ)ててみてください。

새로 나온 단어

特(とく)に 특별히 | ネクタイ 넥타이 | 胸(むね)に当(あ)てる 가슴에 대다

이 상품은 고급스러운 느낌의 넥타이입니다.

この商品は高級感のあるネクタイです。

요즘 무난하고 가장 잘 나가는 넥타이입니다.

このごろ(最近)無難で、一番よく売れるネクタイでございます。

이 넥타이는 수수하기 때문에 어떤 옷에도 잘 어울립니다.

このネクタイは地味だから、どんな服にもよく似合います。

이 넥타이를 매시면 훨씬 젊게 보이십니다.

このネクタイを締めたら、もっとお若く見えますね。

이 넥타이는 파란색 와이셔츠와 잘 어울리십니다.

このネクタイは青いワイシャツとよくお似合です。

넥타이의 소재는 거의 실크이며 울(wool) 또는 면도 있습니다.

ネクタイの素材はほとんどシルクで、ウールあるいは綿もあります。

이 넥타이는 계절에 상관없이 맬 수 있는 소재입니다.

このネクタイは季節に関係なく締められる素材でございます。

새로 나온 단어

高級感 고급스러운 느낌	地味だ 수수하다	青い 파랗다, 파란색
ワイシャツ 와이셔츠	ほとんど 거의	

이것은 여름용/겨울용 넥타이입니다.

こちらは夏向(なつむき)/冬向(ふゆむき)のネクタイでございます。

타이를 직접 가슴에 대고 거울에 비춰보세요.

ネクタイを直接胸(ちょくせつむね)にあてて、鏡(かがみ)に映(うつ)して見(み)てください。

넥타이는 대부분 프린트(print)로 되어 있으며 자카드(Jacquard) 제품도 있습니다.

ネクタイはほとんどプリントされており、ジャカードの製品(せいひん)もございます。

※ 넥타이 브랜드명

구찌

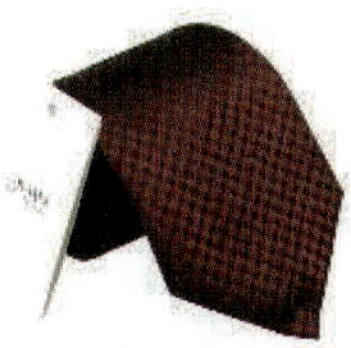
아르마니

폴 스미스

던힐

버버리

☆새로 나온 단어☆

夏向(なつむき) 여름용　冬向(ふゆむき) 겨울용　鏡(かがみ) 거울　映(うつ)す 비추다　プリント 프린트

(2) 스카프(スカーフ)

이 상품은 여성스러운 느낌의 스카프입니다.

この商品(しょうひん)は女(おんな)らしい感(かん)じのスカーフでございます。

이 스카프는 100% 실크입니다.

このスカーフは100%シルクでございます。

그 머플러는 100% 캐시미어입니다.

そのマフラーは100%カシミアでございます。

이것은 실크제품이기 때문에 반드시 드라이크리닝하셔야만 합니다.

これはシルクの商品(しょうひん)ですので、必(かなら)ずドライクリーニングしなければなりません。

이것은 직사각형의 긴 숄이고 저것은 정사각형의 숄입니다.

こちらは長方形(ちょうほうけい)の長(なが)いショールで、そちらは正方形(せいほうけい)のショールです。

이 숄은 100% 울(wool)이며 3가지 색상이 있습니다.

このショールは100%ウールで、3種類(しゅるい)のカラーがございます。

요즘 제일 무난하면서도 잘 나가는 스카프입니다.

最近(さいきん)、もっとも無難(ぶなん)でありながらも、よく売(う)れるスカーフでございます。

피부가 밝은 분들에게는 밝은 계통이 잘 어울리십니다.

お肌(はだ)の明(あか)るい方(かた)には明(あか)るい系統(けいとう)がよくお似合(にあ)いです。

☆새로 나온 단어☆

女(おんな)らしい感(かん)じ 여성스러운 느낌　　スカーフ 스카프　　マフラー 머플러

長方形(ちょうほうけい) 직사각형　　正方形(せいほうけい) 정사각형　　ショール 숄　　系統(けいとう) 계통

2.6 액세서리(アクセサリ) 코너

금속 알레르기가 있으십니까?

金属のアレルギーはございますか。

이 제품의 재질은 실버입니다.

この商品の材質はシルバーでございます。

이 목걸이는 금도금입니다.

このネックレスは金メッキでございます。

이 귀걸이는 플래티늄도금입니다.

このイヤリングはプラチナメッキでございます。

이 반지는 18K도금입니다.

この指環は18Kメッキでございます。

이 제품은 다이아몬드가 아니라 큐빅입니다.

この商品はダイヤモンドではなく、キュービックでございます。

이 제품은 진짜 보석이 아니라 모조품입니다.

この商品は本物の宝石ではなく、偽物でございます。

☆새로 나온 단어☆

アクセサリ 액세서리	金属のアレルギー 금속 알레르기	材質 재질
シルバ 실버	ネックレス 목걸이	金メッキで 금도금
イヤリング 귀걸이	指環 반지	プラチナメッキ 플래티늄도금
18Kメッキ 18K도금	ダイヤモンド 다이아몬드	キュービック 큐빅
本物の宝石 진짜 보석	偽物 모조품	

실버는 색상이 변하기 때문에 세척이 필요합니다.

シルバーは色(いろ)が変(かわ)りますから洗浄(せんじょう)が必要(ひつよう)です。

목걸이의 길이가 긴가요? 짧은가요?

ネックレスの長(なが)さは長(なが)いですか。短(みじか)いですか。

색이 변하면 A/S는 가능합니까?

色(いろ)が変(か)わったら、A/Sはできますか。

체인과 펜던트는 따로 판매하지 않습니다.

チェーンとペンダントは別(べつ)に販売(はんばい)しておりません。

목걸이는 물론 귀걸이도 착용해보실 수 있습니다.

ネックレスも勿論(もちろん)、イヤリングも着用(ちゃくよう)できます。

여기에는 남성용 넥타이핀과 커프스단추 세트상품이 있습니다.

ここには男性用(だんせいよう)のタイピンとカフスボタンのセット商品(しょうひん)がございます。

새로 나온 단어

色(いろ)が変(かわ)る 색상이 변하다　洗浄(せんじょう) 세척　長(なが)さ 길이　チェーン 체인

ペンダント 펜던트　タイピン 넥타이핀　カフスボタン 커프스단추

※ 액세서리의 종류

반지	指環(ゆびわ), リング	펜던트	ペンダント
귀걸이	イヤリング	브로치	ブローチ
피어스	ピアス	팔찌	ブレスレット
목걸이	ネックレス	발찌	アンクレット
커프스단추	カフスボタン	넥타이핀	タイピン

2.7 귀금속 코너

(1) 보석 및 자수정(宝石(ほうせき)及(およ)び紫水晶(むらさきずいしょう))

이 귀걸이는 심플한 디자인이라서 평상시 사용하기에 좋습니다.

こちらのイヤリングはシンプルなデザインなので普段(ふだん)使(つか)いやすいです。

목걸이와 세트로 반지도 있습니다.

ネックレスとセットで指環(ゆびわ)もあります。

이 목걸이에 어울리는 반지/귀걸이도 있습니다.

このネックレスに似合(にあ)う指環(ゆびわ)/イヤリングもあります。

반지 사이즈는 몇 호입니까?

指環(ゆびわ)のサイズは何号(なんごう)ですか。

☆새로 나온 단어☆

宝石(ほうせき) 보석　及(およ)び 및　紫水晶(むらさきずいしょう) 자수정　何号(なんごう) 몇 호

이 반지는 금년 신상품으로 디자인이 독특하고 세련되어 매우 인기가 있습니다.

この指環(ゆびわ)は今年(ことし)の新商品(しんしょうひん)で、デザインが独特(どくとく)で洗練(せんれん)されており、とても人気(にんき)があります。

이 반지를 한번 끼워보시겠습니까?

この指環(ゆびわ)を一度(いちど)はめてみましょうか。

이어링입니까? 피어스입니까?

イヤリングですか。ピアスですか。

이 다이아몬드는 커팅이 잘된 제품입니다.

このダイヤモンドはカッティングがよくできた商品(しょうひん)でございます。

최고의 원석을 사용해서 만든 세팅(setting)이 뛰어난 상품입니다.

最高(さいこう)の原石(げんせき)を使(つか)って作(つく)られたセッティングの優(すぐ)れた商品(しょうひん)でございます。

여기에 있는 제품은 대부분 플라티늄과 18K골드로 되어 있습니다.

ここにある商品(しょうひん)はたいていプラチナと18K(きん)でできております。

이 보석은 다이아몬드/루비/사파이어/에메랄드/토파즈/오팔/진주/오닉스입니다.

この宝石(ほうせき)はダイヤモンド / ルビー / サファイア / エメラルド / トパーズ / オパール / 真珠(しんじゅ) / オニキスでございます。

새로 나온 단어

独特(どくとく)だ 독특하다	はめる 끼다	ピアス 피어스	カッティング 커팅
最高(さいこう) 최고	原石(げんせき) 원석	ルビー 루비	サファイア 사파이어
エメラルド 에메랄드	トパーズ 토파즈	オパール 오팔	真珠(しんじゅ) 진주
オニキス 오닉스			

이 상품은 보다 품위가 있고 디자인도 멋있습니다.

この商品はより品があり、デザインも素敵です。

자수정은 평화를 상징하는 보석입니다.

紫水晶は平和を象徴する宝石です。

탄생석을 선물하는 것은 어떻습니까?

誕生石をプレゼントするのはいかがですか。

죄송합니다만 몇 월생이십니까?

誠に申し訳ございませんが、何月生まれですか。

이것은 가격도 비싸지 않고 디자인도 예뻐서 인기가 있습니다.

こちらはお値段も高くないし、デザインもきれいで人気があります。

이것은 해수/담수 진주입니다.

こちらは海水 / 淡水真珠でございます。

이것은 품질보증서입니다.

こちらは品質保証書でございます。

새로 나온 단어

品がある 품위가 있다	平和 평화	象徴 상징	誕生石 탄생석
プレゼントする 선물하다	何月生まれ 몇 월생	海水 해수	淡水 담수
品質保証書 품질보증서			

따님 선물용으로 이 팔찌가 딱 맞는다고 생각합니다.

娘(むすめ)さんのお土産(みやげ)でこちらのブレスレットがピッタリだと思(おも)います。

☆새로 나온 단어☆

娘(むすめ)さん 따님　　ブレスレット 팔찌　　ピッタリだ 딱 맞다

알아두기

★ 일본의 국경일로 일본인들은 이때 해외여행을 즐긴다.

월	날짜	명칭	내용
1월	1일	오쇼가쓰 (お正月(しょうがつ), 설날)	연하장을 서로 주고받으며 하쓰모데(初詣)라 하여 신년 첫 참배를 한다. 음식은 오세치요리를 만들거나 사서 먹는다.
	* 1일에서 3일까지가 공휴일이며 대개 5일까지 신년연휴이다.		
	둘째 주 월요일	성인의 날	만 20세가 되면 성인으로 인정받아 음주와 흡연이 가능해진다. 1948년에 제정되었으며 학교 및 지자체 단위로 해당 남녀를 초대하여 축하의 자리를 마련해준다.
2월	3일	천황탄생일	현재 나루히토(德仁) 천황의 생일을 기념하는 날이다.
	11일	건국기념일	일본의 초대천황인 진무(神武)천황이 즉위한 날로 애국심을 기른다는 취지로 1966년에 공휴일로 지정되었다.
3월	21일경	춘분	조상의 묘를 찾아가 청소를 하며 성묘한다.
4월	29일	쇼와(昭和(しょうわ))의 날	쇼와천황의 생일을 기념하는 날이다.
5월	3일	헌법기념일	1947년 5월 3일 일본국헌법(평화헌법)이 시행된 것을 기념하는 날이다.
	4일	녹색의 날	자연의 은혜에 감사하는 마음에서 지정된 공휴일이다.

<table>
<tr><td rowspan="2">5월</td><td>5일</td><td>어린이날
(단오절)</td><td>남자아이가 씩씩하게 성장하기를 기원하는 날로, 고이노보리(鯉のぼり)라 하여 집 밖에는 잉어모양의 깃발을 세우고 집안에는 무사인형이나 투구를 장식한다.</td></tr>
<tr><td colspan="3">* 4월 29일부터 5월 5일까지 '골든 위크(Gold Week)'라 부르는 황금연휴 기간이다.</td></tr>
<tr><td>7월</td><td>셋째
월요일</td><td>바다의 날</td><td>바다의 은혜에 감사하는 날이다.</td></tr>
<tr><td rowspan="2">8월</td><td>13일
-16일</td><td>오봉
(お盆)</td><td>고향으로 돌아가 성묘를 한다. 13일에는 불을 피워 조상의 영혼을 맞이하고 16일에도 불을 피워 조상의 영혼을 전송한다. 불단에 선반을 만들어 공물을 바치기도 하고 오봉이 끝날 무렵, 공물을 짚에 싸서 강물에 떠내려 보낸다. 각 마을에서는 사람들이 모여 북을 치면서 원을 그리며 춤을 추는 봉오도리를 즐긴다.</td></tr>
<tr><td colspan="3">* 13일부터 16일까지 오봉 연휴기간에 대대적인 귀성이 이루어지며 사람들은 고향에서 연휴를 보낸다.</td></tr>
<tr><td rowspan="2">9월</td><td>셋째
월요일</td><td>경로의 날</td><td>노인을 공경하는 마음을 가꾸고 장수를 축복하는 날로 1966년에 제정되었다.</td></tr>
<tr><td>23일경</td><td>추분</td><td>조상의 묘를 찾아가 청소를 하고 성묘한다. 1948년에 국경일로 제정되었다.</td></tr>
<tr><td>10월</td><td>둘째
월요일</td><td>체육의 날</td><td>1964년 10월 10일에 개최된 도쿄(東京)올림픽을 기념하는 경축일이다.</td></tr>
<tr><td rowspan="2">11월</td><td>3일경</td><td>문화의 날</td><td>메이지(明治)천황의 생일로 문화공로자에게 황실에서 훈장을 수여한다.</td></tr>
<tr><td>23일</td><td>근로감사의 날</td><td>근로와 생산을 감사히 여기는 날이다.</td></tr>
</table>

2.8 시계(時計) 코너

이 상품은 오토매틱(Automatic, 자동) 시계/쿼츠(Quartz, 배터리) 시계입니다.

この商品は自動巻き時計 / クォーツ時計でございます。

오토매틱 시계는 쿼츠 시계보다 무겁습니다.

自動巻き時計はクォーツ時計より重いです。

이 시계는 200미터까지 방수가 가능합니다. 수영할 때에도 착용이 가능합니다.

この商品は200メートルまで防水ができます。水泳する時にはめてもかまいません。

이 시계는 100미터 생활방수만 가능합니다. 물에 닿지 않도록 주의해 주십시오.

この商品は100メートルの生活防水だけです。水にふれないようにお気をつけください。

이 제품은 스위스산 브랜드입니다.

この商品はスイス製のブランドです。

이 시계의 보증기간은 1년입니다.

この時計の保証期間は1年です。

☆새로 나온 단어☆

自動巻き時計 오토매틱(자동) 시계		クォーツ時計 쿼츠(배터리) 시계	
重い 무겁다	メートル 미터	防水 방수	水泳 수영
生活防水 생활방수		水にふれない 물에 닿지 않다	

이 시계는 손님의 손목 사이즈에 맞게 밴드조절이 가능합니다.

この時計(とけい)はお客様(きゃくさま)の手首(てくび)のサイズにあわせて、バンドの調節(ちょうせつ)ができます。

이 시계는 사이즈 조절이 안 됩니다.

この時計(とけい)はサイズの調節(ちょうせつ)ができません。

이 시계는 문자판이 야광으로 되어 있어 밤에도 잘 보입니다.

この時計(とけい)は文字盤(もじばん)が夜光(やこう)になっており、夜(よる)にもよく見(み)えます。

이 상품은 크로노그래프(Chronograph) 시계입니다.

この商品(しょうひん)はクロノグラフ時計(とけい)です。

이 상품은 내부가 보이는 스켈레톤(Skeleton) 시계입니다.

この商品(しょうひん)は中(なか)が見(み)えるスケルトン時計(とけい)です。

시계유리는 사파이어 크리스탈(Sapphire Crystal)과 미네랄 글라스(Mineral Glass)가 있습니다.

時計(とけい)のガラスはサファイアクリスタルとミネラルガラスがあります。

이 시계는 미네랄 글라스이기 때문에 스크래치가 잘 납니다.

この時計(とけい)はミネラルガラスなので、スクラッチがよくできます。

새로 나온 단어

文字盤(もじばん) 문자판　クロノグラフ時計(とけい) 크로노그래프 시계　夜光(やこう) 야광
見(み)える 보이다　スケルトン時計(とけい) 스켈레톤 시계　ガラス 유리
サファイアクリスタル 사파이어 크리스탈　ミネラルガラス 미네랄 글라스
傷(きず)が生(しょう)ずる 상처가 생기다, 긁힘이 생기다

사파이어 크리스탈 시계 유리도 사용할 때 긁힘이 생길 수도 있습니다.

サファイアクリスタルの時計ガラスも使う時、傷が生ずることもあります。

전지의 수명은 보통 1~2년입니다.

電池の寿命は普通1年から2年までです。

이 시계는 오토매틱 시계이므로 운동할 때에는 착용하지 않는 것이 좋습니다.

この時計は自動巻き時計ですので、運動する時にははずしておいた方がいいです。

이 시계의 밴드는 소가죽/18K골드/스틸/티타늄/세라믹/악어가죽입니다.

この時計のバンドは牛革/18K/スチール/チタン/セラミック/ワニ革などがあります。

이 시계는 18K도금이므로 장기간 사용하면 색깔이 변색될 가능성이 있습니다.

この時計は18K鍍金ですので、長い間使うと変色される可能性があります。

이 시계는 나중에 밴드를 구입하셔서 교체할 수 있습니다.

この時計は後でバンドを購入されて交換できます。

새로 나온 단어

電池 전지	寿命 수명	運動 운동	はずす 풀다, 벗다, 빼다
バンド 밴드	スチール 스틸	チタン 티타늄	セラミック 세라믹
変色 변색	可能性 가능성	後で 나중에, 후에	

이 시계는 100미터 방수기능과 스톱워치(Stopwatch) 기능이 있습니다.

この時計は100Mの防水機能とストップウォッチ機能があります。

이 시계는 수동으로 조작을 하면 기계가 고장날 수 있습니다.

この時計は手動で操作をすると、機械が故障することがあります。

이 시계는 18금으로 되어 있는 오토매틱 시계이므로 소장할 만한 가치가 있습니다.

この時計は18Kになされた自動巻き時計ですので、所蔵すべき価値があります。

이것은 200미터 방수시계이므로 시계를 찬 상태로 수영도 가능합니다.

こちらは200メートルの防水時計なので、時計をつけたまま水泳もできます。

변색과 변형을 방지하기 위해서는 반드시 습기와 물을 피해주십시오.

変色と変形を防ぐためには必ず湿気と水をお避けください。

태엽을 감아서 시간과 날짜를 맞춥니다.

ねじを巻いて時間と日付を合わせます。

새로 나온 단어

防水機能 방수기능	ストップウォッチ 스톱워치	手動 수동	操作 조작
機械 기계	故障 고장	所蔵 소장	価値 가치
変形 변형	防ぐ 막다, 방지하다	湿気 습기	避ける 피하다
ねじを巻く 태엽을 감다		日付を合わせる 날짜를 맞추다	

이 시계는 남녀공용(Unisex)입니다.

この時計(とけい)はユニセックスでございます。

이 시계는 충격에 약하기 때문에 바닥에 떨어뜨리지 않도록 주의해주세요.

こちらの時計(とけい)は衝撃(しょうげき)に弱(よわ)いですから、地面(じめん)に取(と)り落(おと)さないように注意(ちゅうい)してください。

이 시계를 한번 차보시겠습니까?

この時計(とけい)を一度(いちど)はめてみましょうか。

A/S센터는 설명서에 적혀 있습니다.

アフターサービスセンターは説明書(せつめいしょ)に書(か)いております。

이쪽은 여성용 시계이고 저쪽은 남성용 시계입니다.

こちらは女性用(じょせいよう)の時計(とけい)で、あちらは男性用(だんせいよう)の時計(とけい)でございます。

물론 남녀공용 시계도 있습니다.

もちろん男女共用(だんじょきょうよう)の時計(とけい)もございます。

이 시계의 문자판은 로마자로 되어 있고 저 시계의 문자판은 아라비아 숫자로 되어 있습니다.

こちらの時計(とけい)の文字盤(もじばん)はローマ字(じ)で、あちらの時計(とけい)の文字盤(もじばん)はアラビア数字(すうじ)でございます。

☆새로 나온 단어☆

衝撃(しょうげき) 충격　弱(よわ)い 약하다　地面(じめん) 바닥, 지면　取(と)り落(おと)す 떨어뜨리다

注意(ちゅうい)してください 주의해주세요　一度(いちど) 한번

이 시계는 가격도 적당하고 캐주얼과 정장 어디에든 잘 어울리는 실용적인 디자인입니다. 최근 이 시계는 베스트 세일즈 아이템입니다.

この時計は価格も適当で、カジュアルにもフォーマルウェア(正装)にも、よくお似合う実用的なデザインでございます。最近、この時計はベストセールスアイテムでございます。

이 시계는 오토매틱이기 때문에 오차가 생길 수 있습니다.

こちらの時計は自動巻きなので、誤差が生じることがあります。

☆새로 나온 단어☆

ローマ字 로마자　アラビア数字 아라비아 숫자　適当だ 적당하다　誤差 오차

알아두기

시계선택 Tip

- 체격과 비교해서 선택하며 체격이 크고 손목이 굵으면 밴드도 굵고 베젤(bezel)의 크기도 큰 것이 적당하며 반대로 손목이 얇으면 밴드도 얇고 베젤의 크기도 작은 것이 좋다.
- 밴드의 소재는 가죽이나 메탈이 있는데 가죽 밴드는 검은색과 갈색이 일반적이며 가을이나 겨울에 착용하는 것이 좋다.
- 메탈 밴드 중 실버메탈은 젊고 시원한 느낌을 주며 골드메탈은 따뜻하면서도 고급스럽게 보인다.

2.9 선글라스(サングラス) 코너

찾으시는 브랜드는 있으십니까?

お探しのブランドはございませんか。

가격은 싼 것부터 비싼 것까지 다양한 물건이 구비되어 있습니다.

価格は安い物から高い物までさまざまな物が揃っております。

고객님에게는 세련된 디자인이 잘 어울린다고 생각합니다.

お客様にはおしゃれなデザインがよくお似合いだと思います。

선글라스는 등산, 낚시, 수영, 해변 등에서 다양하게 사용됩니다.

サングラスは登山、釣り、水泳、海辺などで多様に使えます。

이쪽에 다양한 스타일의 선글라스가 있습니다.

こちらに多様なスタイルのサングラスがございます。

저희 면세점에는 모든 유명한 브랜드가 갖추어져 있습니다.

私どもの免税店(=当店)には、すべての有名なブランドが揃っております。

어떤 형태의 선글라스를 찾으십니까? 예를 들어 라운드, 사각, 크거나 작은 것 중 어떤 테를 원하십니까?

どんな形のサングラスをお探しですか。たとえばラウンド、四角、大きいとか小さい物中でどんなフレームがよろしいですか。

새로 나온 단어

サングラス 선글라스	おしゃれだ 세련되다	登山 등산	釣り 낚시
海辺 해변	多様に 다양하게	有名だ 유명하다	形 형태
たとえば 예를 들면	ラウンド 라운드	四角 사각	フレーム 테

100% 자외선이 차단됩니다.

100%紫外線(しがいせん)が遮断(しゃだん)されます。

계절에 관계없이 착용이 가능하며 실내에서도 착용할 수 있는 옅은 색상의 선글라스도 있습니다.

季節(きせつ)に関係(かんけい)なくかけられますし、室内(しつない)でもかけられる薄(うす)い色(いろ)のサングラスもあります。

이 선글라스는 신상품으로 세일을 하지 않습니다. 단지 이월상품만 세일하고 있습니다.

このサングラスは新商品(しんしょうひん)でセールはしていません。ただし繰(く)り越(こ)し商品(しょうひん)だけセールをしております。

이 선글라스를 착용해보시겠습니까?

このサングラスをかけてみましょうか。

선글라스는 케이스에 넣어드립니다.

サングラスはケースに差(さ)し入(い)れます。

요즘은 테가 큰 선글라스가 유행입니다.

このごろはフレームが大(おお)きいサングラスが流行(はや)りです。

선글라스의 종류는 크게 메탈, 플라스틱, 무테로 나뉩니다.

サングラスの種類(しゅるい)は大(おお)きくメタル、プラスティック、縁無(ふちな)しに分(わ)けられます。

새로 나온 단어

室内(しつない) 실내　　ただし 다만, 단지　　サングラスをかける 선글라스를 끼다

ケース 케이스　　差(さ)し入(い)れる (안에) 넣다　　このごろ 요즘　　メタル 메탈

プラスティック 플라스틱　　縁無(ふちな)し 무테　　分(わ)ける 나뉘다

선글라스는 멋으로도 쓰지만 눈을 보호하기 위해 쓰는 경우도 많습니다.

サングラスはお洒落(しゃれ)のためにもかけますが、目(め)を保護(ほご)するためにかけることも多(おお)いです。

이 디자인은 손님의 분위기와 얼굴에 잘 어울리십니다.

このデザインはお客様(きゃくさま)の雰囲気(ふんいき)とお顔(かお)によくお似合(にあ)いです。

☆새로 나온 단어☆

お洒落(しゃれ) 멋	保護(ほご) 보호	雰囲気(ふんいき) 분위기

2.10 토산품 코너

(1) 인삼(人参(にんじん))

인삼상품의 종류에는 크게 엑기스, 차, 분말, 캡슐, 사탕 타입이 있습니다.

人参商品(にんじんしょうひん)の種類(しゅるい)には大(おお)きくエキス、お茶(ちゃ)、粉末(ふんまつ)、カプセル、飴(あめ)のタイプがございます。

인삼차는 간단한 선물용으로 아주 좋습니다.

人参茶(にんじんちゃ)は簡単(かんたん)なお土産(みやげ)でとてもよろしいです。

인삼차는 간편하게 마실 수 있고 가격도 적당합니다.

人参茶(にんじんちゃ)は手軽(てがる)に飲(の)めるし、値段(ねだん)もお手頃(てごろ)です。

엑기스는 효능이 좋습니다.

エキスは効能(こうのう)がいいです。

엑기스는 100% 원액이며 특히 당뇨병과 간이 나쁜 분에게 더욱 좋습니다.

エキスは100%原液(げんえき)で、とくに糖尿病(とうにょうびょう)と肝臓(かんぞう)が悪(わる)い方(かた)にもっといいです。

엑기스는 하루에 2~3회 정도 따듯한 물에 타서 드세요. 꿀에 타서 드시면 더욱 효과적입니다.

エキスは一日(いちにち)に2~3回(かい)ほどお湯(ゆ)に溶(と)かして飲(の)んでください。蜂蜜(はちみつ)を入(い)れて飲(の)むともっと効果的(こうかてき)です。

캡슐은 가장 간편하게 먹을 수 있는 타입입니다.

カプセルは一番(いちばん)手軽(てがる)に飲(の)めるタイプです。

분말은 차처럼 타서 마시는 제품입니다.

粉末(ふんまつ)はお茶(ちゃ)のように飲(の)む商品(しょうひん)でございます。

☆새로 나온 단어☆

人参(にんじん) 인삼	大(おお)きく 크게	エキス 엑기스	お茶(ちゃ) 차
粉末(ふんまつ) 분말	カプセル 캡슐	飴(あめ) 사탕	人参茶(にんじんちゃ) 인삼차
飲(の)む 마시다	効能(こうのう) 효능	原液(げんえき) 원액	糖尿病(とうにょうびょう) 당뇨병
肝臓(かんぞう) 간	悪(わる)い 나쁘다	一日(いちにち)に 하루에	お湯(ゆ) 따뜻한 물
溶(と)かす 녹이다	蜂蜜(はちみつ) 꿀	効果的(こうかてき) 효과적	

2.11 식품(食品) 코너

이 상품은 한국의 전통적인 음식입니다.

この商品は韓国の伝統的な食べ物でございます。

김치는 한국을 대표하는 전통적인 식품입니다. 그 밖에 김이나 고추장도 있습니다.

キムチは韓国を代表する伝統的な食品でございます。他に海苔とかコチュジャンもあります。

김치는 배추김치와 총각김치, 깍두기, 동치미, 물김치, 파김치도 있습니다.

キムチは白菜キムチ、チョンガーキムチ、カクテキ、トンチミ、水キムチ、ねぎキムチもあります。

김치는 진공포장해서 드리기 때문에 걱정하지 않으셔도 됩니다.

キムチは真空パックして上げますので、心配しなくてもいいです。

김은 가벼워서 짐도 안 되기 때문에 선물용으로 인기가 많습니다.

海苔は軽くて、お荷物もなりませんから、お土産で人気があります。

☆새로 나온 단어☆

食品 식품	伝統的 전통적	食べ物 음식	キムチ 김치
代表 대표	海苔 김	コチュジャン 고추장	白菜キムチ 배추김치
チョンガーキムチ 총각김치		カクテキ 깍두기	トンチミ 동치미
水キムチ 물김치	ねぎキムチ 파김치	真空パック 진공포장	上げる 드리다
心配 걱정, 근심	お荷物 짐		

김은 재래김과 파래김과 돌김이 있습니다.

海苔は在来海苔と青海苔と岩海苔があります。

김은 비타민과 무기질이 많이 함유되어 있어 성인병 예방과 피부미용에도 효과가 탁월합니다.

海苔はビタミンとミネラルがたくさん含まれていて、成人病の予防とお肌の美容にも効果があります。

한국전통차인 홍삼차와 유자차도 있습니다.

韓国の伝統茶である紅参茶と柚子茶もあります。

유자는 비타민C가 풍부하고 감기 예방과 피부미용에도 효과가 있습니다.

柚子はビタミンCが豊かで、風邪の予防と美肌にも効果があります。

유자차는 꿀이랑 설탕에 절인 유자를 따뜻한 물에 타서 마시는 차입니다.

柚子茶は蜂蜜や砂糖に漬けた柚子をお湯で割って飲むお茶でございます。

삼계탕은 고려인삼과 대추, 밤, 마늘, 찹쌀 등이 들어간 한국의 대표적인 보양음식입니다.

サムゲタンは高麗人参とナツメ、栗、ニンニク、もち米などが入った韓国の代表的な保養の食べ物でございます。

새로 나온 단어

在来海苔 재래김	青海苔 파래김	岩海苔 돌김	ビタミン 비타민
ミネラル 무기질	たくさん 많이	成人病の予防 성인병 예방	
肌の美容 피부미용	伝統茶 전통차	紅参茶 홍삼차	柚子茶 유자차
ビタミン 비타민	栗 밤	豊かだ 풍부하다, 풍성하다	
風邪の予防 감기예방	漬ける 절이다	サムゲタン 삼계탕	高麗人参 고려인삼
ナツメ 대추	ニンニク 마늘	もち米 찹쌀	代表的 대표적
保養の食べ物 보양음식			

2.12 기념품(記念品(きねんひん)) 코너

여기는 한국 전통 민예품 코너입니다.

ここは韓国伝統(かんこくでんとう)の民芸品(みんげいひん)コーナーでございます。

이것은 한국의 전통적인 문양이 그려진 제품입니다.

こちらは韓国(かんこく)の伝統的(でんとうてき)な文様(もんよう)が描(えが)かれた商品(しょうひん)でございます。

수입품은 포장이 불가능하지만 한국 토산품은 포장이 가능합니다.

輸入品(ゆにゅうひん)は包装(ほうそう)ができませんが、韓国(かんこく)のお土産(みやげ)は 包装(ほうそう)ができます。

이 초콜릿은 제주도의 돌하르방이 그려져 있어 굉장히 한국적입니다.

このチョコレートは済州道(チェジュド)のトルハルバンが描(えが)かれていて、すごく韓国的(かんこくてき)です。

이 상품은 제주도의 밀감으로 만들어진 초콜릿으로 너무 달지 않고 맛있습니다.

この商品(しょうひん)は済州道(チェジュド)の蜜柑(ミカン)で作(つく)られたチョコレートで、あまり甘(あま)くなくておいしいです。

새로 나온 단어

民芸品(みんげいひん) 민예품	文様(もんよう) 문양	描(えが)く 그리다	チョコレート 초콜릿
済州道(チェジュド) 제주도	トルハルバン 돌하르방	すごく 굉장히	韓国的(かんこくてき) 한국적
蜜柑(ミカン) 밀감			

한국 초콜릿은 한국의 경치나 풍경이 그려져 있어 선물용으로 추천해드립니다.

韓国のチョコレートは韓国の景色とか風景が描かれていて、お土産でお勧めいたします。

이것은 한국 전통의상인 한복을 입은 전통인형입니다.

こちらは韓国の伝統衣服である韓服を着た伝統の人形でございます。

한국의 기념우표와 동전세트도 있습니다.

韓国の記念切手とコインのセットもございます。

이 제품은 한국의 칠기로 가격도 저렴하고 선물용으로 좋습니다.

この製品は韓国の漆器で、お値段もお手頃でお土産でいいです。

한국의 캐릭터(character) 상품인 뽀로로(pororo)는 어린아이의 선물용으로 잘 팔립니다.

韓国のキャラクター商品であるポロロは子供のお土産でよく売れます。

☆새로 나온 단어☆

おいしい 맛있다　景色 경치　風景 풍경　伝統衣服 전통의복
韓服 한복　着る 입다　伝統の人形 전통인형　記念切手 기념우표
コインのセット 동전세트　漆器 칠기　キャラクター商品 캐릭터상품
ポロロ 뽀로로　子供 어린아이, 어린이, 아동

■ 기념품 코너

2.13 담배 및 주류 코너

(1) 담배(タバコ)

이것은 이번에 새로 나온 담배입니다.

これは今回(こんかい)新(あたら)しく出(で)たタバコでございます。

이것은 한국인/일본인/중국인이 가장 좋아하는 담배입니다.

これは韓国人(かんこくじん)/日本人(にほんじん)/中国人(ちゅうごくじん)が一番(いちばん)好(す)きなタバコでございます。

한국에서는 1인당 1보루까지 면세입니다.

韓国(かんこく)では一人(ひとり)当(あ)たり1カートンまで免税(めんぜい)でございます。

그 이상의 담배를 사신 고객님은 반드시 신고해서 세금을 납부하셔야만 합니다.

その以上(いじょう)のタバコをご購入(こうにゅう)されたお客様(きゃくさま)は、必(かなら)ず申告(しんこく)して税金(ぜいきん)を払(はら)わなければなりません。

그것보다 이것이 더 독한/약한 담배입니다.

それよりこちらの方(ほう)がもっと強(つよ)い / 弱(よわ)いタバコでございます。

이 담배는 맨솔(박하향)입니다.

このタバコはメンソール(ペパーミントの香(かお)り)でございます。

냄새를 대폭적으로 줄인 담배입니다.

匂(にお)いを大幅(おおはば)に減(へ)らしたタバコでございます。

여성고객이 좋아하는 담배입니다.

女性(じょせい)のお客様(きゃくさま)に愛(あい)されるタバコです。

이 안에는 5갑/10갑이 들어있습니다.

この中(なか)には5箱(ごはこ) / 10箱(じゅっぱこ)が入(はい)ってあります。

일반적인 두께의 담배입니다.

一般的(いっぱんてき)な厚(あつ)さのタバコでございます。

슬림한 타입의 담배입니다.

スリムタイプのタバコでございます。

새로 나온 단어

タバコ 담배	今回(こんかい) 이번에	韓国人(かんこくじん) 한국인	日本人(にほんじん) 일본인
中国人(ちゅうごくじん) 중국인	一人当(ひとりあ)たり 1인당	カートン 보루	免税(めんぜい) 면세
税金(ぜいきん)を払(はら)う 세금을 납부하다		強(つよ)い 강하다, 독하다	メンソール 맨솔
ペパーミントの香(かお)り 박하향		匂(にお)い 냄새	大幅(おおはば)に 대폭적으로
減(へ)らす 줄이다	愛(あい)される 사랑받다	5箱(ごはこ) 5갑	10箱(じゅっぱこ) 10갑
一般的(いっぱんてき)な 일반적인	厚(あつ)さ 두께	スリムタイプ 슬림 타입	

1개의 메탈케이스와 8개의 종이상자가 들어있습니다.

一つのメタルケースと八つの紙箱が入ってあります。

부드러운 종이상자와 딱딱한 종이상자가 있습니다.

柔らかい紙箱と堅い紙箱があります。

이것은 옆으로 밀어서 여는 케이스입니다.

これは横に押して開けるケースでございます。

공항에서는 라이터를 판매하지 않습니다.

空港ではライターを販売しておりません。

이것은 시가(cigar)입니다.

これはシガーでございます。

일본에 입국할 때에는 외국제품 1보루, 일본제품 1보루까지 면세입니다.

日本に入国する時には外国製1カートン、日本製1カートンまで免税でございます。

그 이상의 담배를 사신 경우 일본에서도 반드시 신고해야만 합니다.

その以上のタバコをご購入された場合、日本にも必ず申告しなければなりません。

새로 나온 단어

メタルケース 메탈케이스	紙箱 종이상자	柔らかい 부드럽다	堅い 딱딱하다
横 옆	押す 밀다	開ける 열다	ライター 라이터
シガー 시가	入国 입국	外国製 외국제품	日本製 일본제품

※ 담배 브랜드명

와일드 터키 (Wild Turkey)	ワイルドターキー	캔트 (Kant)	ケント
말보로 라이트 (Light)	マールボロライト	럭키 스트라이크 (Lucky Strike)	ラッキーストライク
버지니아 에스 (VirginiaS)	バージニアエス	몬테크리스토 (Montecristo)	モンテクリスト
팔리아멘트 (Parliament)	パーラメント	마일드 세븐 (Mild Seven)	マイルドセブン
필립모리스 (Philip Morris)	フィリップモリス	세븐스타 (Seven Stars)	セブンスター

■ 담배 코너

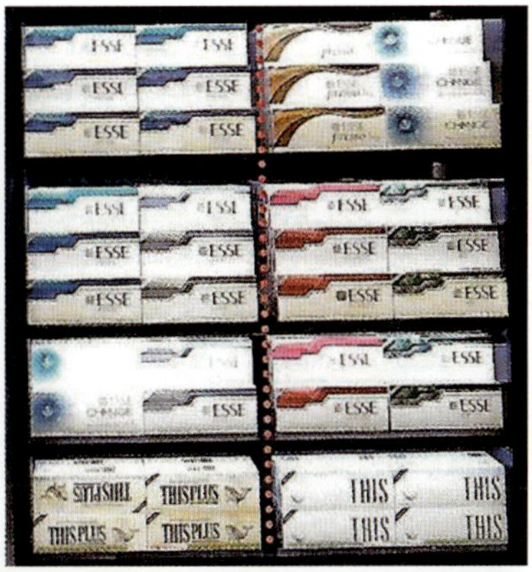

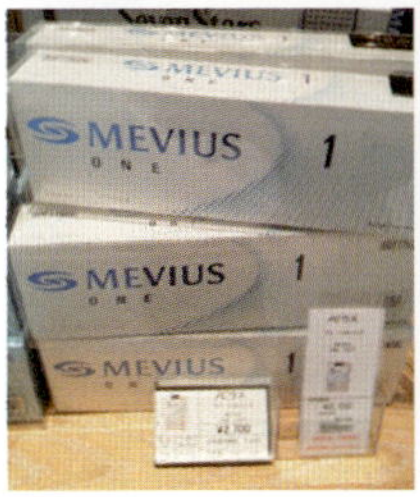

(2) 양주(洋酒(ようしゅ))

이쪽은 스코틀랜드 스카치위스키입니다.

こちらはスコットランドのスコッチウィスキーでございます。

알코올 도수는 20/30/40도입니다.

アルコールの度数(どすう)は20(にじゅう) / 30(さんじゅう) / 40度(よんじゅうど)でございます。

용량은 500ml, 700ml, 1L가 있습니다.

容量(ようりょう)は500ml、700ml、1Lがあります。

술은 12년/17년/30년산이 있습니다.

お酒(さけ)は12年(ねん) / 17年(ねん) / 30年産(ねんさん)があります。

2병이 세트로 되어 있어 단품보다 훨씬 저렴합니다.

2本(にほん)セットになっていて、単品(たんぴん)よりもっと安(やす)いです。

이것은 미니어처가 5개 들어있는 세트상품입니다.

こちらはミニチュアが五(いつ)つ入(はい)ってあるセットの商品(しょうひん)でございます。

새로 나온 단어

洋酒(ようしゅ) 양주	スコットランド 스코틀랜드	スコッチウィスキー 스카치위스키
お酒(さけ) 술	アルコールの度数(どすう) 알코올 도수	容量(ようりょう) 용량
年度(ねんど) 연도		

연도에 따라 가격이 다릅니다.

年度によって、お値段が違います。

이 술은 한정판입니다.

こちらのお酒は限定版でございます。

이 술은 면세점 단독판매 제품입니다.

こちらのお酒は免税店の単独販売の商品でございます。

이 술은 마실 때의 느낌이 부드럽고 향이 풍부합니다.

こちらのお酒は飲み心地がソフトで香りが豊です。

이 술은 약간 단맛이 나기 때문에 순하게 드실 수 있습니다.

こちらのお酒は少し甘みがあるので円やかに飲めます。

이 술은 맛이 쓰고 강합니다.

こちらのお酒は味が苦くて強いです。

이 술은 맛이 순합니다.

こちらのお酒は味が円やかです。

술은 오래 숙성시키면 시킬수록 맛과 향이 훨씬 좋습니다.

お酒は長く熟成すればするほど、味と香りがもっといいです。

☆새로 나온 단어☆

飲み心地 마실 때의 느낌	ソフトだ 부드럽다	甘み 단맛	円やかに 순하게
味 맛	苦い 쓰다	円やかだ 순하다	熟成 숙성

위스키의 주원료는 보리이며 대부분 블렌디드 위스키입니다.

ウィスキーの主な原料は麦で、ほとんどブレンデッドウィスキーです。

여성들이 좋아하는 양주입니다.

女性に好まれる洋酒でございます。

술은 차갑게 해서 마시면 맛이 더욱 좋습니다.

お酒は冷して飲むと、もっとおいしいです。

얼음을 넣어 드셔도 좋습니다.

氷を入れて飲んでもいいです。

오렌지 주스와 섞어도 좋습니다.

オレンジジュースと混ぜてもいいです。

온더록(On the rocks)으로 마셔도 좋고 소다워터(Soda Water)와 섞어도 좋습니다.[9)]

オンザロックで飲んでもいいですし、ソーダウォーターと混ぜてもいいです。

☆새로 나온 단어☆

主な原料 주원료　麦 보리　ブレンデッドウィスキー 블렌디드 위스키
氷 얼음　冷す 차게 하다　オレンジジュース 오렌지 주스
オンザロック 온더록　ソーダウォーター 소다워터

9) 온더록은 얼음에 위스키 따위를 부어 마시는 일 또는 그런 음료를 말한다.

병이 예뻐서 장식용으로도 좋습니다.

瓶(びん)がきれいなので、飾(かざ)り用(よう)にもいいです。

이것은 프랑스/이탈리아/호주/미국/캐나다/포르투갈산 와인입니다.

こちらはフランス / イタリア / オーストラリア / アメリカ / カナダ / ポルトガル産(さん)のワインです。

와인은 맛이 떫은맛과 단맛 두 종류가 있습니다.

ワインは味(あじ)が渋味(しぶみ)と甘(あま)みの二種類(にしゅるい)があります。

저희 면세점에서는 다양한 종류의 와인을 판매하고 있습니다.

私(わたくし)どもの免税店(めんぜいてん)ではいろいろな種類(しゅるい)のワインを販売(はんばい)しております。

이것은 1등급 와인입니다.

こちらは一級(いっきゅう)のワインです。

아이스 와인은 캐나다산이 가장 유명합니다.

アイスワインはカナダ産(さん)が一番有名(いちばんゆうめい)です。

새로 나온 단어

瓶(びん) 병	きれいだ 예쁘다	飾(かざ)り用(よう) 장식용	フランス産(さん) 프랑스산
イタリア産(さん) 이탈리아산	オーストラリア産(さん) 호주산	アメリカ産(さん) 미국산	
カナダ産(さん) 캐나다산	ワイン 와인	ポルトガル産(さん) 포르투갈산	
渋味(しぶみ) 떫은맛	一級(いっきゅう) 1등급	アイスワイン 아이스 와인	

이것은 적포도주/백포도주/스파클링 와인(Sparkling Wine)입니다.[10)]

こちらは赤葡萄酒(あかぶどうしゅ)/白葡萄酒(しろぶどうしゅ)/スパークリングワインです。

타닌(Tannin)이 강해 떫은맛이 나는 와인입니다.[11)]

タンニンが強(つよ)くて渋味(しぶみ)のあるワインです。

단맛이 강해 술을 못 마시는 분들에게 추천해드립니다.

甘(あま)みが強(つよ)くてお酒(さけ)がにがてな方(かた)にお勧(すす)めいたします。

포르투갈 와인은 오랫동안 두고 드셔도 무방하며 알코올 도수는 높은 편입니다.

ポルトガルのワインは長(なが)い間(あいだ)において飲(の)んでもいいですし、アルコールの度数(どすう)は高(たか)いほうです。

프랑스 와인은 보르도(Bordeaux) 지역과 부르고뉴(Bourgogne) 지역의 와인으로 나뉩니다.

フランスのワインはボルドーの地域(ちいき)とブルゴーニュの地域(ちいき)のワインに分(わ)けられます。

새로 나온 단어

赤葡萄酒(あかぶどうしゅ) 적포도주	白葡萄酒(しろぶどうしゅ) 백포도주	スパークリングワイン 스파클링 와인
タンニン 타닌	長い間(ながいあいだ)に 오랫동안	ポルトガルのワイン 포르투갈 와인
フランスのワイン 프랑스 와인		ボルドー 보르도
地域(ちいき) 지역	ブルゴーニュ 부르고뉴	

10) 프랑스 상파뉴에서 만든 발포성 와인을 샴페인이라 부르고, 그 이외의 지역에서 생산되는 발포성 와인을 스파클링 와인으로 통칭한다. 스파클링 와인은 발효 과정에서 이스트를 넣어 당분을 알코올과 탄산가스로 분리해 기포를 내는 것이 특징이다. 스파클링 와인은 레드 와인에 비해 알코올 도수가 낮고 단맛과 과일 향이 강하며 톡 쏘는 느낌이 있어 누구나 부담 없이 즐길 수 있다. 또한 스파클링 와인의 칼로리는 소주, 위스키, 과실주는 물론 일반 레드 와인에 비해서도 낮으며 생일이나 기념일 등 크고 작은 각종 행사에서 축배용 술로 널리 쓰인다. 스파클링 와인은 섭씨 12~18도 정도에서 보관하고 구입 후 1년 이내에 마시는 것이 가장 좋다.

11) 타닌은 오배자(五倍子: 붉나무에 생긴 혹 모양의 벌레집) 등 식물 속에 많은 노란 가루로, 타닌이 들어 있어 기침, 설사, 출혈증의 약재로 쓰거나 잉크 · 염료 따위의 재료로 사용된다.

와인은 프랑스산이 가장 유명하지만 미국, 호주, 칠레, 스페인 와인도 인기가 있습니다.

ワインはフランス産の方が一番有名ですが、アメリカ、オーストラリア、チリ、スペインのワインも人気があります。

이 와인은 상큼하고 청량감이 뛰어납니다.

このワインは爽やかで、清涼感が優れております。

꽃향기와 과일 아로마가 복합적으로 조화가 잘 어우러져 있습니다.

花の香りと果物のアロマが複合的に調和がよくなされております。

술은 1인당 1병까지 면세입니다.

お酒は一人当たり1本まで免税でございます。

이 술을 사시면 가방을 사은품으로 드립니다. 술은 가방 안에 넣겠습니다.

このお酒をお買い上げになりますと、カバンをギフトでさしあげます。お酒はカバンの中に入れます。

새로 나온 단어

チリ 칠레
スペイン 스페인
清涼感 청량감
花の香り 꽃향기
果物のアロマ 과일 아로마
複合的 복합적
調和 조화

※ 술의 분류

	제조법에 따른 분류	종류
양조주	효모를 발효시켜 만든 술	와인, 맥주, 청주, 과실주, 탁주
증류주	양조주를 증류하여 만든 술	브랜디, 위스키, 진, 보드카, 럼, 데킬라, 전통소주
혼성주	증류주에 향료, 과즙, 당분 등을 혼합하여 만든 혼성주	리큐르

※ 술의 종류

브랜디(Brandy) ブランデー	와인을 증류한 술로 보통 식후에 주로 많이 마신다. 브랜디 잔은 향기를 보존하기 위해 윗부분이 좁고 아랫부분이 넓은 튤립형이다. 와인 잔과는 다르게 다리가 짧으므로 손가락을 잔의 다리에 끼워 감싸고 손의 체온으로 술을 데워가면서 때로는 흔들어가며 향과 색을 음미하며 마신다.
위스키(Whisky) ウィスキー	곡류를 발효시켜 증류하고 오크통에서 숙성과정을 거친 술로 식전·식후 아무 때나 마실 수 있고 칵테일의 베이스로도 애용된다.
맥주(Beer) ビール	전 세계 주류시장의 60%를 차지하는 맥주는 보리, 홉, 효모, 물을 주원료로 사용한다. 종류는 크게 생맥주와 병맥주로 나뉘는데 생맥주는 원료를 발효·숙성·여과하여 만든 것이고 병맥주는 장기간 보존을 위해 열처리로 살균한 맥주이다.
와인(Wine) ワイン	① 와인 감상의 3요소: 색깔, 향기, 맛 ② 와인 선택을 위한 네 가지 요소: 포도의 품종, 생산지, 수확연도, 제조기술 ③ 와인과 음식과의 조화: 레드와인(붉은 고기요리), 화이트와인(굴이나 새우, 생선요리, 닭고기와 같은 흰 고기요리) ④ 식사코스와의 조화: 화이트→레드, 드라이→스위트, 숙성이 덜 된 것→오래된 것으로 진행

※ 와인의 종류

레드와인 (Red Wine) レッドワイン	포도 껍질에 많이 들어있는 안토시아닌 색소와 떫은맛의 '타닌' 성분은 발효과정을 거치면서 붉은 색과 맛을 만들어낸다. 또한 레드와인은 두 가지 타입으로 나뉘는데 하나는 과일 맛이 많이 나는 와인이고, 다른 하나는 오크통에서 발효시켜 복합적인 향과 맛이 나는 와인이다. 대체로 두 번째 와인이 더 고급 와인이다.
화이트와인 (White Wine) ホワイトワイン	화이트와인은 신선함과 섬세한 맛이 포인트로서 저온에서 발효를 하는 와인이다. 서늘한 기후가 유지되는 독일, 프랑스 샹파뉴, 부르고뉴 북부 지역에서 생산되는 와인이 최고의 화이트와인으로 손꼽힌다.
로제와인 (RoseWine) ローズワイン	과일 맛이 많이 나고 신선함이 살아있는 로제와인은 캐주얼하게 즐기기 좋은 와인이다. 보통 차갑게 해서 마시고 가벼운 식사에 식전주나 파티용 와인으로 사용된다. 좋은 로제와인일수록 밝은 빛깔을 띠고 숙성한 지 얼마 되지 않은 와인이 맛이 더 좋다. 또한 로제와인은 저장용 와인이 아니기 때문에 오래된 와인은 마시지 않는 것이 좋다.
스위트와인 (Sweet Wine) 甘口(あまくち)ワイン	디저트와 함께 즐기는 스위트와인은 포도를 말리거나 얼려서 당분을 높이거나 수확일이 지나 포도의 당분이 절정일 때 수확하여 까다로운 방법으로 발효하기 때문에 가격이 비싸고 귀한 와인이다. 스위트와인을 대표하는 와인 종류로는 아이스와인이 있다.
샴페인 (Champagne) シャンパン	보글보글 기포가 매력적인 샴페인은 만들기 복잡한 와인으로 유명하다. 수십 가지의 베이스 와인을 혼합하여 발효시키며 샴페인의 기포가 작을수록 고급 와인이다. 기포가 있다고 모두 샴페인으로 불리지 않고, 프랑스 샹파뉴라는 지역에서 생산된 와인만 샴페인이라고 부른다.

※ 위스키의 종류

산지에 의한 분류	스카치 위스키 (Scotch whisky) スコッチウィスキー	현재 시판되고 있는 스카치의 대부분은 몰트 위스키와 그레인 위스키의 혼합품이다. 몰트는 대맥의 맥아를 양조하여 포트 스틸이라는 구식 증류기로 증류한다. 증류가 불완전하기 때문에 주정 이외의 몰트 특유의 물질이 섞여 스카치 특유의 맛과 향기를 낸다.
	아이리시 위스키 (Irish whisky) アイリッシュ ウィスキー	주원료는 엿기름이며 그 밖에 보리 · 호밀 · 밀 등을 사용한다. 2번 증류하는 스카치 위스키와 달리 아이리시 위스키는 대형의 단식 증류기를 이용하여 3번 증류한다. 그 증류액을 3년 이상 저장 · 숙성시킨 것을 아이리시 스트레이트 위스키라고 한다. 아이리시 위스키는 피트훈연을 하지 않아 향이 깨끗하고 맛이 부드럽다. 스트레이트로 마셔도 되지만 주로 얼음 · 물 · 소다수와 섞어 마신다.
	아메리칸 위스키 (American Whiskey) アメリカンウイスキー	현재 미국의 위스키는 연방법의 규제하에 제조되고 있다. 그 법에 의하면 위스키라는 것은 곡물을 원료로 하며 알코올분 95도 미만으로 증류한 후 오크통에서 숙성(콘 위스키는 숙성시키지 않아도 된다)시킨 것 및 그에 스피리츠(Spirits)를 배합한 것으로, 40도 이상에서 병에 넣은 것이다. 이 범위 내에서 개성을 살리기 위해 알코올분 80도 미만으로 증류하고, 안쪽을 태운 새 오크통에서 숙성시킨다. 그 경우 원료로 옥수수를 51% 이상 함유하고 있으면 버본 위스키가 되며 라이보리를 51% 이상 함유하고 있으면 라이 위스키가 된다. 단, 옥수수를 80% 이상 함유하며 통 숙성시키지 않거나 숙성시킨다고 하더라도 내측을 태우지 않은 새 오크통이거나 내측을 태운 헌 오크통을 사용한 것은 콘 위스키가 된다. 이런 위스키를 2년 이상 숙성시킨 경우 명칭 위에 '스트레이트'라는 말이 붙는다.
	캐나디안 위스키 (Canadian Whisky) カナディアンウイスキー	캐나디안 위스키는 대부분의 시장이 미국이며 아메리칸 위스키에 비해 호밀을 많이 써서 만드는 것이 특징이다. 전체적으로 가벼운 스타일로, 순한 위스키를 선호하는 요즘 사람들의 취향에 맞아 최근 세계 시장에서 인기가 점점 높아지고 있다.

재료에 의한 분류	몰트 위스키 (Malt Whisky) モルトウイスキー	오직 맥아의 과정을 거친 보리 한 가지로 만들어지며 동일한 증류소에서 생산된 것을 가리킨다. 단식 증류기를 통해 두 번 증류시킨다. 1970년대 초 글랜피딕 증류소에서 최초로 싱글 몰트 위스키(Single Malt Whisky)가 생산된 바 있다. 클래식 몰트로 알려진 여섯 가지 종류의 위스키가 있다. 스코틀랜드의 주요 위스키 생산지인 로우랜드(Lowland), 아일레이(Islay), 하일랜드(The Highlands) 등에서도 싱글 몰트 위스키(Single Malt Whisky)는 맛이 각각 다르다.
	그레인 위스키 (Grain Whisky) グレーンウイスキー	맥아를 이용하여 옥수수(corn, maize)나 호밀(rye)을 당화시킨 후, 알코올발효로 생성된 알코올을 연속적으로 증류하여 만드는 위스키이다. 그레인 위스키는 증류 후, 물을 첨가하여 60% 전후로 하고 마개를 막아서 3년 이상 숙성시킨다. 그레인 위스키는 알코올 이외의 미량성분이 적기 때문에 숙성은 단기간에 잘 되고 가벼운 풍미의 위스키가 된다.
	블렌디드 위스키 (Blended Whisky) ブレンドウイスキー	블렌디드 위스키는 몰트 위스키와 그레인 위스키를 적당한 비율로 혼합하는 것인데, 우리가 음용하는 스카치 위스키의 대부분은 이 타입의 위스키이다. 일반적으로 몰트 위스키는 40~50%이고 그레인 위스키는 60~55% 정도이다.

※ 술 종류의 브랜드명

카뮤 (CAMUS)	カミュ	조니 워커 (Johnny Walker)	ジョニーウォーカー
헤네시 (Hennessy)	ヘネシー	올드 파 (Old Parr)	オールドパー
레미 마르틴 (Remy Martin)	レミーマルティン	잭 다니엘 (Jack Daniel's)	ジャックダニエル
발렌타인 (Ballantine's)	バレンタイン	로얄 살루트 (Royal Salute)	ロイヤルサルート

※ 주요 국가별 담배 및 주류 반입규정(2020년 11월 기준)

국가명	담배(시가)	주류
네덜란드	1보루	22% 이상 1L/22% 이하 2L
뉴질랜드	50개비	와인 4.5L/기타 3병(각 1.125L)
대만	1보루	1L
독일	1보루(시가 50ca)	22% 이상 1L/22% 이히 2L
러시아	1보루	3L
마카오	19개비	30% 이상 1L
말레이시아	1보루(시가 50ea)	1L
멕시코	1보루	증류주 3L · 와인 6L
미국	1보루(시가 50ea)	1L
베트남	1보루(시가 50ea)	22% 이상 1.5L/22% 이하 2L /기타 주류 3L
싱가폴	반입금지	증류주 1L · 와인 1L · 맥주 1L/ 와인 2L · 맥주 2L/와인 1L · 맥주 2L
아랍에미레이트	1보루	1L
영국	1보루	22% 이상 1L/22% 이하 2L
오스트리아	1보루	22% 이상 1L/22% 이하 2L
이탈리아	1보루	22% 이상 1L/22% 이하 2L
인도	1보루(시가 50ea)	2L
인도네시아	1보루(시가 50ea)	1L
일본	1보루	3병(각 740ml)
중국	2보루	12% 이상 1.5L
캄보디아	2보루	2L
캐나다	1보루	1.14L/와인 1.5L
태국	1보루	1L
터키	3보루	22% 이상 1L/22% 이하 2L
프랑스	1보루	22% 이상 1L/22% 이하 2L
필리핀	1보루	1L 초과 반입금지
호주	25개비	2.25L
홍콩	19개비(시가 15ea)	30% 이상 1L

※ 주류 반입금지 국가 : 카타르, 쿠웨이트, 이란, 사우디, 수단, 몰디브, 파키스탄
*국가별 주류의 종류(증류주/와인)와 용량(ml/L), 알코올도수(%)에 따라 반입규정이 상이하다.
*증류주란 위스키/코냑/화이트스피릿(럼, 진, 보드카, 데킬라)/소주 등이 이에 해당된다.

※ 전자담배(기기) 반입 금지국 : 태국, 대만, 싱가폴, 인도, 멕시코, 중국 지난(JINAN)

※ 액상형 전자담배(기기) 반입 금지국 : 태국, 대만, 싱가폴, 말레이시아, 홍콩, 필리핀

※ 일본의 면세 범위

품명	수량 또는 가격
주류	3병(740ml를 1병으로 계산)
담배	궐련: 외국제 및 일본제 각각 200개비(1보루) 여송연: 50개비, 그 이외의 담배는 250g
향수	2온스(1온스는 28ml)
기타	상기 품목을 포함하여 1인당 200,000엔까지 면세임

※일본의 화폐

지폐는 일반적으로 위조지폐를 방지하기 위해 콧수염이나 주름살이 많은 인물의 초상을 사용한다. 일본의 화폐단위는 엔(円)이며 종류는 지폐(1000엔/2000엔/5000엔/10000엔)와 동전(1엔/5엔/10엔/50엔/100엔/500엔) 2종류가 있다. 2000엔을 제외한 나머지 지폐에는 일본의 역사적인 인물의 초상이 담겨 있고 동전에는 옛날부터 친숙한 식물을 디자인한 그림이 새겨져 있다. 2004년에 새로운 지폐를 발행했는데 위조방지를 위한 목적과 경제효과를 겨냥한 것이었다.
1000엔짜리 신권 앞면에는 일본의 세균학자이자 의학자인 노구치 히데요(野口英世), 뒷면에는 후지산과 벚꽃이 그려져 있다. 2000엔은 밀레니엄을 기념하기 위해 만들어진 화폐로 한정된 수량으로 소장할 만한 가치가 있다. 앞면에는 세계문화유산인 오키나와의 수례문(守礼門), 뒷면에는 무라사키 시키부(紫式部)의 유명한 세계 최고의 근대적 소설 겐지모노가타리(源氏物語)가 그려져 있다. 5000엔짜리 신권 앞면에는 메이지기(明治期)의 여류소설가인 히구치 이치요(樋口一葉), 뒷면에는 오가타 고린(尾形光琳)의 제비붓꽃도가 그려져 있다. 10000엔짜리 앞면에는 메이지기의 계몽사상가이자 ·교육자이며 게이오대학(慶応大学)의 설립자이기도 한 후쿠자와 유키치(福沢諭吉)가, 뒷면에는 세계문화유산인 교토의 평등원(平等院)의 봉황당이 그려져 있다.

1엔에는 새싹이, 5엔에는 벼이삭과 톱니바퀴가 새겨져 있는데 5엔은 고엔(ご縁(えん))과 발음이 같다. 특히 '고엔'이라는 발음에는 인연, 연분이라는 의미가 담겨 있어 인연, 기회, 관계를 이루게 해달라는 의미에서 신사에 가서 복을 빌 때 가장 많이 던지는 돈이 바로 5엔짜리 동전이다. 10엔에는 평등원의 봉황당, 50엔에는 국화, 100엔에는 벚꽃, 500엔에는 오동나무가 새겨져 있다. 일본에서 1엔은 여전히 활발하게 유통되고 있다.

일본인 알아가기

일본의 음주매너

일본에서는 상대방이 잔을 비울 때까지 기다리지 말고 술잔에 술이 줄면 첨잔을 한다. 한국에서 첨잔은 금기이지만 일본에서는 미덕이라고 볼 수 있다. 손님의 술잔이 3분의 1로 줄어 있는데도 주인이 술을 권하지 않으면 술자리를 끝내자는 의사표시로 이해하면 된다. 일본에서 술을 받을 때나 따를 때 한손으로 하는 것은 전혀 실례가 되지 않는다. 술을 마시지 못하는 경우 상대방에게 양해를 구하거나 잔을 엎어 놓는다.

일본의 식사매너

① 일식에서의 젓가락 사용은 한식과 마찬가지로 기본 에티켓이다.
② 여럿이 함께 먹는 가이세키 요리는 공용 젓가락과 개인 젓가락 두 종류를 사용한다.
③ 밥공기를 들 때에는 일단 젓가락을 내려놓고 왼손으로 밥공기를 들고 나서 오른손으로 젓가락을 집는다. 그리고 한국과 달리 밥공기를 든 채로 먹는다.

★ 삼가야 할 젓가락 사용법

① 국물을 흘리며 입으로 가져가는 행위
② 젓가락을 입으로 빠는 행위
③ 그릇을 입에 대고 젓가락으로 요리를 집어넣는 행위
④ 그릇 안의 내용물을 휘젓다가 원하는 요리만 가져가는 행위
⑤ 젓가락으로 요리를 찔러 먹는 행위
⑥ 그릇을 젓가락으로 밀거나 끌어당기는 행위
⑦ 그릇 위에 젓가락을 올려놓는 행위

Appendix

부록

부록 1

일본의 기본문자

1.1 히라가나(=50음도)-발음 ん을 제외한 것을 청음이라 함

あ行	あ [a]	い [i]	う [u]	え [e]	お [o]
か行	か [ka]	き [ki]	く [ku]	け [ke]	こ [ko]
さ行	さ [sa]	し [si/shi]	す [su]	せ [se]	そ [so]
た行	た [ta]	ち [ti/chi]	つ [tu/tsu]	て [te]	と [to]
な行	な [na]	に [ni]	ぬ [nu]	ね [ne]	の [no]
は行	は [ha]	ひ [hi]	ふ [hu/fu]	へ [he]	ほ [ho]
ま行	ま [ma]	み [mi]	む [mu]	め [me]	も [mo]
や行	や [ya]		ゆ [yu]		よ [yo]
ら行	ら [ra]	り [ri]	る [ru]	れ [re]	ろ [ro]
わ行	わ [wa]				を [wo]
	ん [n]				

*[ ]는 음성기호를 나타냄.

1.2 탁음 · 반탁음

- 탁음은 성대의 진동이 동반되는 유성음으로 한국어에서는 모음과 모음 사이에 낀 자음 'ㄱ, ㄷ, ㅈ, ㅂ'에 해당된다.
- ぱ행의 음을 반탁음이라고 하는데 유성음은 아니다.

(1) 탁음

が行	が [ga]	ぎ [gi]	ぐ [gu]	げ [ge]	ご [go]
ざ行	ざ [za]	じ [zi/ji]	ず [zu]	ぜ [ze]	ぞ [zo]
だ行	だ [da]	ぢ [di/zi/ji]	づ [du/zu]	で [de]	ど [do]
ば行	ば [ba]	び [bi]	ぶ [bu]	べ [be]	ぼ [bo]

* じ = ぢ[zi], ず = づ[zu]로 발음이 같다.

(2) 반탁음

ぱ行	ぱ [pa]	ぴ [pi]	ぷ [pu]	ぺ [pe]	ぽ [po]

1.3 요음

- い를 제외한 い단의 각 글자 옆에 'や, ゆ, よ'를 작게 붙여 한 글자가 된다. 요음은 합쳐서 한 글자가 되며 한 박자 취급을 한다.

	や [ya]	ゆ [yu]	よ [yo]
き [ki]	きゃ [kya]	きゅ [kyu]	きょ [kyo]
ぎ [gi]	ぎゃ [gya]	ぎゅ [gyu]	ぎょ [gyo]
し [shi]	しゃ [sya]	しゅ [syu]	しょ [syo]
じ [zi]	じゃ [zya]	じゅ [zyu]	じょ [zyo]
ち [chi]	ちゃ [cha]	ちゅ [chu]	ちょ [cho]
ぢ [zi]	ぢゃ [zya]	ぢゅ [zyu]	ぢょ [zyo]
に [ni]	にゃ [nya]	にゅ [nyu]	にょ [nyo]
ひ [hi]	ひゃ [hya]	ひゅ [hyu]	ひょ [hyo]
び [bi]	びゃ [bya]	びゅ [byu]	びょ [byo]
ぴ [pi]	ぴゃ [pya]	ぴゅ [pyu]	ぴょ [pyo]
み [mi]	みゃ [mya]	みゅ [myu]	みょ [myo]
り [ri]	りゃ [rya]	りゅ [ryu]	りょ [ryo]

* ざ행과 だ행의 요음인 じゃ=ぢゃ[zya], じゅ=ぢゅ[zyu], じょ=ぢょ[zyo]로 발음이 같다.

1.4 촉음

つ를 가나의 오른쪽 밑에 작게 쓴 글자로 한 박자 취급을 한다. 촉음 っ도 뒤에 오는 소리의 영향을 받는다. か행 앞에서는 'ㄱ'음으로, さ행 앞에서는 'ㅅ'으로, た행 앞에서는 'ㄷ'으로, ぱ행 앞에서는 'ㅍ'으로 발음된다.

예 一階(いっかい) [ikkai]　雑誌(ざっし) [zassi]　切手(きって) [kitte]　切符(きっぷ) [kippu]

1.5 장음

모음이 연달아 오는 경우는 모음을 각각 발음하지 않고 앞의 모음을 한 박자 길게 발음한다.

/aa/ → [a:], /ii/ → [i:], /uu/ → [u:], /ei/ → [e:], /ee/ → [e:], /ou/ → [ou], /oo/ → [o:]로 발음한다.

예 お母(かあ)さん: /okaasan/ → [oka:san]　お父(とう)さん: /otousan/ → [oto:san]

空港(くうこう): /kuukou/ → [ku:kou]　時計(とけい): /tokei/ → [toke:]

1.6 발음

ん은 어두에 오지 않고 단독으로도 쓰이지 않는 글자로 발음은 뒤에 오는 소리의 영향을 받는다. 단독으로 한 박자로 발음한다.

- ば, ぱ, ま행 앞에서는 [m]으로 발음된다.

예 三本(さんぼん) : [sambong]　ナンバー : [namba:]

- さ, ざ, た, だ, な, ら행 앞에서는 [n]으로 발음된다.

예 団体(だんたい) : [dantai]　案内(あんない): [annai]

• か, が행 앞에서는 [ng]으로 발음된다.

예 日本語(にほんご) : [nihonggo] りんご : [ringgo]

• あ, は, や, わ행 앞이나 어말에서는 [N]으로 발음된다.

예 電話(でんわ) : [deNwa] 本(ほん) : [hoN]

1.7 가타카나[1)]-히라가나와 발음은 같고 모양만 다르다.

ア行	ア [a]	イ [i]	ウ [u]	エ [e]	オ [o]
カ行	カ [ka]	キ [ki]	ク [ku]	ケ [ke]	コ [ko]
サ行	サ [sa]	シ [si/shi]	ス [su]	セ [se]	ソ [so]
タ行	タ [ta]	チ [ti/chi]	ツ [tu/tsu]	テ [te]	ト [to]
ナ行	ナ [na]	ニ [ni]	ヌ [nu]	ネ [ne]	ノ [no]
ハ行	ハ [ha]	ヒ [hi]	フ [hu/fu]	ヘ [he]	ホ [ho]
マ行	マ [ma]	ミ [mi]	ム [mu]	メ [me]	モ [mo]
ヤ行	ヤ [ya]		ユ [yu]		ヨ [yo]
ラ行	ラ [ra]	リ [ri]	ル [ru]	レ [re]	ロ [ro]
ワ行	ワ [wa]				ヲ [wo]
-	ン [n]				

1) 가타카나에도 청음, 탁음, 반탁음, 요음, 촉음, 장음, 발음이 존재하지만 본서에서는 생략하기로 한다.

부록 2

기본용어 및 표현

2.1 숫자 세는 법(한자어로 읽는 방법)

1	2	3	4	5
いち	に	さん	し/よん	ご
6	7	8	9	10
ろく	しち/なな	はち	きゅう	じゅう
11	12	13	14	15
じゅういち	じゅうに	じゅうさん	じゅうよん	じゅうご
16	17	18	19	20
じゅうろく	じゅうしち/ じゅうなな	じゅうはち	じゅうきゅう	にじゅう
21	22	23	24	25
にじゅういち	にじゅうに	にじゅうさん	にじゅうよん	にじゅうご
26	27	28	29	30
にじゅうろく	にじゅうしち/ にじゅうなな	にじゅうはち	にじゅうきゅう	さんじゅう
31	32	33	34	35
さんじゅういち	さんじゅうに	さんじゅうさん	さんじゅうよん	さんじゅうご
36	37	38	39	40
さんじゅうろく	さんじゅうしち/ さんじゅうなな	さんじゅうはち	さんじゅうきゅう	よんじゅう
41	42	43	44	45
よんじゅういち	よんじゅうに	よんじゅうさん	よんじゅうよん	よんじゅうご

46	47	48	49	50
よんじゅうろく	よんじゅうしち/ よんじゅうなな	よんじゅうはち	よんじゅうきゅう	ごじゅう
51	52	53	54	55
ごじゅういち	ごじゅうに	ごじゅうさん	ごじゅうよん	ごじゅうご
56	57	58	59	60
ごじゅうろく	ごじゅうしち/ ごじゅうなな	ごじゅうはち	ごじゅうきゅう	ろくじゅう
61	62	63	64	65
いちろくじゅういち	ろくじゅうに	ろくじゅうさん	ろくじゅうよん	ろくじゅうご
66	67	68	69	70
ろくじゅうろく	ろくじゅうしち/ ろくじゅうなな	ろくじゅうはち	ろくじゅうきゅう	ななじゅう
71	72	73	74	75
ななじゅういち	ななじゅうに	ななじゅうさん	ななじゅうよん	ななじゅうご
76	77	78	79	80
ななじゅうろく	ななじゅうしち/ ななじゅうなな	ななじゅうはち	ななじゅうきゅう	はちじゅう
81	82	83	84	85
はちじゅういち	はちじゅうに	はちじゅうさん	はちじゅうよん	はちじゅうご
86	87	88	89	90
はちじゅうろく	はちじゅうしち/ はちじゅうなな	はちじゅうはち	はちじゅうきゅう	きゅうじゅう
91	92	93	94	95
きゅうじゅういち	きゅうじゅうに	きゅうじゅうさん	きゅうじゅうよん	きゅうじゅうご
96	97	98	99	100
きゅうじゅうろく	きゅうじゅうしち/ きゅうじゅうなな	きゅうじゅうはち	きゅうじゅうきゅう	ひゃく
101	200	300	400	500
ひゃくいち	にひゃく	さんびゃく	よんひゃく	ごひゃく
600	700	800	900	0
ろっぱゃく	ななひゃく	はっぱゃく	きゅうひゃく	れい

1,000	2,000	3,000	4,000	5,000
せん	にせん	さんぜん	よんせん	ごせん
6,000	7,000	8,000	9,000	10,000
ろっせん	ななせん	はっせん	きゅうせん	いちまん
100,000	1,000,000	10,000,000	100,000,000	
じゅうまん	ひゃくまん	いっせんまん	いちおく	

※ 숫자를 말할 때 유의사항

1,000의 경우 앞에 올 때에는 せん이지만 중간에 올 때에는 いっせん이 된다.

예 1500: せんごひゃく, 11,500: いちまんいっせんごひゃく

2.2 화폐의 단위 및 가격 말하기

한국₩(원)	일본¥(엔)	중국元(위안)	미국$(달러)	유럽연합€(유로)
ウォン	えん	ユアン	ドル	ユーロ

- 달러 : $55 → ごじゅうごドル
- 원화 : ₩365,000 → さんじゅうろくまんごせんウォン
- 엔화 : ¥7,450 → ななせんよんひゃくごじゅうえん
- 위안화 : 元325 → さんびゃくにじゅうごユアン
- 유로 : €65 → ろくじゅうごユーロ

*유로는 시내면세점에서는 사용할 수 없고 출국장면세점인 공항면세점에서만 사용 가능하다.

2.3 방향

오른쪽	왼쪽	위	아래	앞	뒤	옆	안	밖
右(みぎ)	左(ひだり)	上(うえ)	下(した)	前(まえ)	後(うしろ)	隣(となり)	中(なか)	外(そと)

2.4 의문사

<table>
<tr><td rowspan="2">누구</td><td>誰(だれ)</td><td rowspan="2">어디</td><td rowspan="2">どこ</td></tr>
<tr><td>どなた(어느 분)</td></tr>
<tr><td rowspan="2">무엇</td><td>何(なん)
(뒤에 た·だ·な행이 올 경우 なん으로 발음)</td><td>왜</td><td>どうして/
なぜ</td></tr>
<tr><td>何(なに)
(그 이외의 행이 올 경우에는 なに로 발음)</td><td>몇 개
(수량),
몇 살</td><td>いくつ</td></tr>
<tr><td>언제</td><td>いつ</td><td>얼마(금액)</td><td>いくら</td></tr>
</table>

2.5 인칭대명사

<table>
<tr><td rowspan="2">1인칭</td><td>私(わたし)</td><td>나, 저</td></tr>
<tr><td>僕(ぼく)</td><td>나</td></tr>
<tr><td>2인칭</td><td>あなた</td><td>당신, 너</td></tr>
<tr><td rowspan="2">3인칭</td><td>彼(かれ)</td><td>그, 그 남자</td></tr>
<tr><td>彼女(かのじょ)</td><td>그녀, 그 여자</td></tr>
</table>

2.6 지시대명사

	사물	장소	방향
이(こ)	이것(これ)	여기(ここ)	이쪽(こちら, こっち)
그(そ)	그것(それ)	거기(そこ)	그쪽(そちら, そっち)
저(あ)	저것(あれ)	저기(あそこ)	저쪽(あちら, あっち)
어느(ど)	어느 것(どれ)	어디(どこ)	어느 쪽(どちら, どっち)

* これ로 물으면 それ로 대답하고, それ로 물으면 これ로 대답하고, あれ로 물으면 あれ로 대답한다.

2.7 단위

층(階(かい))		개(個(こ))		나이(歳(さい))		사람(人(にん))	
1층	1階(いっかい)	1개	1個(いっこ)	한 살	1歳(いっさい)	한 명	1人(ひとり)
2층	2階(にかい)	2개	2個(にこ)	두 살	2歳(にさい)	두 명	2人(ふたり)
3층	3階(さんかい)	3개	3個(さんこ)	세 살	3歳(さんさい)	세 명	3人(さんにん)
4층	4階(よんかい)	4개	4個(よんこ)	네 살	4歳(よんさい)	네 명	4人(よにん)
5층	5階(ごかい)	5개	5個(ごこ)	다섯 살	5歳(ごさい)	다섯 명	5人(ごにん)
6층	6階(ろっかい)	6개	6個(ろっこ)	여섯 살	6歳(ろくさい)	여섯 명	6人(ろくにん)
7층	7階(ななかい)	7개	7個(ななこ)	일곱 살	7歳(ななさい)	일곱 명	7人(しちにん)·7人(ななにん)
8층	8階(はっかい)	8개	8個(はっこ)	여덟 살	8歳(はっさい)	여덟 명	8人(はちにん)
9층	9階(きゅうかい)	9개	9個(きゅうこ)	아홉 살	9歳(きゅうさい)	아홉 명	9人(くにん)·9人(きゅうにん)
10층	10階(じゅうかい)	10개	10個(じゅうこ)	열 살	10歳(じゅうさい)	열 명	10人(じゅうにん)
몇 층	何階(なんかい)	몇 개	何個(なんこ)	몇 살	何歳(なんさい)	몇 명	何人(なんにん)

2.8 색깔

흰색	노란색	빨간색	파란색	주황색	베이지색	핑크색
白(しろ)	黄色(きいろ)	赤色(あかいろ)	青色(あおいろ)	オレンジ色(いろ)	ベージュ	ピンク
실버	**골드**	**회색**	**검정색**	**자주색**	**녹색**	**갈색**
シルバー	ゴールド	灰色(はいいろ)	黒(くろ)	臙脂色(えんじいろ)	グリーン	茶色(ちゃいろ)
보라색	**주황색**	**연두색**	**진홍색**	**호두색**	**벚꽃색**	**제비꽃색**
紫(むらさき)	柑子色(こうじいろ)	薄緑(うすみどり)	真紅(しんく)	胡桃色(くるみいろ)	桜色(さくらいろ)	菫色(すみれいろ)
가지색	**연지색**	**금색**	**은색**	**황토색**	**살색**	**무지개색**
茄子紺(なすこん)	臙脂色(えんじいろ)	金色(きんいろ)	銀色(ぎんいろ)	黄土色(おうどいろ)	肌色(はだいろ)	虹色(にじいろ)

2.9 국가명

한국	미국	중국	일본	프랑스
韓国(かんこく)	アメリカ	中国(ちゅうごく)	日本(にほん)	フランス
독일	호주	캐나다	이탈리아	포르투갈
ドイツ	オーストラリア	カナダ	イタリア	ポルトガル
베트남	인도네시아	말레이시아	태국	대만
ベトナム	インドネシア	マレーシア	タイランド	タイワン
싱가폴	인도	필리핀	영국	마카오
シンガポール	インド	フィリピン	イギリス	マカオ

2.10 판매에 필요한 조수사

화장품을 셀 때		의류 및 스카프를 셀 때		주류 및 넥타이, 향수를 셀 때		담배를 셀 때	
하나, 한 개	一(ひと)つ	한 장	1枚(いちまい)	한 병	1本(いっぽん)	1보루	1(いち)カートン
둘, 두 개	二(ふた)つ	두 장	2枚(にまい)	두 병	2本(にほん)	2보루	2(に)カートン
셋, 세 개	三(みっ)つ	세 장	3枚(さんまい)	세 병	3本(さんぼん)	3보루	3(さん)カートン
넷, 네 개	四(よっ)つ	네 장	4枚(よんまい)	네 병	4本(よんほん)	4보루	4(よん)カートン
다섯, 다섯 개	五(いつ)つ	다섯 장	5枚(ごまい)	다섯 병	5本(ごほん)	5보루	5(ご)カートン
여섯, 여섯 개	六(むっ)つ	여섯 장	6枚(ろくまい)	여섯 병	6本(ろっぽん)	6보루	6(ろく)カートン
일곱, 일곱 개	七(なな)つ	일곱 장	7枚(ななまい)	일곱 병	7本(ななほん)	7보루	7(なな)カートン
여덟, 여덟 개	八(やっ)つ	여덟 장	8枚(はちまい)	여덟 병	8本(はちほん)・8本(はっぽん)	8보루	8(はち)カートン
아홉, 아홉 개	九(ここの)つ	아홉 장	9枚(きゅうまい)	아홉 병	9本(きゅうほん)	9보루	9(きゅう)カートン
열, 열 개	十(とお)	열 장	10枚(じゅうまい)	열 병	10本(じゅっぽん)	10보루	10(じゅう)カートン
몇 개	いくつ	몇 장	何枚(なんまい)	몇 병	何本(なんぼん)	몇 보루	何(なん)カートン

2.11 십이간지

ねずみ	うし	とら	うさぎ	たつ	へび

うま	ひつじ	さる	とり	いぬ	いのしし

2.12 인사말

안녕하세요	아침인사	점심인사	저녁인사
	おはようございます。	こんにちは。	こんばんは。
어서 오세요	안녕히 가십시오	또 오십시오	감사합니다.
いらっしゃいませ。	さよなら。	また、お越(こ)しくださいませ。	どうも、ありがとうございました。
죄송합니다.	잠시만 기다려 주십시오	품절입니다.	안내해드리겠습니다.
申(もう)し訳(わけ)ございません。	少々(しょうしょう)お待(ま)ちくださいませ。	ただいま、切(き)らしております。	ご案内(あんない)いたします。
오래 기다리셨습니다.	이쪽으로 오세요	천천히 구경하세요	아무쪼록 잘 부탁드립니다.
お待(ま)たせいたしました。	こちらへどうぞ。	ごゆっくりご覧(らん)ください。	どうぞ、よろしくお願(ねが)いいたします。

2.13 월, 요일, 날짜, 시간

(1) 월(月)

1월	2월	3월	4월	5월	6월
1月	2月	3月	4月	5月	6月
いちがつ	にがつ	さんがつ	しがつ	ごがつ	ろくがつ
7월	**8월**	**9월**	**10월**	**11월**	**12월**
7月	8月	9月	10月	11月	12月
しちがつ	はちがつ	くがつ	じゅうがつ	じゅういちがつ	じゅうにがつ

(2) 요일(曜日) 및 날짜(日)

일요일	월요일	화요일	수요일	목요일	금요일	토요일
日曜日 にちようび	月曜日 げつようび	火曜日 かようび	水曜日 すいようび	木曜日 もくようび	金曜日 きんようび	土曜日 どようび
	1日 ついたち	2日 ふつか	3日 みっか	4日 よっか	5日 いつか	6日 むいか
7日 なのか	8日 ようか	9日 ここのか	10日 とおか	11日 じゅういち にち	12日 じゅうに にち	13日 じゅうさん にち
14日 じゅうよっか	15日 じゅうご にち	16日 じゅうろ くにち	17日 じゅうしち にち	18日 じゅうはち にち	19日 じゅうくにち	20日 はつか
21日 にじゅうい ちにち	22日 にじゅうに にち	23日 にじゅうさん にち	24日 にじゅう よっか	25日 にじゅうご にち	26日 にじゅうろく にち	27日 にじゅうしち にち
28日 にじゅうは ちにち	29日 にじゅうく にち	30日 さんじゅう にち	31日 さんじゅうい ちにち			

(3) 시간(時間(じかん))

시(時(じ))		분(分(ふん))	
1시	1時(いちじ)	1분	1分(いっぷん)
2시	2時(にじ)	2분	2分(にふん)
3시	3時(さんじ)	3분	3分(さんぷん)
4시	4時(よじ)	4분	4分(よんぷん)
5시	5時(ごじ)	5분	5分(ごふん)
6시	6時(ろくじ)	6분	6分(ろっぷん)
7시	7時(しちじ)	7분	7分(ななふん)
8시	8時(はちじ)	8분	8分(はっぷん)
9시	9時(くじ)	9분	9分(きゅうふん)
10시	10時(じゅうじ)	10분	10分(じゅつぷん)
11시	11時(じゅういちじ)	15분	15分(じゅうごふん)
12시	12時(じゅうにじ)	30분	30分(さんしゅっぷん)=半(はん)
몇 시	何時(なんじ)	45분	45分(よんじゅうごふん)
오전	午前(ごぜん)	60분	60分(ろくじゅっぷん)=1時間(いちじかん)
오후	午後(ごご)	몇 분	何分(なんぷん)

2.14 때를 나타내는 표현

그저께	어제	오늘	내일	모레
おととい	昨日(きのう)	今日(きょう)	明日(あした)	あさって
지지난주	**지난주**	**이번 주**	**다음 주**	**다다음 주**
先々週(せんせんしゅう)	先週(せんしゅう)	今週(こんしゅう)	来週(らいしゅう)	再来週(さらいしゅう)
지지난 달	**지난 달**	**이번 달**	**다음 달**	**다다음 달**
先々月(せんせんげつ)	先月(せんげつ)	今月(こんげつ)	来月(らいげつ)	再来月(さらいげつ)
재작년	**작년**	**올해**	**내년**	**다다음 해(후년)**
おととし	昨年(さくねん)	今年(ことし)	来年(らいねん)	再来年(さらいねん)

2.15 가족명칭

자기 가족	명칭	남의 가족
祖父(そふ)	할아버지	お祖父(じい)さん
祖母(そぼ)	할머니	お祖母(ばあ)さん
父(ちち)	아버지	お父(とう)さん
母(はは)	어머니	お母(かあ)さん
両親(りょうしん)	부모·양친	ご両親(りょうしん)
兄(あに)	형·오빠	お兄(にい)さん
姉(あね)	언니·누나	お姉(ねえ)さん
弟(おとうと)	남동생	弟(おとうと)さん
妹(いもうと)	여동생	妹(いもうと)さん
兄弟(きょうだい)	형제	ご兄弟(きょうだい)
娘(むすめ)	딸	娘(むすめ)さん
息子(むすこ)	아들	息子(むすこ)さん
叔父(おじ)·伯父(おじ)	아저씨	叔父(おじ)さん·伯父(おじ)さん
叔母(おば)·伯母(おば)	아주머니	叔母(おば)さん·伯母(おば)さん
甥(おい)	조카(남자)	甥(おい)ごさん
姪(めい)	조카(딸)	姪(めい)ごさん
孫(まご)	손자·손녀	孫(まご)さん
家族(かぞく)	가족	ご家族(かぞく)

2.16 탄생석

월	탄생석명	사진	상징	의미(뜻)
1월	가넷 (Garnet) ガーネット		진실, 우정	가넷은 진실한 우정과 충성, 불변, 진리 등을 상징하는 보석으로 연대감을 갖기 위한 사람들이 같은 모양의 반지를 낄 때 주로 사용된다.
2월	자수정 (Amethyst) アメシスト		성실, 평화	성실, 평화를 상징하는 자수정의 청색은 하늘을 뜻하고 붉은색은 사람의 피를 상징해 자수정은 '하늘과 인간을 이어주는 보석'으로 상징되기도 한다.
3월	아쿠아마린 (Aquamarine) アクアマリン		젊음, 행복	아쿠아마린은 예부터 영원한 젊음과 행복을 상징하는 돌로, 희망과 건강을 갖게 하는 돌이라고 사람들에게 널리 알려져 있다.
4월	다이아몬드 (Diamond) ダイヤモンド		불멸, 사랑	르네상스 시대까지 다이아몬드는 그 어떤 불, 도구로도 깰 수가 없었기 때문에 다이아몬드는 불멸의 상징으로 여겨진다.
5월	에메랄드 (Emerald) エメラルド		행복, 행운	에메랄드는 불로불멸의 정신을 정화하는 힘이 있으며 행복과 행운을 가져다주는, 정조와 순결을 지키는 보석으로 여겨진다.
6월	진주 (Pearl) パール		순결, 부귀	청순, 순결, 매력을 상징하기도 하는 진주는 화이트, 블랙, 실버, 크림, 골드, 핑크, 옐로, 그레이 등 색이 다양하며 그중 최고의 권위를 상징하는 것은 흑진주이다.
7월	루비 (Ruby) ルビー		사랑, 평화	고대 사람들은 타는 듯한 루비를 보고 불사조가 보석으로 태어난 것으로 여겼으며, 로마 사람들은 루비를 '타는 석탄'이라 부르기도 하였습니다. 이처럼 루비는 사랑과 평화를 상징하는 것 외에 성스러운 보석으로도 여겨진다.
8월	페리도트 (Peridot) ペリドート		부부의 행복	페리도트는 부부의 행복, 친구와의 화합을 상징하며 태양이 인간에게 보내준 돌이라 하여 부적처럼 몸에 지니면 근심과 걱정에서 벗어날 수 있다고 한다.

월	탄생석명	사진	상징	의미(뜻)
9월	사파이어 (Sapphire) サファイア		성실, 진실	예로부터 사파이어는 루비와 함께 치료의 힘을 가진 돌로 여겨졌으며 불길한 것으로부터 인간의 건강과 생명을 보호해 주며 평화를 준다고 여겨져 왔다.
10월	오팔 (Opal) オパール		희망, 순결	고대 로마인은 오팔을 '큐피트 비네로스(사랑스러운 아이)'라고 불렀으며 희망과 청순, 신과 사람의 사랑을 상징한다.
11월	토파즈 (Topaz) トパーズ		건강, 희망	토파즈는 고대로부터 아름다움과 건강을 지켜주는 보석으로 존중되어 왔으며 희망, 부활을 상징하는 보석으로도 여겨져 왔다.
12월	터키석 (Turquoise) ターコイズ		성공, 승리	'행운의 보석'·'신으로부터 받은 신성한 보석'이라 불리는 터키석은 성공과 승리를 약속하는 의미가 있다.

* 자료출처: http://www.sisunnews.co.kr/news/articleView.html?idxno=40319

참고문헌

강민지(2015), 『패션의 탄생』, 루비박스.

심윤정 외 3명(2016), 『서비스 마인드와 글로벌 매너』, 양성원.

이은주(2018), 『새롭게 배워보는 일본 · 일본인 · 일본문화』, 백산출판사.

장순자(2015), 『서비스 매너』, 백산출판사.

한국면세점협회(www.kdfa.or.kr)

조영신 편저(2016), 『서비스 매너』, 한국방송통신대학교출판문화원.

http://www.sisunnews.co.kr/news/articleView.html?idxno=40319

* 국가별 휴대품 통관정보

1) 관세청(www.customs.go.kr)
   메인화면 우측 Quic Menu 하단의 해외통관 지원센터 → 휴대품 통관안내 조회
2) 한국면세점협회(www.kdfsa.or.kr)
   정보광장 → 정보마당 → [공지] 여행자 휴대품 통관제도

* 면세범위 초과물품의 예상세액 조회

관세청(www.customs.go.kr)

저자소개

이은주

동덕여자대학교 일본어학과 졸업
건국대학교 교육대학원 일어교육학 석사
건국대학교 일본문화 · 언어학과 문학박사, 일본문화 전공
워커힐면세점, 동화면세점, 한국관광공사 김포공항면세점,
인천공항 DFS면세점 근무
건국대학교, 세명대학교, 가톨릭관동대학교 등 강의
가톨릭관동대학교 초빙교수
현) 전주대학교 인문과학종합연구소 학술연구교수

• 대표 역서 및 저서

『동아시아의 국민국가 형성과 젠더』
(2009, 2010 대한민국학술원 우수학술도서)
『주부의 탄생』(2013)
『육아의 탄생』(2014, 2015 세종도서 학술부문)
『근대 일본의 지식장과 젠더투쟁』(2016)
『현장에서 바로 쓰는 면세점 실무 일본어』(2017)
『면세점 서비스 매너 실무』(2017)
『새롭게 배워보는 일본 · 일본인 · 일본문화』(2018)
『맞춤형 면세점 실무 중국어』(2022)

• 대표 논문

「전시기(戰時期) 『주부의 벗(主婦之友)』에 나타난 '모성'담론에 관한 고찰」
「근대초기 일본의 '여성'형성에 관한 연구」
「여성의 생활과 정체성에 관한 고찰」
「일본어 교과서에 나타난 '젠더' 표상」
「일본어 교과서와 젠더프리의 조건 연구」
「젠더프리의 가능성 연구」
「문자/비문자 텍스트에 나타난 '젠더횡단'의 가능성 연구」
「일상·비일상적 지식장과 젠더의 안티노미」
「'이동'이라는 렌즈를 통해서 본 정신/육체의 폴리포니」
「균질적/비균질적 시선의 패러독스와 젠더」
「덧그리지 않는 젠더는 가능한가」 등

한 권으로 마스터하는 면세점 실무

2018년 8월 30일 초　판 1쇄 발행
2022년 8월 10일 개정판 1쇄 발행

지은이 이은주
펴낸이 진욱상
펴낸곳 (주)백산출판사
교　정 박시내
본문디자인 오행복
표지디자인 오정은

등　록 2017년 5월 29일 제406-2017-000058호
주　소 경기도 파주시 회동길 370(백산빌딩 3층)
전　화 02-914-1621(代)
팩　스 031-955-9911
이메일 edit@ibaeksan.kr
홈페이지 www.ibaeksan.kr

ISBN 979-11-6567-431-1　93980
값 25,500원